U0608357

孙国平 著

用心倾听
每一朵花开的声音

——为学而教的语文教学实践

吉林人民出版社

图书在版编目(CIP)数据

用心倾听每一朵花开的声音:为学而教的语文教学
实践 / 孙国平著. --长春:吉林人民出版社,2023.4
ISBN 978-7-206-19905-9

Ⅰ.①用… Ⅱ.①孙… Ⅲ.①语文课–教学研究–中
小学 Ⅳ.①G633.302

中国国家版本馆 CIP 数据核字(2023)第 072534 号

用心倾听每一朵花开的声音:为学而教的语文教学实践

YONGXIN QINGTING MEIYIDUO HUAKAI DE SHENGYIN WEI XUE ER JIAO
DE YUWEN JIAOXUE SHIJIAN

著　　者:孙国平
责任编辑:孙　一　　　　　　　装帧设计:书香力扬
出版发行:吉林人民出版社(长春市人民大街 7548 号　邮政编码:130022)
印　　刷:成都兴怡包装装潢有限公司
开　　本:170mm×240mm　1/16
印　　张:16.25　　　　　　字　　数:320 千字
标准书号:ISBN　978-7-206-19905-9
版　　次:2023 年 4 月第 1 版　　印　　次:2023 年 4 月第 1 次印刷
定　　价:68.00 元

如发现印装质量问题,影响阅读,请与出版社联系调换

读书，亦是读人

当我们手捧一卷书，安静地，潜心阅读之时，又何尝不是在与作者进行跨越时空的对话，一句一句聆听他的心声，一点一点走进他的思想。读一本书，亦是读一个人。

几天前，孙国平老师邀请我为他即将出版的《用心倾听每一朵花开的声音——为学而教的语文教学实践》写序，我既惊叹又惶恐。我惊叹于他的才思敏捷和行动神速，因为听他说想出一本书，把自己多年来的想法和做法整理出来与大家交流分享，好像并没有多长时间。我当时感觉他只是随口一说，但他今天却已经将书稿捧到了我的面前，他怎能就做到如此这般？但我更多的还是惶恐，惶恐于自己何德何能，又年轻孙老师两岁，担心自己的浅陋难以胜此重任。而孙老师的一句"你可以，你了解我"让我放下了思想包袱，郑重地接下任务。唯有不敢怠慢，唯有手不释卷，读书，亦是读人！

我很喜欢的一位作家——周国平，在《愿生命从容》这本书里写到一篇名叫《论真性情》的散文，其中有一句话让我印象颇深："我的人生观，要用一句话来概括，那就是真性情。我从来不把成功看作人生的主要目标，觉得只要活出真性情，才是没有虚度了人生。"而孙老师就是一个拥有真性情的人，再一看，还真是巧啊，两人同名，都是"国平"。

真性情，让他始终把"为学生的一生打好底色"作为自己教育教学的追求。这种追求是如此纯粹，抛开世俗与潮流，只为寻得人生命深处的一股清泉。因此，他用生活备课，用生命执教，课内课外皆教室，课上课下都精彩，他听到的是生命拔节的声音，看到的是生命蓬勃的成长。

他的教育灵魂源于他的真性情。他热爱生活，性情使然。他喜欢和学生聊生活，也是性情使然。他很会捕捉真实生活中的教育元素，而教育也正是因为有了生活的影子才变得更加有温度。

2016 年，孙老师组织策划了"格桑花"活动。一次寻访活动让孙老师和他的队员们认识了连续七年暑期赴青海助教的尤苑老师。孙老师敏锐地捕捉到教育良机，在尤苑老师的牵线下，南京师范大学苏州实验学校的"新苗中队"和青海的"格桑花"开展了"手拉手互助"活动。几年来，一批批的孩子在孙老师的引领下参与其中。孙老师策划"情系格桑花，爱满日新娃"爱心义卖活动，为青海两所学校筹建两个"日新"绘本馆；帮助几十名青海孩子走出大山看世界；资助十名青海学生从小学到高中的和学习有关的费用。最初参加这项活动的南京师范大学苏州实验学校的学子们都已经上了高中。时隔多年，从拟订方案到过程实践，从分享交流到宣传报道，当时的情景仍历历在目。在这段难忘的日子里，孙老师和他的队员们全程参与，见证了孩子们的成长。他们说，"格桑花"活动让他们在课本以外的生活里，真正懂得了奉献的意义。

去年，孙老师在苏州市德育课堂教学观摩活动中公开执教的一节班会课，引起了听课老师强烈的反响。可以说，这是一节既能如实反映现实生活，又能消除沟通壁垒、解决亲子问题的德育课。这节课通过抖音直播，视频那头是每一位孩子的父亲。一群四年级的孩子在孙老师的引领下，从最初开心地"吐槽"老爸，到读绘本故事感受父爱，再到时空连线敞开心扉，教室里的孩子们潸然泪下，视频那头的老爸们也潸然泪下。课后有人问孙老师，怎么想起来上这节课的，他说灵感源于生活，因为他也是一个四年级学生的老爸。为了让孩子们感受到来自父亲的那份默默无闻的爱，培植学生的感恩之心，他特意安排了这次特殊的"时空连线"。我想，这节课，不仅仅给孩子们上了一节生活教育课，也给老爸们上了一节很好的亲子沟通课，更让听课的老师们感受到生活是教育的源起，也是教育的回归。

他的语文教学主张源于他的真性情。他不与装腔作势为伍，性情使然。他更不愿意盲从，随波逐流，也是性情使然。

他认为小学语文教学应以学生的"学"为本，把学生放在语文课堂的正中央，充分尊重学生的已知和未知，学生懂的不教，学生通过自学可以懂的不教，要教就教学生不懂不会的，要教就教学生想知道的，真正做到以学定教，为学而教。他说搞教学容不得半点马虎，不要搞花架子，喊空口号，因为我们面对的是这些孩子是未来，是希望，教学要给学生实实在在的"干货"。在教给学生语文知识、语文学习方法的同时，孙老师还注重引导学生在语文实践活动中形成语文关键能力，提升语文核心素养，帮助学生由"学会"转变为"会学""善学""乐学"。

也正是因为有着这样的教学主张，所以他对待教学的态度极其严谨。有一次我参加市级语文教学比赛，请他来听我的试教课，他说："你让我听课，那我可是要说真话的。"确实如此，课后，他针对我的教学设计和课堂实施指出了若干问题，一针见血，一语中的，果真是性情中人，做学问就应如此，通透明白。今年11月，他参加苏州市名师共同体活动执教《王戎不取道旁李》一课，活动前的多次试教，他也总是会提醒大家，针对他的教学请务必说问题说实话，即便是他的徒弟，他也要求他们实话实说，说出自己最真实的听课感受。我注意到了一个细节，每一次的课后研讨他都会打开手机录音，恐怕自己笔头跟不上，记不全，会漏掉一些大家提到的问题。一个愿意说真话、听真话的老师，真性情也！

他的阅读情怀源于他的真性情。他爱读书，且读得又多又精深，性情使然。他更要带着学生们和他一起读书，也是性情使然。

都说腹有诗书气自华，第一次见到孙国平老师的爱人，就被她身上的那种独有的气质所吸引，几句话交流下来便知她也是一个爱读书的人。可不是吗，一家三口，美丽的妻子，可爱的儿子，无不热爱读书，2014年，他们家被泰州市评为"书香家庭"，市电视台还专门给这一家三口做了专访。

而作为教师的孙国平还有一个执着的追求，那就是让阅读成为他的学生的一种生活方式。为了激发学生阅读兴趣，他会在每个学生的生日那天，送出一份生日贺礼——一本学生喜爱的书，书的扉页上是还有精心书写的勉励的话语，学生亲切地称之为"最贴心的生日礼物"。工作二十多年，不管是在哪个学校，孙老师的这个做法一直没有间断。为了让学生爱上阅读，他还坚持为学生读书，从《读者》到《夏洛的网》，再到《万物有灵皆可师》《上下五千年》……他坚持师生共读，每月一本；他坚持生日送书，坚持了二十四年；他坚持鼓励学生读写结合，学生发表作文近百篇，他也被评为全国推动经典诵读百佳教师。

概而言之，孙国平老师的真性情，是以真情对教育，用真心对学生，是人生选择，是矢志不渝，是教育追求的持之以恒。我想，不管是真、善、美，还是"会学""善学""乐学"，抑或是阅读奠基，这些应该都是孙老师给孩子们打好的人生底色吧！有真性情的老师，一定会有真性情的学生。学生为有这样的老师而欢喜，我为有这样的同事而欣慰。读《用心倾听每一朵花开的声音——为学而教的语文教学实践》，读真性情的孙国平！不敢妄称这是书序，算是代序吧！

省小学语文特级教师：王倩颖
2022 年 12 月写于苏州

目　录

第一辑　教学研究类

第二辑　课堂教学类

第三辑　班级管理类

第一辑

教学研究类

统编语文教材阅读拓展版块的认知与实践

孙国平

摘　要：学生语文核心素养的发展要经历有效、高质的阅读。因此，教师要厘清统编语文教材中"和大人一起读""我爱阅读""阅读链接""阅读材料"和"快乐读书吧"这些阅读拓展版块的价值旨归和定位考量，最大程度地彰显教材的示范性、引领性价值，为学生核心素养的发展助力。

关键词：阅读拓展版块；体系化阅读；价值归旨；定位考量

统编语文教材在每册教材中都设置了阅读拓展版块：一年级"和大人一起读"，二年级"我爱阅读"，三到六年级"阅读链接"和"阅读材料"，各年级"快乐读书吧"。这些阅读拓展版块的设置旨在强化教材与生活之间的内在联系，引导学生从课内阅读走向课外阅读，养成主动阅读的习惯，增加阅读数量，提高阅读质量，提升阅读能力，发展语文核心素养和关键能力。但在实际教学中，很多教师并没有真正厘清编者设置这些阅读拓展版块的真实用意。他们教学阅读拓展版块时，只是简单地结合教材内容浅显地说一说、提一提。有的教师甚至觉得没有什么可以教的，课堂上读一读就行了，当然更没有从整体上对这些版块进行连续性、体系化的研究，从而导致了阅读拓展版块教学的严重缺失。

一、价值旨归：洞察教材设置的目的和用意

1. 罗列阅读拓展版块的共性特征

（1）链接文本，深化教材感知

关注课外阅读，并不意味着对学生读什么、怎么读完全双手不管。鉴于此，统编语文教材设置的阅读拓展版块，就与教材中的课文深入链接，是对教材的有效补充与延续。

一年级下册第七单元是一个典型的童话单元，选择的课文以奇特的想象为基础。语文园地七中的"和大人一起读"就编排了《孙悟空打妖怪》，旨在对单元的内容进行延伸，在回应教材主题的同时，真正为学生阅读能力的提升奠定基础。

（2）习得方法，拓展阅读视野

语文教学倡导开展广泛而深入的阅读，这就需要学生在课堂上学习阅读方法。课外，学生可以用习得的阅读方法去阅读其他文本，达到"课内得法，课外得益"的效果。

在二年级下册"快乐读书吧"版块，编者选择了《七色花》《神笔马良》《愿望的实现》《大头儿子和小头爸爸》四本有趣的儿童故事书推荐给学生，并给予适度的阅读方法指导：学会阅读书本的目录，关注课文主要描写了什么。这一方法可以引导学生将习得的阅读方法运用到推荐阅读的书目中，将学生的阅读视野由课本拓展到了四本推荐的书，再扩展到更为广泛的儿童故事中去。

（3）激活认知，推动阅读实践

"快乐读书吧"版块从推荐书目中精选了精彩片段，激活学生的认知，推动学生自主开展阅读实践。

一年级上册第三单元"快乐读书吧"版块向学生推荐《安徒生童话》，用"奇妙、全世界孩子和大人的共同礼物、难以忘记"这样富有吸引力的词语介绍《安徒生童话》，精选《丑小鸭》中的精彩片段，激活学生的认知，引导学生"把自己想象成童话故事中的主人公"，主动开展阅读实践，和故事中的主人公同伤心、共欢喜；继而引导学生把阅读的视角推向叶圣陶的《稻草人》和格林兄弟的《格林童话》，延续学生对童话故事的兴趣，让学生的阅读能力在阅读实践中得到提升。

2. 探寻阅读拓展版块的不同特质

（1）阅读方式不同：从亲子共读到自主阅读

纵观统编语文教材阅读拓展版块，我们可以发现，其呈现方式是完全不同的。"和大人一起读"版块，考虑到一年级学生认知能力和阅读素养的相对匮乏，主要依托父母、老师的陪伴读、亲子读等方式培养学生的阅读能力。"阅读链接""阅读材料""我爱阅读"和"快乐读书吧"版块，改变了需要大人陪伴、督促和引导的模式，主要以学生自主性方式展开，学生可以自己选择时间、选择地点、选择内容，自由阅读。

（2）阅读体量不同：从单篇阅读到整本阅读

统编语文教材，从亲子共读到自主阅读在推荐阅读内容上有着较大的不同，最为关键的是阅读体量的不同。"和大人一起读""我爱阅读""阅读链接""阅读材料"版块一般推荐的都是经典的单篇文本，以诵读、感知与欣赏为主，而"快乐读书吧"则推荐了整本书或者围绕着某一主题的一类文本。

（3）阅读标准不同：从兴趣激发到深度思考

统编语文教材阅读拓展版块在评价上有着完全不同的标准。"和大人一起读"版块旨在激发学生的阅读兴趣，享受与大人一起阅读的愉快体验；"我爱阅读""阅读链接""阅读材料"版块旨在让学生在教师引导下乐读、善读、悦读；而"快乐读书吧"版块更侧重于学生的自主阅读，深入思考。因此，"快乐读书吧"版块在呈现形式上就与前者有明显的不同。编者通过明确内容、简单介绍、出示经典片段的方式，不仅揭示了阅读所需要的方法，还为学生的深入感知与吸收指明了方向，有效地促进了学生在阅读中的深度思考。

二、定位考量：置于语文体系的终极归宿

1. 扫描阅读拓展版块的教学现状

（1）是否教的纠结：对栏目设置用意揣摩的缺失

受到传统教学理念的禁锢，很多教师并没有真正把握统编语文教材关注阅读的趋向。他们认为，课外阅读是学生在学习之余用自己的时间去尝试阅读，不应该利用课堂教学时间去落实。这也就在很大程度上暴露出教师对统编语文教材阅读拓展版块设置用意缺乏深入的了解，导致这些版块在教学目标上出现了偏颇。

（2）如何教的困惑：对课外阅读实施策略的迷茫

统编语文教材中阅读拓展版块都是全新的内容，很多教师并没有真正洞察其价值，尤其是对阅读拓展版块与教材中的课文、单元之间的联系基本没有考察。对于究竟该如何教这个问题，很多教师仍处于茫然和困惑中，对教学策略的选择没有多大把握。

（3）把握度的失衡：对统编教材编排原则的错位

在确定了统编语文教材中阅读拓展版块的教学价值后，究竟该教到什么程度，是教师引读，还是完全交还给学生，教师很难对教学的度有准确把握，这就导致教学实践中要么教师越俎代庖，要么对学生放任自流。正是教师对统编语文教材编排初衷的误读，才使得教学出现偏差，最终导致课堂教学效果千差万别。

2. 强化阅读拓展版块的过渡联结

（1）阅读方式：由陪伴向自主过渡

统编语文教材阅读拓展版块在设置用意上有共同之处，这就决定了教师在教学时，也有着相通之处。但这些版块在呈现方式上有着较大的不同，教师应该区别对待，并注意各个版块之间的过渡。

一年级下册第七单元"和大人一起读"版块就设置了《孙悟空打妖怪》的有趣诗篇，教师可以引导家长关注这一内容与本单元其他文本之间的内在联系，鼓励家长采用与孩子共读、合作读等多种方式进行陪伴。而"快乐读书吧"版块推荐阅读的内容主要是整本书的内容，家长全程陪伴孩子阅读整本书内容已经不太现实，教师就应该把阅读的权利交还给学生。

（2）阅读体量：由聚焦向扩展辐射

随着学生阅读能力的不断发展，在单位时间内可感知、可积累、可内化的信息资源越来越多。因此，在教学阅读拓展板块时，教师应该密切关注从"和大人一起读"向"我爱阅读""阅读链接""阅读材料""快乐读书吧"的转变与过渡。在"和大人一起读""我爱阅读""阅读链接""阅读材料"版块，编者所呈现的都是某一篇具体的文本，学生的思维聚焦在某一认知、某一维度上；而"快乐读书吧"版块推荐的多是整本书的内容，随着阅读体量的增加，教师应该顺应教材的发展，引导学生将阅读向着更丰富的体系扩展。

（3）评价标准：由单一向多元迈进

不同的学习内容和要求，应该有着不同的评价标准，教学阅读拓展版块也应该如此。教师在教学"和大人一起读""我爱阅读"版块时关注是否开启阅读、是否拥有阅读兴趣的评价标准，逐步向"阅读链接""阅读材料""快乐读书吧"版块中关注阅读过程、阅读质态、阅读思维、阅读收获等多维的评价角度过渡，实现课外阅读推进过程中评价标准从单一向多元的不断迈进，真正为学生核心能力的发展奠定基础。

三、实践操作：付诸实践的教学策略

1. 勾连教材：让课外阅读有的放矢

阅读拓展版块在推荐内容、呈现形式或与这个单元人文主题的联系上一脉相承，或与这个单元语文要素相得益彰。教师在教学中，决不能轻易将其作为一个独立割裂的版块展开教学，而要与相关的课文、与这个单元的内容、与本册教材有机统整，让课外阅读和相应的阅读内容紧密结合。

一年级上册第一单元设置了《天地人》《金木水火土》《口耳目》《日月水火》《对韵歌》等形式活泼、音韵和谐的儿歌。学生在诵读中识记了生字，感受了汉语音律的和谐之美，表现出非常高涨的诵读兴趣。编者在"和大人一起读"中设置了故事意味浓厚、语言形式轻巧的儿歌《小兔子乖乖》。这一轻松活泼的儿歌就与这个单元音韵和谐的儿歌有着密切的内在联系。

教师在教学前几首儿歌时可以先激发学生诵读儿歌的兴趣，然后布置这样的作业：和父母一起读一读、演一演《小兔子乖乖》这个故事。如果有条件的话，教师可以邀请一些家长走进课堂，和孩子一起阅读、一起朗诵、一起表演，真正地和大人一起读。

在这一案例中，教师没有将《小兔子乖乖》看成是一篇独立的文本，而是将其置放在整个单元体系中，密切关注文本与整个单元之间的内在联系，邀请家长和孩子一起阅读、表演，将教学资源拧成一股绳，形成一个鲜明的认知体系，让"和大人一起读"落到了实处。

2. 情境创设：为课外阅读营造氛围

阅读是需要思维浸润的，这就需要鲜活可感的情境支撑。在教学阅读拓展版块时，最大的忌讳就是将教材中的内容生硬而机械地呈现在学生面前。

原封不动、不作任何处理的做法势必会引发学生的抵触情绪，甚至是逆反心理，不要说阅读效果，就连最起码的阅读兴趣都难以得到保障。鉴于此，教师就应该从单元的主题入手，构建真实的阅读情境，让学生从课内到课外的阅读有着情境的浸润与支撑。

四年级上册第三单元是神话单元，编选了《盘古开天辟地》《精卫填海》《普罗米修斯》《女娲补天》、习作"我和神话人物过一天"、语文园地和快乐读书吧"中国传统神话故事"。为了让学生充分理解这一单元的内容，教师创设了"探寻神话故事、感知神话意味"的认知情境。学生在学习课文时习得了神话故事的阅读方法，并将这种方法运用到快乐读书吧"中国传统神话故事"的阅读过程中。随后，教师组织学生通过故事会的形式来分享、讲述，并通过 PPT、头套头饰、教室布置、音乐渲染等方式，为学生营造出真切且鲜活的情境，为课外阅读营造氛围。

在这一案例中，教师对"快乐读书吧"的推荐内容《中国传统神话故事》，创设了阅读情境和交流情境，契合了学生内在的阅读心境，强化了课外阅读的效果。

3. 整体规划：使课外阅读循序渐进

阅读本身就是一个体系化的过程，学生阅读能力和素养的发展绝不是一蹴而就的，需要在循序渐进、日积月累的过程中逐步夯实。因此，统编语文教材阅读拓展版块的落实应在一个整体性规划的体系下进行，不能各自为政，更不能漫无目的。全面解读统编语文教材的编排体系就会发现，编者在设置这些版块时，有着清晰的路径和完整的架构，无论是"和大人一起读""我爱阅读""阅读链接""阅读材料"，还是"快乐读书吧"，在具体推荐的内容上都呈现出螺旋上升的规律。只有在整体规划下，才能让统编语文教材阅读拓展版块得到充分落实。

一年级上册开篇单元就设置了儿歌《小兔子乖乖》，"快乐读书吧"倡导学生利用生活中的时间多阅读，激发学生的阅读兴趣，然后在一年级下册第一单元的"快乐读书吧"中设置了"读读童谣和儿歌"的内容，将原本一首儿歌扩展成为童谣儿歌类文本。这些内容看似横跨一个学期，但彼此之间的内在关联却显得尤为鲜明。编者就将"和大人一起读"与单元中的其他文本进行有机统整，形成了有机的教学体系，构建成了完整的教学资源，而在随后的"快乐读书吧"中则让初步尝到阅读甜头的学生再接再厉，进行深入化、多维化的阅读实践。

教师在教学时，首先从"和大人一起读"《小兔子乖乖》入手，重在激发学生的朗读兴趣，让学生感受儿歌独有的音韵魅力；其次，紧扣单元中的"快乐读书吧"激发学生广泛阅读的热情，将阅读转变成孩子的生活常态；最后，当教学到一年级下册"快乐读书吧""读读童谣和儿童"时，可以尝试激活学生内在的认知体验，将教学点重新回到儿歌类文本阅读方法的层面上，既有阅读面的扩展，又有方法的质变，让"和大人一起读""快乐读书吧"这两个版块真正落到实处。

学生核心素养的发展必须要经历有效、高质的阅读，教师要清晰地厘清统编语文教材中阅读拓展版块的价值旨归和定位考量，最大程度地彰显教材的示范性、载体性价值，才能全面提升学生的语文核心素养和关键能力。

紧扣语文要素，踏上统编教材这趟列车

孙国平

统编语文教材最鲜明的编写理念就是将相关的知识、能力和策略，有体系、有规划地拆分为若干知识点，有序列地分布在不同教材的不同单元中，成为"单元篇章页"中的"单元语文要素"。这就为一线教师把握单元训练重点，提取教材文本训练资源，判定具体教学策略提供了抓手。为此，教师需要充分考量单元文本的前后联系，整合学习提示和课后习题等资源，针对单元语文元素设置教学活动。

一、解读语文要素，确立教学目标

1. 明晰编者用意，让教学目标尊重编写方式

教学目标是语文课堂教学一切行为的纲领，是教学内容、教学策略和教学评价的归宿。统编语文教材单元篇章页中的语文要素，就是教师解读教材、制定教学目标的重要依据和准绳。教师要善于从语文要素出发，在深入解读的基础上将教学目标的设定精准化、具体化。

例如，二年级下册第二单元由《千人糕》《雷锋叔叔，你在哪里》《一匹出色的马》三篇课文组成。这三篇课文分别从不同的维度体现了本单元的人文主题——关爱，而编者所设定的单元语文要素为阅读语句，想象画面。从这三篇课文的主要内容中，我们不难看出语文要素中的"想象画面"就是要让学生借助文本语言，将课文中描写关爱的场景通过想象的方式"浮现"出来。为此，在解读课文时，教师须紧扣课文中的重点词语，引领学生通过链

接自己的生活经历等方法，深入体验文本内容、情感，并建立阅读语句、想象画面的意识。

在这样的案例中，教师并没有单一而机械地将语文要素简单地嵌入到学生的学习过程中，而是结合文本的具体内容，领悟教材所设定的"想象画面"究竟意指何处，巧妙地将语文要素与课文内容对接，真正为学生核心能力的发展指明方向。

2. 纵横联系对比，让教学目标契合认知规律

现行的各个版本的语文教材，已经关注了单元内容文体和主题的相似性，单元内部的文本有着众多的关联点。而统编语文教材更关注单元之间的关联、册数与册数之间的关联。这就需要我们在制定教学目标时，不仅要着眼于单篇课文，而且需要从单元视角、册数视角进行横向对比。

以"联系上下文在语境或者生活中理解词语意思"这一语文要素为例，在第一学段中就作为一个重点展开教学，在一年级下册第三和第六单元都有所涉及，到了二年级下册第二单元也有相关内容。比如，《雷锋叔叔，你在哪里》的课后习题，就要求学生能够结合"上下文的具体语境"理解"寻觅""晶莹""年迈""泥泞"等词语的意思，在积累词汇的基础上获得词语理解的相关方法。

因此，对语文元素的关注不能以单一、静止的视角来审视，而应从多维感知、发展联系的角度关注其在教学目标中的体现。

二、解构语文要素，谋划教学版块

1. 循序渐进，让语文要素悄然落地

语文要素的充分落实是一个繁杂的系列化任务，不是依靠一个活动，甚至一个环节就能彰显出其独特作用的。教师要在教学过程中循序渐进，让学生的语文能力在体系化的实践活动中得以提高。

以第一学段较为关键的"朗读课文"这一语文要素为例，教师可以设置这样的教学推进活动：首先，引导学生在初读过程中整体性感知课文内容，让学生说说寻找到的春天是什么样子的；其次，在细致研读中，让学生选出自己喜欢的语句，并品悟课文中的感叹与排比句式；再次，让学生将自己的喜爱之情用自己的声音、自己的朗读展现出来。

在围绕"朗读课文"这一语文要素设置的极具梯度的版块教学中，学生对朗读课文的理解已经不再停留于用嘴巴发出声音，而是将思维意识融入其中，建构起丰富的语言储备，尤其是要调动自身的阅读感受，这使得朗读成了语言感知和内心体验相互交融的教学活动。

2. 有机交融，让语文要素协同并进

语文是一门综合性、实践性课程。每一种语文知识的获取、语文要素的落实与语文能力的形成，都不是孤立存在的，而需要从综合性、全方位的视角来设计活动，将不同的语文要素有机整合在一起，提升学生内在的认知效能，让语文元素的落地更加契合学生内在的认知规律和生命成长。

比如，在教学二年级下册《千人糕》这篇课文时，教师应该从文本核心内容入手，引领学生思考：米糕要经历怎样的劳动才能做成？教师可以这样展开教学：首先，从教材中的插图入手，让学生整体性感知课文内容；学生在初读文本的过程中，整体性提取信息，围绕教师问题落实最初步的语言建构；其次，依托课文中的关键性词语，从插图中想象米糕的制作过程，并利用自然段中的省略号展开想象，将如何种稻、熬糖的环节描述清楚，对原始的语言建构进行优化；最后，鼓励学生从生活中选择自己喜欢的食物，说说这种食物的制作过程。

纵观这一案例，教师将观察阅读、想象体悟和语言表达等语文实践能力融入同一教学情境中，让教学活动更加多元、有序而丰满，学生的语文素养也在深度学习中得到提升。

三、聚焦语文要素，推进教学活动

1. 精心遴选策略，让教学活动有效推进

在寻找、设置语文要素的过程中，教师可能会碰到很多意想不到的困难。教师需要精心制定适切的教学策略，情境和氛围的营造、自主合作方式的确立、师生的对话合作……这些教学策略在学生困惑时、遇到障碍时，能够帮助学生更为出色地实现语文要素的落实。

以二年级下册第二单元中《一匹出色的马》一文的教学为例，教师将"朗读语句，感受人物心情变化，说出变化原因"作为核心要素，但很多学生在学习过程中遇到了障碍。梳理人物变化的轨迹不算难事，而洞察其中的原因对这个学段的学生来说就较为费事。为此，教师可以采取相应教学策略引导学生，紧扣重点词语想象画面，从人物对话及"高兴地跨""蹦蹦跳跳地奔"等动作，引导学生穿越文本语言的樊篱，走进人物内心。

在这一案例中，教师密切关注学生在学习活动中的表现，面对学生动态生成的障碍与困难，及时提供策略支撑，为学生建构完整的教学活动体系。

2. 身体力行，让教学活动行有实效

学生是课堂教学的对象，更是主体，每一环节的设置与推进，都必须要从学生的视角出发，让每一位学生习有所得。因此，教师须让学生亲历所有的学习过程，让学生在实践过程中有所体悟。

比如教学二年级下册《开满鲜花的小路》一文中，教师为了将"利用插图讲述故事"这一语文要素落实到位，将学生的体验认知纳入教学活动中，安排了以下活动：活动一，整体朗读课文，明确角色之间的关联，并利用插图明晰人物所处的环境，对其言语、神态和心理活动进行再现；活动二，创设鲜活情境，出示课文中的人物图像和插图，并组织学生利用课文内容尝试为动态视频配音，提升内在的认知语言表达能力，实现对文本和语文要素的重新建构。

在这一案例中，教师充分调动了学生的学生兴趣，让学生在情境活动中真正地动起来，彰显了教学活动的有效性。

提升语言感受力的策略探究

孙国平　曹在花

摘　　要：在语文教学中，教师可以将语言感受力分解为直觉性、情感性、内涵性和运用性四个方面。通过共建多维渠道，教师可以在朗读中培养学生语言感受力的直觉性；通过把握整体意蕴，教师可以在揣摩中培养学生语言感受力的情感性；通过强化思维关联，教师可以在品味中培养学生语言感受力的内涵性；通过搭建实践平台，教师可以在迁移中培养其语言感受力的运用性。这有助于提升学生的语言感受力，进而为其语文学科核心素养的提升奠定基础。

关键词：语文教学；"四性"维度；语言感受力

叶圣陶先生指出："语言文字的训练，最要紧的是语感训练。"吕叔湘先生也指出："语文教学的首要任务就是培养学生各方面的语感能力。一个学生的语感强了，他在理解方面和表达方面都会不断前进。"在本文中，笔者将语言感受力分解为直觉性、情感性、内涵性和运用性四个方面。在语文教学中，教师从这四个方面入手，有助于提升学生的语言感受力，进而为其语文学科核心素养的提升奠定基础。

一、共建多维渠道，在朗读中培养语言感受力的直觉性

1. 放声朗读，在熟读成诵中练就语言直觉

语言感受力的直觉性，主要体现在无须进行深入思考，就能快速理解文

本大意，捕捉作者言语表达的内在规律，与作者进行多维对话。放声朗读，对于培养学生的语言直觉性非常重要。教师应引导学生通过视觉关注文本语言的形态特征，通过听觉感知文本语言的音律之美，通过思维揣摩文本语言的逻辑关联。

以六年级下册《匆匆》为例，教学开篇语句"燕子去了，有再来的时候；杨柳枯了，有再青的时候；桃花谢了，有再开的时候"时，教师就可以引导学生通过朗读感受排比句的表达效果，探寻作者所选描写事物的共同特征，无论是燕子、杨柳，还是桃花，都是自然界常见的事物，且能够循环重生，这与后面表达的"日子一去不复返"，形成了鲜明的对比。这样的长短句，节奏明快，读起来朗朗上口，充满音乐美。放声朗读时，学生的眼睛、嘴巴、耳朵、大脑同时高速运转，有助于将文本中规范而独特的语言内化到自身的言语体系中，转变成自己的语言。

2. 潜心默读，在深入辨析中练就语言直觉

语言直觉还与作者意欲表达的言外之意、弦外之音息息相关。教师要组织学生潜心默读，感受语言表达的精妙，从语言中洞察作者的心灵世界。

还以六年级下册《匆匆》为例，第三自然段描写时光匆匆而过，作者为了展现时光流逝之快，选用了充满个性、完全不同的动词。教师应在学生默读之前，先引导学生思考：作者为什么要选用不同的动词？这些动词的精准运用，主要体现在什么地方？学生潜心默读后，将这些动词圈出来：跨、飞、溜、闪，然后调动自身思维，深入研读文本，并逐步认识到四个不同的动词避免了语言表达的重复，"身上跨过""脚边飞去""又溜走了一日""在叹息里闪过"，表达精准且多元。通过这样的潜心默读，学生不仅关注到了语言表达的灵活性和变化性，也关注到了动词与语境联系之后的精准性和妥帖性，在深入辨析中练就了语言直觉。

二、把握整体意蕴，在揣摩中培养语言感受力的情感性

1. 整体把握，丰富情感体验

任何一篇文本都是作者内在情感的集中体现，教师要引领学生走进文本语言的内核，在体悟作者情感的同时，丰富自己的情感体验。

以五年级下册《村晚》一诗为例，学生快速阅读后，就能初步感受到诗

人对乡村傍晚美景和牧童的喜爱之情。此时，教师可以组织学生放眼全诗，聚焦诗歌中罗列的事物，感受诗人的喜爱之情。首先，教师可以引导学生紧扣两个"满"字，想象水塘和水草的丰美，捕捉乡村傍晚的静态之景；其次，教师可以引导学生圈画出第二句中"衔""浸"两个动词，感受夕阳西下缓慢的动态之美；再次，教师可以紧扣"横牛背""信口吹"两个关键词，引导学生展开想象，感受作者对天真无邪的牧童的喜爱之情；最后，教师可以让学生在整体把握的基础上，感受全诗人景合一的意境以及丰富的情感。

2. 联系自我，扩展情感体验

阅读教学是师生双方围绕文本进行深入对话的过程。这就意味着学生在阅读时，要充分调动自身的知识及生活经验储备，联系自我，扩展情感体验。

六年级上册《丁香结》一文描写了校园中、春天里、街道旁、古诗词中的丁香花，抒发了作者对人生的思考：结，是解不完的；人生中的问题也是解不完的，不然，岂不太平淡无味了吗？教师可以紧扣"人生中的问题也是解不完的""岂不太平淡无味了吗"等语句，鼓励学生与自身的生活实际巧妙对接，与作者产生认知上的共鸣，从而提高其认知能力。

对文本进行整体把握和联系自我后，学生对文本语言的感知就变得更加敏锐和深入，这就有效提高了其语言感受力的情感性，为其语言感受力的发展奠定了基础。

三、强化思维关联，在品味中培养语言感受力的内涵性

1. 联系文本信息，从平实语言中读出丰富内涵

初读课文时，学生可能会觉得文本的内容是零散的，如果对文本选择的素材和文章结构深入领悟之后，就易于发现作者谋篇布局的精妙，原本看似零散的内容其实都是紧扣主题、依循创作思路巧妙安排的。

学习四年级上册《西门豹治邺》中"惩治恶人"这一片段时，学生初读文本，认为西门豹惩治恶人分为三个阶段：先"救下新娘"，然后"惩治巫婆和官绅头子"，最后"恐吓官绅们"。此时，学生其实还没有完全理解西门豹"惩治恶人"的全部内容。"惩治恶人"是文本的重要内容，也是西门豹聪明机智的集中反映。教师应鼓励学生紧扣描写西门豹一言一行的语句，探寻人物言行背后的用意，感受人物的聪明机智。如西门豹明明知道这是一个骗局，

想直接将巫婆和官绅头子置于死地，为什么还要说"去通知河神"这样的话？教师引导学生联系上下文，认识到很多百姓之所以将自己的女儿交给他们，是因为他们并没有意识到这是骗局。如果西门豹直接强行惩治巫婆和官绅头子，仅仅惩治了恶人，却无法拆穿他们的谎言和骗局，不能起到唤醒百姓的目的。

2. 融入文本语境，从关键语句中读出主题内涵

文本语言除了自身携带的意义外，还会与其他语言文字形成表达的合力。因此，对于文本内容的感知，教师要引导学生从文本内容出发，揣摩文本主题的内涵。

六年级上册《少年闰土》一文借助"我"与闰土的生活对比，刻画了闰土聪明机智和见多识广的形象，对我国传统教育制度对孩子的戕害进行了深刻的批判。文中出现这样的语句："闰土的心里有无穷无尽的稀奇的事，都是我往常的朋友所不知道的。他们不知道一些事，闰土在海边时，他们都和我一样只看见院子里高墙上的四角的天空。"如果仅仅从语言文字的角度理解这句话，学生就不能完全走进文本，走进闰土的内心世界，对文本的理解也只能停留在较为浅显的层面。因此，教师可以从文本表达的情境入手，引导学生梳理"我"与闰土从见面到相识、再到相知的过程，运用对比的方式，感受"我"这样的少年被管制、被束缚的生活状态，从生活中寻找与"我"、与闰土相同的人群，借助彼此之间完全不同的生活状态、学习状态，更好地解读课文中"不知道一些事""院子里高墙上的四角的天空"这样的语句。整合文本信息，联系自身实际，洞察文本中凸显主题的关键句，有助于学生对文本形成更为深刻、丰富的解读体验，彰显语言感受力的内涵性特征。

四、搭建实践平台，在迁移中培养语言感受力的运用性

1. 积极模仿，趁热打铁式迁移巩固

《义务教育语文课程标准（2011年版）》指出：语文是一门学习语言文字运用的综合性、实践性课程。在学生形成一定的语言感受力后，教师就要引导学生从阅读感受到语用实践，从积极模仿的角度来进行语言表达，以趁热打铁之势进行迁移运用。

还以六年级下册《匆匆》为例，作者融入自身的感受，将匆匆流逝的时

光比喻成轻烟和薄雾。"过去的日子如轻烟，被微风吹散了，如薄雾，被初阳蒸融了"这一比喻句，对于六年级的学生来说并没有什么难度，但其模仿的价值在哪里呢？教师可以引导学生发现这个比喻句连续用了两个比喻，并且"吹散"和"蒸融"与文本主题形成了表达合力。

2. 创生表达，节节上升式高效发展

语文能力的生长，尤其是表达能力的发展，不能仅停留在模仿层面，还应体现在富有创意的表达层面。教师可以鼓励学生掌握写作方法后，从文本语境中跳出来，灵活运用，通过创生表达，高效发展语言感受力。

六年级上册的《月光曲》讲述了贝多芬创作经典乐曲《月光曲》的过程。为此，教师可以组织学生关注文本中描写大海波浪、月光交融的文字，感受在景色之中融入故事、融入情景的表达方法，并鼓励学生从生活中搜寻一些场景或者画面，将精神、情感、人物有机融合，如中秋的月光、除夕夜的白雪、送别亲人时的细雨等。教师还可以鼓励学生迁移运用课文中的写作方法，在阅读中习得写作策略，并对一些场景进行言语表达，同时借助实践表达，反哺于阅读理解，获得语言感受力的发展。

如此，教师没有将训练感受力作为唯一的目标，而是将其融入感知写法、迁移实践之中。教师也没有让学生始终停留在文本的情境中，而是鼓励其从生活中自主寻找相应的场景，并在置换场景后进行表达，这就促进了学生语言感受力和语言表达力的协同发展。

在语文教学中，提升学生的语言感受力是一个相对宽泛的教学任务，有一定的难度，但并不是毫无抓手。教师要从语言感受力的四大特征入手，通过朗读、揣摩、品味、迁移、表达等方式，培养学生语言感受力的直觉性、情感性、内涵性和运用性，为学生言语实践能力的提高服务。

文本的感受与解读能力：
夯实语文关键能力的基石

孙国平

摘　要： 文本的感受与解读能力是夯实语文关键能力的基石，为此，小学语文阅读教学要做好三项工作：内外结合，形成全面感受内涵的能力；基于情境，培养多维感受情感的意识；依托载体，提高高效感受表达的素养。

关键词： 学科核心素养；阅读教学；文本感受；文本解读

语言表层的意思一眼就能被看到，但其中的意蕴、情感和内涵，只有有心人得之。从教学的需要来看，我们不仅要理解文本语言的字面含义，而且需要对文本语言的本质意义、丰富情感和表达策略进行深度解读。文本的感受与解读能力不仅包含对文本意思的理解，还包含对言语内在逻辑思维的感知、对言语美学元素的鉴赏，以及能够抓住语言表达的形式线索来进行真值判断和语义推理。语文阅读教学只有真正为学生的文本感受与解读能力发展服务，才能真正地提升学生的文本感知力，夯实学生的语文关键能力，提升学生的语文核心素养。

一、内外结合，形成全面感受内涵的能力

在阅读教学中，教师要善于抓住含义深刻的语言文字，并将其作为文本感受与解读能力训练的切入点，激活文本阅读，让学生的文本感受与解读能力和精神境界得到提升。

1. 向外延伸：探寻弦外之音

文本作为众多文字符号的组合体，是在作者主观情感和表达智慧的作用下凝聚成的一个有机整体。因此，阅读教学中学生的思维不应只停留在对文本语言表层信息的体悟上，而应基于文本的语境，将学生的思维力向文本的内核延伸，探寻文本语言的弦外之音，洞察作者所要表达的意蕴，这样就能培养学生的文本感受与解读能力。

统编小学语文教科书五年级下册有一篇课文叫《桂花雨》，文中的母亲这样说道："这里的桂花再香，也比不上家乡的金桂。"如果将这句话单列出来，其意思很好懂，就是指家乡的金桂更香。但如果我们站在整篇文章的角度来考量，则可以有完全不同的理解。这篇课文是远离故乡的作者对童年生活中"桂花香""桂花乐""摇桂花"的场景描写，是对自己快乐童年以及故乡亲人的思念之情。因此，教师可以相机拓展作者的生平经历和创作这篇文章的背景，再引导学生全面感受母亲的这句话，让学生认识到这句话的目的是对比金桂的不同，之所以外地的桂花比不上家乡的金桂，主要不在于桂花有什么不同，更在于家乡的人和景，同时也是母亲和作者内心的一种情结。教师借助文本的整体语境以及拓展的资料，让学生在感受母亲的语句中对文本的主题形成了一种真实的触碰。这不仅让学生理解了文本的表层意思，还让学生触摸到了语言文字背后的情感和意蕴。

2. 向内聚焦：挖掘相应内涵

对文本内在情感和主题的探究，不仅要从文本的外延层面进行感受，也要向着文本表达的内核深入。很多作者在表达主题和抒发情感时，都不会将所要表达的内容直接生硬地和盘托出，而是将其寄托在某一具体的事物或者事件中。因此，引导学生穿越表象的樊篱，将教学的关注点设定在学生的认知起点上，然后再拾级而上，与自己的生活进行关联，充分挖掘文本主题丰富的内涵，借助感受的方式走进文本的内核之中。

宗璞的经典散文《丁香结》被安排在统编小学语文教科书六年级上册第一单元，作者先以形象生动的语言描写了月光下、校园中、街道上等不同情境中的丁香花，然后借助"诗词中的丁香花"作为过渡，将描写的笔触从纯粹的事物视角转化为生活的体悟，然后相机进行整体的提炼：结，是解不完的；人生的问题也是解不完的，不然，岂不太平淡了吗？从学生对文本的理解层面来看，仅凭借课文中现有的知识是难以真正与这句话形成对话与感受之势的。这需要对作者创作这篇文章的用意进行联系与拓展，让学生知道：作者的弟弟身患重症，并饱受病魔的折磨，作者创作这篇文章的目的就是鼓励自己的弟弟重拾信心，战胜病魔。由此，再阅读课文中的最后一句话，学生就可以与自己的生活进行关联，借用生活中的例子来感受作者所描写的语句，更好地凸显文本中的价值体悟，真正感受到作者是在用这样的语句来激励弟弟：人生在世，本身就会遇到各种各样的苦难和挫折，但我们要做的不是坐以待毙，也不是听天由命，而需要乐观直面，要善于将生活中的遭遇看成对自己的一种历练，才能获取最宝贵的人生财富。

在这一教学案例中，教师就没有停留在文本的原始信息层面，而是从文本内容和创作背景等多维角度，对文本中的中心句进行整体性把握，从而在真实性的感悟状态中，提升了学生的解读成果和解读文本的能力。

二、基于情境，培养多维感受情感的意识

实践证明，语言情景的创设在很大的程度上决定着语文课堂教学尤其是文本教学的效率。有什么样的语言情景，就有什么样的语言现象和什么样的情感记录。创设合适的语言情景能为学生营造适宜的语言学习氛围，尤其能引发学生饱满的感情共鸣，进而形成真实的语言感受时空。

1. 紧扣语境，在人物对话中感受情感

在统编小学语文教科书中，叙事性文本占据了很大的比重。叙事离不开写人，写人离不开叙事。人和事是不可分离的，只有真正把握了作者对人物言行细节描写的平台和载体，才能与人物进行深入的对话，从而更好地推动学生言语素养的全面发展。

以统编小学语文教科书六年级上册《狼牙山五壮士》为例，课文主要讲述的是五位战士为了掩护连队和群众的转移，在完成既定任务的情况下，临时决定将敌人引向山顶，并在与敌人展开浴血奋战之后，最终选择跳崖的故事。在整篇课文中，作者采用了点面结合的写作策略，不仅对五位壮士进行了集中描写，还对重点人物作了深入细致的刻画。教师要紧扣文本的具体语境，对人物所展现出来的状态进行悉心揣摩，从而在与文本人物对话的过程中，搭建切实感受的平台，丰富学生对文本的感知和解读。比如描写五位壮士在峰顶痛击敌人时，作者描写了壮士们用石头砸向敌人的场景。一个看似普通的"砸"字，如果仅仅从字面理解，就是指一个正常的动作。但基于当时的历史背景以及具体的语境，这个"砸"字却蕴藏着丰富的含义，单纯的理解并不能体现其丰富内涵。因此，教师就需要鼓励学生从不同的维度来感受这个看似轻描淡写的"砸"字背后所蕴藏的价值。有的学生从"砸"字中，感受到五位壮士作为中华儿女对日本侵略者的无比痛恨之情；有的学生从"砸"字中，体悟到他们内心对侵略中国的日本军队的仇恨心理；有的学生从这个"砸"字中，感受到五位壮士对自己家乡、自己亲人的呵护之心……

如果不能与文本的具体语境相联系，如果不能用鲜活的语境浸润这个动作，学生也就无法真正感受到文本语言的内在魅力。因此，对文本语言的感知，不能将视野局限在现有的认知体验下，更不能停留在固有的层次上，而需要基于语境的故事、人物和背景，对所运用的语言有一定的客观认识，这样才能让学生的感受拥有开放的空间，才能与文本、作者进行更加深入、精准的对话。

2. 链接生活，在激活经验中感受情感

语文的外延即生活，没有生活这一源头活水的浇灌，很多文本只能成为机械文字符号的堆砌。文本的创作源自生活，因此小学语文阅读教学也要与生活进行勾连，否则所谓的"感受和理解"将会陷入机械、生硬的泥潭。

统编小学语文教科书五年级下册编选了杨万里的《稚子弄冰》。这首诗描写了孩童们在冬天的早晨，用冰块嬉戏玩耍的情境，展现了儿童的天真可爱、聪明调皮。其中"敲成玉磬穿林响，忽作玻璃碎地声"更可谓神来之笔，鲜活地展现了儿童的天真可爱。如果依托教科书编者所提供的注释，五年级学生完全可以凭借自己的语文阅读能力，理解这两句话的意思：孩子们敲击冰块的声音穿越了树林，他们突然听到了一声玉块落地所发出的清脆声音，原来是一群调皮蛋用力过猛，把冰块敲碎了。但这句话借助冰块碎掉的声音为抓手，并没有对儿童进行直接描写。但为什么我们却能够从语言文字中，从碎掉的冰块声音中，依稀看到一群调皮蛋的身影呢？原因就在于我们已经不自觉地运用了"感受"的阅读方式。为此，教师不妨再带领学生往前推进一步，引导学生结合自己的生活体验，尝试借助诗歌的最后两句话，想象孩子们此时此刻的状态，从而让学生从"敲"的动作层面，想象孩子们摇头晃脑、肆无忌惮敲击的样子；从"穿林响"中，想象孩子们在树林追逐打闹、嬉戏玩耍的场景；从"碎地声"中，想象孩子们丰富的表情变化……

这首诗所描写的对象是儿童，虽然很多学生并没有玩过"弄冰"的游戏，但孩子们所展现出来的状态和气质却是相同的，他们是诗歌中孩子们的知音。因此，对这首诗的语言进行感知，就要激活学生自身的原始生活体验，做诗歌人物的知音，与文本共呼吸，与人物共命运。

三、依托载体，提升高效感受表达的素养

语文是一门关于语言文字运用的综合性、实践性的课程；语文教学的核心目标就是要培养学生正确理解和运用祖国语言文字的能力。因此，对于文本的理解与感受，不能仅停留在对内容信息和情感主题的体悟上，而要树立"教材无非是一个例子"的理念，在充分把握文本内容的基础上，将语文阅读教学的关注力聚焦在文本的言语形式，从作者创作的策略角度进一步深入感受作者创作的意图，进而从创作的角度丰富学生的文本感受，提升学生的内在语言表达能力。

1. 悉心品味，从理解的维度中感受表达

从作者创作的角度来品味和感受文本，需要学生静下心来对文本进行深入细致的品读。学生不仅要习得文本相关表达所展现出来的特点和内容信息，还要能从品鉴和赏析的角度，对文本的表达进行深入的感知，从而体会到这种表达所形成的效果；利用联系与对比，领悟"作者为什么这样表达，不那样表达"，从而在实践之中强化内在的感受效果。

以统编小学语文教科书五年级下册中雷震的古诗《村晚》为例。这首诗以生动而优美的笔触，展现了农村黄昏的闲适景色，很多精彩的用词如果仅仅从理解的角度来感受，则是对诗人遣词造句艺术的一种漠视。比如这首诗的前两句"草满池塘水满陂，山衔落日浸寒漪"中，就藏着三个精妙的动词，包括两个连用的"满"和"衔"与"浸"字，教师可以尝试将学生的思维从原本的理解性感受，转到表达性感受的层面上来。比如两个相同的"满"字，在描写"草满"和"水满"时，究竟有什么不同之处？以对比的方式，探寻"衔"字与"吞"字、"咬"字之间的差异，凸显"衔"字运用的精确性；再比如以想象来感受诗人运用"浸"字所意欲展现的画面，重在推动学生语言表达能力的发展。

在这一教学案例中，教师紧扣诗句中最为经典的动词，不仅让学生有了丰富的体验，而且让学生站在诗人创作的角度，细察这些语言在表达中所起到的效果，还让学生在深入探析的过程中积累写作经验。

2. 搭建平台，从运用的维度中感受表达

语文能力的形成，不能靠生硬、机械知识的堆积，也不能靠一两次的尝试，而需要在漫长而多维的语音实践过程中逐步发展。小学语文教学一直倡导读写结合，让学生在随文练笔的过程中，将自己所形成的表达经验，付诸自己的创造实践。很多教师存在一个严重的误解，即认为学生在创造和运用的过程中，就不再需要对文本进行感受。事实上，感受与创造并不矛盾，创作时的感受本身就能够反刍于运用，教师需要在学生认真阅读之后，为学生搭建多样化的语用平台，让学生经历真正意义上的尝试和反思，深度感受作者的创作智慧，使学生在感受、运用和再感受的思维循环之中，文本感受与解读能力得到进一步的历练和提升。

统编小学语文教科书四年级下册老舍先生的经典散文《猫》，在描写猫个性古怪时，有一个经典的句式"说它……吧，可它又……"这样的句式非常鲜明地揭示了猫性格的古怪与矛盾，很多学生在进行初步感受之后，就认为自己习得了这一句式表达的精髓，于是开始自己的第一次尝试运用。比如描写自己的妈妈：说妈妈慈爱吧，可她有时候也很凶；说妈妈很凶吧，可她有时候又非常慈爱——从表面上看，这一层次的实践迁移已经实现了对这一句式的运用，但细细来看，我们就不难发现这样的运用只是停留在最原始、最表层的机械套用，并没有真正探寻作者在运用这一句式的典型密码。为此，教师还需要引导学生重新回到课文中的这句话上面来，让学生真正穿越语言句式的樊篱，并通过细读发现作者在运用这一句式时，同时选用了相应的典型案例加以支撑。比如："说它老实吧，它的确有时候很乖。它会找个暖和的地方，成天睡大觉，无忧无虑，什么事也不过问。可是，它决定要出去玩玩，就会出走一天一夜，任凭谁怎么呼唤，它也不肯回来。"在表现猫的"老实"时，作者并没有一说了之，还选择了"找个暖和的地方成天睡大觉"，来展现它的"无忧无虑，什么事也不过问"；在展现猫的"不老实"时，又以"出走一天一夜，任凭谁怎么呼唤，它也不肯回来"来加以佐证。经历了这样的"回炉感受"之后，学生将自己的首次迁移与课文原文进行对比，就会发现自己第一次迁移运用空有其表，而无实在。只有选择最具有代表性的内容素材，并与这一独特的句式进行巧妙融合，才能将表达的效益最大化。

在这一教学案例中，教师在推动随文练笔的过程中，就着力引导学生进行了两种感受。其一，在感受中提炼出句式的外显结构，将教学的关注点聚焦在文本表达结构，更好地推动学生认知性素养的发展。其二，在学生第一次尝试之后，与课文的语句进行对比，在二度感受中探寻作者表达的内在秘妙，促进学生言语实践素养的不断发展。

总而言之，对文本的感受与解读能力是衡量学生语文能力的重要维度和标准。小学语文阅读教学只有将学生的思维真正作用于文本内容、情感和表达等核心视角上，学生才能在感受中实现对文本的解读和体悟，在与文本、与作者、与编者的对话中，在语言的实践与运用中，发现文本之美，涵咏文本之韵，从而提升语言感受能力，使课堂呈现出更大的张力。

语文核心素养视域下语言感受力培养策略探究

孙国平

摘　要：语言感受力不仅包含对文本意思的理解，还包含对言语内在逻辑思维的感知、对言语美学元素的鉴赏和对优质文化的洞察。因此，语言感受力与语文核心素养的四大维度息息相关。为提升小学生的语言感受力，语文教学需要将语言感受力的培养与语文核心素养有机整合，促进小学生语文核心素养的全面发展。

关键词：核心素养；思维发展；审美鉴赏；解构语言；文化传承

语言感受力是人们直接感知、领悟和把握语言文字的能力，是深入理解语言文字意思、情韵和内涵的意识。语言感受力反映了生命个体对语言的敏锐意识，很多教师常常将语言感受力窄化为对语言大意的理解，这是极其片面的。《普通高中语文课程标准（2017 年版）》指出：语文核心素养包括语言的建构和运用、思维的发展和提升、审美的鉴赏与创造、文化的传承和发扬。其中，"语言的建构和运用"作为基础被列在语文核心素养首位。从语文核心素养的角度来看，语言感受力绝不仅仅是理解意思的能力，还应该包含对言语内在逻辑思维的感知、对言语美学元素的鉴赏、对优质文化的洞察。因此，语言感受力与语文核心素养的四大维度息息相关，小学语文教学也需要从语文核心素养的视域出发，不断提升学生的语言感受力。

一、借助语言构建和运用，夯实语言感受力的基石

叶圣陶先生说过：多读作品，多训练语感，必将驾驭文字。小学生年龄小、阅历少、领悟能力低，要想更好地提升语言能力，就需要进行反复的诵读训练。诵读是小学生语言建构运用的基本途径，只有在诵读中品味语言，小学生才能逐步形成语言的感受力。

1. 借助诵读，在内化中构建

语言的品味首先在于诵读。读，是学生接触与感知文本语言的第一路径。对于文本中的许多经典语句，凭空思考则无法完全探寻出其内在秘妙。唯有通过多种形式的诵读，学生才能养成敏锐的语感。也只有在语言实践中体验，学生才能形成语感。提高诵读素养，才能将学生的心智与思维融入文本的内容构建过程中，体悟文本表达的意蕴和情感，达成自然构建语言的教学目标。

比如，在教学统编小学语文三年级下册《灰雀》一课时，教师可以紧扣关键语段，指导学生有感情地诵读，夯实学生对语言的内在感知力。我们以文中的三句话为例。

1. 一定会飞回来。

2. 一定会飞回来？

3. 一定会飞回来！

上述三句话的文字完全相同，但使用不同的标点后，语调发生了巨大的变化，表达的意思及其蕴藏的情感自然也不一样。教师将这些语句分别放置在相应的语境中，引导并组织学生通过诵读感受"小男孩"内心情感的变化——从矛盾到坚定。

这样的诵读指导，不仅关注了文本中的文字，更让学生看到句末的标点符号会与语言文字形成高效"化学反应"，从而准确把握文本语言中的丰富情感，感受到语言表达的内在魅力，也让学生在积极内化语言的过程中，解密语言并逐渐形成语言的积累和建构，为学生语言能力的提升奠定基础。

2. 迁移实践，在内化中反哺

语文教学的核心任务就是要培养学生正确理解和运用祖国语言文字的能力。这就意味着语言的训练不能仅仅停留在浅层的感知维度，还需要在内化的基础上进行实践，让学生在模仿表达的过程中，反哺对语言文字的感受。

统编小学语文三年级上册第六单元的语文要素是"借助关键语句理解一段话的意思"。关键语句是一篇文章的灵魂、中心。在该单元的教学中，教师可以首先借助《富饶的西沙群岛》一文的教学，让学生从课题、总起句、结尾、反复句、过渡句等处去找关键语句，帮助学生初步建构对关键语句的感性认识。然后，教师借助《海滨小城》一文的教学，引导学生感知关键语句与语段中其他语句之间的联系，洞察关键语句的表达作用。至此，学生已经对关键语句有了一定的认知，但这是否意味着这一语文要素落实到位了呢？答案自然是否定的。如果没有到位，教师是否需要运用相同的方式进行强化训练呢？笔者认为，教师可以借助该单元中《美丽的小兴安岭》一文的教学，搭建运用关键语句进行表达的平台，让学生围绕关键语句说说作者是如何表述的。比如，教师可以让学生思考：美丽的小兴安岭美在哪里？如此，教师可以让学生在实践运用中感受关键语句所涉及的实感真情，体悟关键语句在课文内容表达上的秘妙，从而在学生的心里装上语言的起搏器，打开思维的闸门，让语言内化丰满，反哺语言的感受力。

阅读和表达从来都不是割裂的，语言感受力的训练同样如此，我们既可从正面顺势而下，也可从逆向溯源而上，"写"然后知不足，在不断反思、修缮的过程中提升学生的语言感受力。

二、借助思维发展与提升，把握语言感受力的核心

语言是思维的载体，语言活动的本质是学生思维的运转。教师应指导学生充分感知教材中文本的语言，探秘文字中"看不见的东西"，激活学生的思维，让学生把文字中的情感转化为自己的情感体验，与作者产生共鸣，走进作者的内心世界，提升语言感受力。

1. 联系语境，洞察、感知言外之意

想要提升学生的语言感受力，教师要着力引导学生从语言的表层意蕴走向语言背后的意蕴，结合具体的语境，感受其言外之意。

以统编小学语文四年级上册《西门豹治邺》为例，文中描写"惩治恶人"的部分——对西门豹的一言一行进行了深入细致的刻画，将人物的智慧和聪明淋漓尽致地体现了出来，但很多学生却无法透过人物的言行感受到人物的特点，其原因就在于学生并没有运用自身的思维，感受人物言行背后的特殊内涵，即所谓的读死书、死读书。因此，教师可以鼓励学生将自己的身心意识浸润在文本的语境中，以唤醒思维，激发生命的本真，打开想象之门，感受文本的内在力量，感知人物的言外之意。比如，为什么西门豹要说新娘不漂亮——为了先救下新娘，顺势为惩罚巫婆和官绅头子找好理由；为什么西门豹在漳河边上"站了好久"——就是为了让更多的老百姓知道，这是骗人的封建迷信。学生由此理解：文中的西门豹不仅是在惩治恶人，更是在医治百姓的心灵。

这样，学生不仅理解了语言文字的意思，也走进了人物的内心世界，感受到了语言背后的深刻用意。在一次次深入细腻的理解中，学生逐渐把文本中的感动转化成了自己的感动，在更多的乐趣、启发、联想中增强了语言感受力。

2. 梳理内在关联，感知语言逻辑

单个文字是无法表达复杂意思的，更无法构建有体系的价值意蕴。因此真正意义上的文本阅读，不仅要关注某一个词语或一句话的意思，更需要在联系的过程中通过整体的视域打开文本的内在价值，激发文本语言表达的内在力量。

我们还以统编小学语文三年级上册第六单元为例。为了让学生在学习《海滨小城》时了解并认识关键语句，教师可以利用课文中的典型语段展开教学。比如课文第五自然段主要写小城的公园更美，那究竟美在哪里呢？教师引导学生将阅读的思维向着语段内容聚焦：榕树像绿绒大伞，密不透风——此在描写景色之美；石凳上坐满了人———此在展现公园的人文之美。有景有人，才能构建一幅和谐的公园画面。虽然这一段的文字不多，但寥寥数笔，却将"公园之美"活脱脱地展现在读者面前。

经历了这样的学习过程，学生就对这段文字中三句话之间的关系有了充分而深入的了解。第一句直接点明"公园更美"，第二句从描写景色的角度着手，描写榕树的外形、树叶和作用；第三句则描写了人在公园里、在榕树下的活动。后面两句话是鲜明的并列关系，形成了共同的力量，一起突出、具化"公园更美"的总特点。据此，教师可以相机提炼、揭示"总分"的构段方式，让学生明确、认知和感受这一段话中的关键语句。

纵观整个版块，教师始终将学生的思维放在第一位，激活学生的内在意识，点醒学生心灵，让学生的情感节节拔高，感知语段之间的逻辑力量，推动学生语言感受力的高效发展。

三、借助审美鉴赏与创造，解构语言感受力的内涵

于漪老师指出，语文应当关注"情的感染，美的熏陶，理的启迪"。在语文教学中，教师应注重培养学生的审美鉴赏力与创造力，即关注情感态度价值观方面的目标，引领学生赏析、探究文本：在理解的基础上，展开丰富想象，再现文本语言背后的美感；在对比辨析中，领悟文本内在的意蕴，激发学生的审美意识和审美能力，使其逐步养成高雅的审美情趣。

1. 理解中想象，再现语言的诗情画意

如果将语言感受力局限在理解和悦纳的层面上，那是远远不够的。语言的感知从来都不是一个机械、生硬的过程，它还应该融入美的感知和洞察。因此，学生不能只是理解语言，理解是基础，但还远远不够，教师要鼓励学生在理解的基础上进行拓展和想象，激活文本意蕴中的美感，在鉴赏美的过程中夯实语言感知力。

在统编小学语文六年级上册《草原》的第一自然段，作者老舍运用生动而形象的语言，展现了草原景色的广阔与优美。这种美蕴藏在语言文字之中。对此教师切不可在学生理解了大意、感知了画面后就"草草收兵"，还要将审美的过程融入教学体系中。比如，"只用绿色渲染，不用墨线勾勒的中国画那样，到处翠色欲流，轻轻流入云际"一句究竟是怎样将草原之美展现出来的呢？教师可以引导学生联系语句中所说的"中国画"，紧扣"绿色渲染"与"墨线勾勒"之间的不同点，想象草原一碧千里、绿意盎然的春光世界，从而感受语言文字中的诗意，体会作者所用语言的奥妙。

这样的教学境界，不是学生通过简单的理解能够达成的。教师激活学生的原始经验，并鼓励学生在理解之后不遗余力地想象，将语言中所包含的美感元素一步一步融入生活中、认识中，让学生在美好的意境中激活思维，进入更加广阔、自由生动的语言空间。这样也就实现了想象与理解的并重，从而夯实学生的语言实践能力。

2. 对比中辨析，领悟文本的独到之处

有比较才有发现，有比较才有进步，有比较才会有提升。语言中很多不容易发现的精妙之处，需要在对比中才能彰显出来。因此，教师要善于从学生的最近发展区入手，提供值得辨析的资源，鼓励学生在对比中感受文本语言的独特之美。

比如，统编小学语文五年级下册的《村晚》一文就以生动简练的文字描绘了一幅乡村傍晚的美妙画面。古典诗歌的体裁特点给学生的理解带来了一定的障碍，所以很多教师会将教学的重点设置在古诗大意的理解上，这样的设计往往限制了学生的语言感受力。这首诗的第一、第二句描写景物，第三、第四句描写人物，全诗通过牧童骑在牛背上吹笛的画面，构建了一种人景合一的美妙意境。那么，诗歌最后对儿童的描写，究竟有什么作用呢？它对于提升整首诗的美感又有什么价值？对于上述问题，教师可以鼓励学生尝试将人物从诗句中剔除，并就剔除前后的画面进行对比，以感受文本资源的内在力量。学生会在对比中认识到，画面之美不仅在于景色，更在于儿童为美妙的画面增添的活力，儿童这一形象的加入让画面从原本的秀美上升到和谐。从这个角度审视"牧童归去横牛背，短笛无腔信口吹"的巧妙，教师就可以紧扣"横牛背"和"信口吹"的动态感，引导学生感受牧童的天真活泼，推动学生言语实践素养的不断发展。

四、借助文化传承与发扬，彰显语言感受力的价值

文化是一种精神期待，教师是走进儿童世界的文化使者。要扮演好这一角色，教师必须在备课时充分挖掘每一篇课文的丰厚文化底蕴，在教学时引导学生汲取中华文化的精神，领略传统文化所包含的哲理，把中华民族几千年的文化浸润到学生的生命里，完善他们的人格、丰富他们的人生，让语文课堂处处散发出精神的芬芳。这样，学生对语言的感受力就会在课堂中，在传承与发扬中华文化中不断生长。

1. 资料拓展，还原语言中的文化密码

中国是一个有着上下五千年灿烂历史的文明古国，涌现了丰富的优秀传统文化，这些文化因子蕴藏在文本之中。由于认知能力的限制，学生只能看到文字表面的含义，而无法真正感受文本的内在价值，更无法提取其所归属的文化现象。为此，教师可以相机拓展同类型的资料，帮助学生从提炼共性的角度发现规律，借助文本的语言感知，还原文本语言的文化密码，提升学

生的语言感知力。

我们还是以统编小学语文五年级下册《村晚》这首古诗为例。上文中笔者提出引导学生在对比中辨析、领悟文本的教学思路，实际上就是要求教师从文本语言画面之美的角度展开教学。细细考量，我们还会发现，这首诗在画面的建构上极为典型。从景色描写到人物描写，是古诗中常见的写作技巧。为此，教师首先可以引入学生已学的古诗《江雪》，引导学生进行联系与整合，以发现两者的共性；其次，鼓励学生梳理文本表达的内在密码，感知景色描写与人物心境之间的内在联系；最后，揭示"一切景语皆情语"的内在密码。在这样的教学中，学生能够从感性上理解古诗从景到人的表现技巧。为了建构更为直观的认知，教师还可以从诗句的有关内容出发，拓展至我国的传统山水画，引导学生将古诗与画作联系起来，在观察中发现中国传统山水画的魅力就在于浓墨重彩的风景之后，以人物来提升整幅画境界的奥妙，从而更加深入地认识这种表现技巧背后所蕴藏的文化内涵。鉴于此，教师鼓励学生再次阅读《江雪》和《村晚》，让学生先在脑海中构建诗歌所描绘的画面，然后聚焦描写人物的诗句，感受诗歌中人物的存在对于提升诗歌意境所起到的特殊作用。

很多教师都误认为，文化是一种看不见、摸不着的东西，与小学生在课堂教学中探讨文化，简直是天方夜谭。其实并非如此。文化的魅力以一个个点的方式散落在文本之中，需要教师捕捉文本中的元素来帮助学生挖掘和体验。纵观这一版块的教学，要让学生深入洞察最后两句写人诗句的魅力，仅靠教师单一的讲解还远远不够，还需要教师通过拓展其他类型的古诗或与此类似的文本资源，以"群文阅读"的方式引导学生寻找其背后的文化密码，才能更有效地推动学生语言感知力的生长。

2. 借言而感，挖掘语言中的文化内涵

任何一篇文本的诞生都有其深远的文化背景和历史原因，都是作者真实情感和心境的直接反映。因此，对文本的解读如果只是停留在理解大意这一层面，那学生就只能看到文本的表面，因为深度理解蕴藏在作者内心世界的真实话语，需要建立在对文本创作背景的了解上。只有把握了背景，学生才能将其与文本内容有机整合起来，与作者进行深度对话，把握文本的内在力量，挖掘文本的文化内涵。比如统编小学语文六年级上册《丁香结》一文的教学，如果从普通的视角来概括课文，学生基本上能轻松理解课文的主要内容——描写了不同形态下的丁香花，但作者为什么要以"丁香结"为题，而不以"丁香花"为题呢？这个问题就暗示我们，作者描写丁香花的不同形态，并不只是为了呈现它的美，更是要借助"丁香结"来表达内心对人生、对生活的感悟。基于此，教师可以紧扣课文中描写"古诗词中的丁香花"这一部分，先引导学生观察图片，了解"丁香花"和"丁香结"之间的不同。然后，教师可以让学生将诗中蕴含哀怨愁绪的"丁香结"与作者笔下的"丁香结"进行对比，并让学生思考：为什么相同的"丁香结"在不同作者的笔下，却有着如此明显的不同呢？接着，教师相机引入作者的创作背景：作者的弟弟喜爱"丁香结"，但已经身患重病，作者为了鼓励弟弟战胜病魔，想让他从"丁香结"中看到生活的希望，便写下了这篇文章。

从这个角度来审视课文的最后一句话，学生对这篇文章的感知就不再只是对丁香花表层意象的理解了，他们实现了与文本语言的深度对话，会体悟到作者的心境，将对文本语言的感知提升到文化层面，从而丰富自身的精神文化内涵。

语言感受力直接影响学生对语言的理解、内化、悦纳和运用，教师要能够从语言核心素养发展的角度，将语言感受力的培养与语言的建构和运用、思维的发展和提升、审美的鉴赏与创造、文化的传承和发扬进行有机整合，借助语言感受力促进学生语文核心素养的不断发展。

把握课程本质，铸造学生语言感受力

孙国平　曹在花

《义务教育语文课程标准（2018 年版）》明确指出：语文是一门关于语言文字运用的综合性、实践性课程。语文核心素养也将"语言建构与运用"作为首要维度。如何建构和运用语言，形成语言感受力？这不是学生读一读、背一背、练一练就能解决问题的，教师需要把握语文课程本质，借助丰富的语言材料，帮助学生获取丰富的语言经验，在扎扎实实的构建和运用过程中，发展学生语言的感受力。

一、夯实读背基础，铸造规范的语言习惯

培养学生言语经验、发展学生对语言的感受力，光靠读与背是不行的，但如果不重视读与背，甚至是放弃读与背，更是不行的。无论是言语经验，还是语言感受力，都应该是学生在阅读和背诵的"童子功"中养成的，但这种读和背，不能是机械、生硬的，而应该与语文教学有机融合起来。

1. 契合文本逻辑，多种形式地读

对于不同的内容、不同的主题，作者选择素材的角度、遣词造句的方法都是不同的，这就使得文本语言有着自身内在的逻辑与规律。因此，教师在组织学生朗读文本时不能随心所欲，而需要从规律入手，合理选择不同的朗读形式。

以统编版四年级下册教材中雨果的名篇《"诺曼底号"遇难记》为例，这篇小说语言表达极具特色，对于不同的语言类型，教师可以采用不同的朗读方式。比如，对于描写海上幽深环境的语句，教师可以组织学生采用个人朗读的方式，旨在浮现出语言所描绘的画面；对于描写甲板上人群混乱场景的语句，教师就可以组织学生以集体朗读的方式，重在烘托紧张、危急的氛围；对于描写船长与大副之间对话的语句，教师就可以采用分角色朗读的方式，旨在感受船长的冷静与机智；对于描写船长与轮船共沉时和最后评论性的语言，教师就可以采用配乐读的方式，以突显小说表达的主题。

不同的朗读方式，对应着不同形式的语言。如果教师能让学生的思维契合文本逻辑，朗读就能够激活学生思维，加深对文本语言的感知。

2. 契合认知规律，扎实有效地背

语言需要朗读，也需要记忆，但这一版块中所涉及的记忆，是指学生在熟读之后的自然背诵。著名特级教师管建刚说过：很多精彩的语言，如果学生还不能立刻理解，就可以先背下来再说。他还曾经幽默地打过一个比方：先"怀上"，然后再慢慢"孕"。因此，教师可以针对学生不同的特点，鼓励学生契合认知规律，背得扎实、背得有效。

比如，统编版六年级下册教材中《匆匆》的第三自然段重在表达时间的"匆匆"，以分号的形式罗列了"洗手""吃饭""默默""遮挽""躺在船上""睁开眼与太阳再见"等生活中常见的场景。这就形成了这个语段表达的独特规律。教师可以组织学生通过开火车、小组轮读、男女生交替读等多种形式，以顺应文本语句的内在联系，让学生在自然成诵的过程中，将语段的内容、素材与结构，融入学生的生命意识之中。

有了多种形式的读和扎实有效的背，学生就融入了丰富的语言素材，形成了语言感受力的基础，为后续深入学习铺平了道路。

二、强化积累悦纳，内化新鲜的语言素材

悦纳与内化是积累的更高级形式，是学生对文本相对陌生的、具有新鲜感的语言，在深入感知与关联的基础上进行深入理解之后的积累。因此，教师要善于引导学生捕捉文本中的新鲜素材，强化积累与悦纳，直至内化到学生自己的语言体系之中。

1. 深入理解，联系语境内化

真正具有新鲜感的语言，绝不是指学生没有接触过的语言，而是老词在全新的语境下焕发出全新生机的语言。因此，教师就需要引导学生联系具体、丰富的语境，帮助学生积极理解，从而达成内化的效用。

在统编版六年级上册教材中的《少年闰土》一文中，作者在第一自然段描写闰土的外貌和动作时，用了一个"捏"字和"扭"字，这两个字看似普通，但在具体的情境下，却能散发出独特的意蕴。教师可以鼓励学生去发现：在皎洁的月光下，在明朗的西瓜田中，那个少年面对猹时的一"捏"一"扭"，一个活脱脱机敏、灵巧的形象跃然纸上。此时，教师就可以顺势组织学生说说：从一"捏"一"扭"这两个表示动作的词语中，你的脑海中浮现出怎样的画面？此时，学生的思维就好像开了闸口，许多语言一下子涌了出来，他们用自己的认知和理解，将思维完全浸润在文本的语境之中，更好地提升自己的语言实践能力。

有了这样的想象与理解，学生所关注的已经不再是简单的字眼或者词语，而是一幅幅生动直观的画面，文本中语言所隐藏的意蕴也扑面而来，学生对语言的感知力自然也就提升了。

2. 拓展关联，联系生活内化

文本的语言不是孤立存在的，不仅与文本中的其他语句有着逻辑联系，同时也与生活有着千丝万缕的联系。因此，教师就需要进行积极的拓展与关联，借助文本和生活的多种资源引导学生内化文本语言。

在统编版五年级下册教材中的《桂花雨》一文中，作者为了要早点摇桂花，就"缠着"母亲。很多学生，甚至老师都会忽略此处的"缠"字，但这个字仅仅就是学生初读时浮现在脑海中的一个动作吗？语言感受力强的学生，就能从这个动作中读出丰富多维的内容。教师可以从以下几个方面引导：此处的"缠"，有一个表情，由"缠"字浮现急切的神态；此处的"缠"，有一些话语，"缠着"时作者会说些什么；此处的"缠"，还有一套动作，具体是怎么缠的，可以联系自己的生活进行丰富联想……一个单独的"缠"字，在联系了语境和生活经验之后，成为集动作、神态和语言于一体的解读体系，起到了较好的教学效果。

悦纳与内化，不能一味地死记硬背，否则学生将会对文本语言的精妙之处，失去应有的赏析动力，最终走向认知的死胡同。鉴于此，语文教学就需要以理解为基础，真正解构文本语言所形成的表达效果，让学生在深入理解和拓展联系中，真正获取相应的语言经验，促进学生语言感受力的真正发展。

三、推进辨析品味，涵咏精彩的文本语言

随着学生理解意识的发展，学生对语言的感受力，就需要朝着评价和赏析的方向迈进。因此，教师要鼓励学生在"辩"中品析，在"品"中得言之意味。

1. 辨析：精彩语言，要能真正读懂

对于精妙语言的辨析，很多学生无法真正读懂，不能感知其精妙之处。因此，教师就需要为学生提供适切的比照资源，鼓励学生在对比中辨析，涵咏文本语言的精妙。

比如，统编版三年级上册教材中的第六单元《美丽的小兴安岭》一文，描写了春天树木"抽出枝条"，对于此语言妙在何处，很多学生说不清道不明。此时，教师提供了辨析性资源，比如"长""冒"字。学生在对比辨析中发现，"抽"字不仅有力量、速度快，同时也有外力的作用，而"长"字的力量感和速度感都不够，"冒"字就失去了外力作用。

对于"抽出"一词的品味，如果教师要求学生自己解读，学生很可能无从下手、捉襟见肘，但教师创造性地提供了辨析性的词语"长""冒"，引导学生将这两个词和"抽"进行对比，就能让学生在感知语言时有了方向和目标，起到了较好的教学效果。

2. 品味：精彩之处，要能真正言明

很多教师在教学中都存在着这样一个误区：即认为语言的精妙"只可意会而不可言传"。事实上，学生所谓的"不可言传"，很大程度上就是没有能够很好地体悟文本语言的精妙所在，这其实是学生语言感知能力薄弱的一种体现。因此，教师要鼓励学生深入体悟，全面品味，将自己所形成的感受表达出来，要能够真正言明语言的精彩之处。

我们还以统编版教材中《匆匆》一文的教学为例，作者朱自清这样写道："过去的日子如轻烟，被微风吹散了，如薄雾，被初阳蒸融了；我留着些什么痕迹呢？我何曾留着像游丝样的痕迹呢？"这样的语言展现了时光匆匆而过的状态，实在是精彩，但语文教学不能仅仅停留在固有的层面上，还需要鼓励学生深入到文本语句的内核中，去体会作者把时间匆匆而去的意象化为"轻烟""薄雾"，比喻独特，联想新奇。轻烟、薄雾瞬息被"吹散了"，被"蒸融了"，日子稍纵即逝。感受作者所采用的比喻这一修辞手法，以及这种方法所形成的表达效果，让学生知其然，更知其所以然。

言语经验的获取，需要充分接触并感受文本的言语素材，在深入辨析和品味中，提升学生的语言实践能力，真正为学生言语实践能力的生长服务。

四、落实学以致用，搭建语言的运用平台

语文教学需要向学生渗透和传授必备的语文知识，但语文能力和核心素养的发展，仅仅依托于语文知识是远远不够的，还需要教师搭建语言运用的平台，在实实在在的言语实践过程中提升学生的语文核心素养和关键能力。

1. 现身说法，依托文本语境运用

言语运用需要丰富而可感的情境，缺乏了情境的认知，言语运用就无法真正落到实处。鉴于此，教师就需要充分联系课文内容，结合丰富的言语情境以引导学生进行言语运用。

比如，统编版六年级下册教材中的《石灰吟》是一首典型的咏物诗，借物抒怀是其最大的创作特点。诗人借助于石灰的生产过程，将其与自己一生的经历整合起来，展现了自己高洁的精神品质和远大的人生志向。教学中，教师紧扣最后两句"粉骨碎身浑不怕，要留清白在人间"，先鼓励学生想象：诗人于谦遭受陷害，在人生最后一刻走向刑场时，再次想到自己创作的这首诗时，会想些什么呢？在学生交流之后，教师就要鼓励学生将自己想象的内容写出来。

这样的练笔就是巧妙地借助了诗歌中的内容情境，将学生的认知性思维朝着更为广阔的认知层面迈进，让学生在想象和表达的过程中，更好地体悟咏物诗"人即是物，物即是人"的特征，将学生的言语经验获取推向全新的台阶。

2. 迁移实践，借助生活情境运用

真正的运用，就需要将文本的内在情境与生活实际进行紧密勾连，引领学生在言语实践的过程中，对所积累的语言表达方法进行体悟和思考，切实提升学生言语实践表达的能力。

比如，统编版六年级上册教材《草原》一文中，教师紧扣最后一个自然段中老舍一行人与主人依依不舍的场景，引导学生从"蒙汉情深何忍别，天涯碧草话斜阳"的特点，鼓励学生进行言语实践，从自己的生活中选择曾经经历过的分离场景，鼓励学生将自己从课文中所学习的情景交融的写作方法，融入自己的迁移实践过程中，及时巩固、巧妙运用，在实践和运用的过程中提升学生的言语实践经验。

语言感受力的培养应该是双向的，决不能止步于单向层面对文本语言理解性的感知与辨析，而需要将辨析品味与迁移运用整合起来，用阅读品味来推动运用，用运用来强化阅读，以此形成循环往复的良性交互，从而提升学生的言语能力。

因此，语文教学在培养学生的语言感受力时，就要丰富学生的语言素材，逐步让学生学会遣词造句的策略，引导学生积淀丰富的表达经验。简单地传授相关知识、灌输概念性的术语并不能培养学生的语言感受力。因此，教师要鼓励学生多读多背、多品多析、多用多思，强化对语言的建构和运用，提升语言感受力，为学生语文核心素养的发展奠定基础。

紧扣语文要素，培养学生语言感受力

——谈基于统编教材的语感培养

王倩颖　孙国平

纵观语文课堂，老师们经常会遇到这样一些学生，他们朗读的时候会时不时地读破句、读断意。他们读完一篇文章之后，不知文本所云为何。抑或是在课堂互动交流过程中，他们语言表达不规范、语意表达不清楚，自己兴致勃勃地说，他人却听得一头雾水。我们再来看一篇四年级学生用现代文改编的《清平乐·村居》，笔者摘选了其中一个语段："二儿子正在那里心灵手巧的织着鸡笼，这里往上串一下，再往下串一下，就这样一直地串，时而大时而小。"先抛开文中"的""地"的错误用法不谈，"那里""这里""心灵手巧的织着鸡笼""时而大时而小"就存在着意思表达不清楚、语言表达不规范的问题。再比如，我们还会看到一些学生在阅读过程中出现理解有偏差、体会不深入、情感不饱满等情况。出现以上种种常见的语文现象其实都是因为学生对语言的感受力不强。

不管是听到的语言，还是看到的文字，人们在接触这些语言文字时，对其中信息的捕捉、对其意思的理解、对其情感的体会都会或多或少带有自己的主观意识，这种感知感受语言文字的能力就是语言感受力，也就是我们常说的语感。语感是影响语言学习的关键因素之一，语言感受力很大程度上决定着语文学习的质量与效果，培养学生良好的语感是每一个语文老师应有的责任。叶圣陶先生指出："语言文字的训练，最要紧的是语感训练。"吕叔湘先生也指出："语文教学的首要任务是培养学生各方面的语感能力。一个学生的语感强了，他在理解方面和表达方面都会不断前进。"

那么我们如何在语文教学中培养和发展学生的语感呢？统编教材中每个单元的语文要素给我们提供了很好的教学抓手。教师紧扣语文要素，对学生进行语感的训练和培养是非常便捷、有效的路径。

一、在朗读中培养语感

万变不离其"读"，无论时代怎么发展，教材怎么改革，阅读教学永远离不开"读"，而朗读则是培养语感的基石。统编教材一如既往重视"朗读"，不仅如此，统编教材更重视有质量、有梯度的朗读。在一二年级，统编教材对朗读的要求是：从正确、流利地朗读，到分角色朗读，再到读好说话时的语气，读出恰当的语气，读出对话的语气。从三年级开始，统编教材对朗读提出了更高的要求，那就是有感情地朗读。因此在教学中，教师应遵循这一原则，重视朗读，把朗读训练落到实处，在朗读中培养学生的语感。

（一）在朗读中感知语言规律

我们以统编教材二年级上册第十一课《葡萄沟》一文为例。课文第二自然段有一句话：到了秋季，葡萄一大串一大串地挂在绿叶底下，有红的、白的、紫的、暗红的、淡绿的，五光十色，美丽极了。这是一个长句子，不好读。教师正好可以借助这一朗读难点的教学，在指导学生读好长句子的同时，让学生感知语言规律，培养语感。

教学时，教师可以先把这个句子的主干部分列出来：到了秋季，葡萄挂在绿叶底下，继而分步逐渐增加"一大串一大串""红的、白的、紫的、暗红的、淡绿的""五光十色""美丽极了"等词语。教师通过语意叠加的方法，指导学生一遍遍地朗读，在反复朗读中感受到句子再长也是由一个个的词语、短语叠加起来的。这样的朗读教学，不仅降低了学生读长句子的难度，消除了学生读长句子的畏惧心理，还在潜移默化中引导学生掌握了句子的构成规律。学生读得通顺，读出了节奏，读懂了意思，为达到有感情朗读的学习目标做好了铺垫，培养了学生对语言的感受力。

（二）在朗读中关注新鲜语言

统编教材三年级上册第一单元语文要素中提出：阅读时，关注有新鲜感的词语和句子。这一阅读要求在教材中的首次提出，可以说为语感的培养提供了一个很好的抓手。所谓"具有新鲜感的词句"，实则是带有很大主观性的词句。对于不同的学生而言，对有新鲜感的词句的感受也会受到个人生活和学习的积累影响而各不相同。具有新鲜的词句可以是第一次接触到的、自己不了解的词语，也可以是某种特殊的词句构成或表达方式。我们知道一些学生在阅读的过程中走马观花、囫囵吞枣，不注意思考，更不注意积累。学生对有新鲜感的词句缺乏关注的意识，缺少关注的习惯，这对文本的理解和感悟都会造成一定的影响。所以在朗读教学中，如果教师有意识地去引导学生关注有新鲜感的词语或句子，就能提高学生对语言的敏感度以及对信息捕捉的敏锐度，从而更好地培养语感。

此单元一共编排了三篇课文《大青树下的小学》《花的学校》《不懂就要问》，前两篇课文对"关注有新鲜感的词句"这一语文要素都是在课后练习中体现的，《不懂就要问》是一篇略读课文，这一要素在自读提示中有所体现。以此单元《大青树下的小学》一课为例，第一自然段中"早晨，从山坡上，从坪坝里，从一条条开着绒球花和太阳花的小路上，走来了许多小学生，有汉族的，有傣族的，有景颇族的，还有阿昌族和德昂族的。"这句话不管是从表达的内容而言，还是从表达的形式而言，对于三年级的学生来说都是具有新鲜感的，因为生活和学习的环境不同，他们和文中小朋友的上学路大不一样，"坪坝""绒球花"以及各个不同民族的学生汇聚到一所学校里学习，这些都能让学生们感受到新鲜感。教学中，教师要引导学生关注这些有新鲜感的语言，因为只有关注到有新鲜感的语言，并在朗读中有所留意，才会促使学生对语言进行思考、感受和积累。

二、在想象中发展语感

每一篇文章都是作者通过文字的形式向读者传递着信息和情感？如何能感知作者在文中所描绘的画面、所表达的情感？如何能架构起一座连接作者与读者的桥梁，让读者能在阅读中与作者对话、产生思想的共鸣，从而发展语感呢？想象应该是最简单、最行之有效的一种方法。别林斯基提出："阅读时你到处感觉到他的存在，但看不到他本人；你读到他的语言，但听不到他的声音，你得用自己的幻想去弥补这个缺点。"而儿童恰恰拥有着丰富的想象力，所以在阅读的过程中教师应该引导和激发学生大胆展开想象。如此一来，本身没有可感性的语言文字通过他们在脑海中对相关的情境与人物进行勾画和塑造，语言文字在头脑中就瞬间变得鲜活生动起来，作者与读者的距离就近了，读者对语言文字的感受也变得亲切真实起来，语感自然会得到有效的发展。

（一）在想象中加强感悟

《义务教育语文课程标准》在三个学段的阅读目标中针对优秀诗文的学习都特别肯定了"想象"的重要作用，"展开想象，获得初步的情感体验""展开想象，领悟诗文大意""想象诗歌描述的意境，体会作品的情感"。以统编教材二年级教材为例，上册第8课和第18课都安排的是"古诗二首"，在课后练习题中均提到："读诗句，想画面，再用自己的话说一说。"下册第1课和第15课也同样安排的是"古诗二首"，课后练习分别提出，"想象画面，说说诗句中春天的美景""读下面的诗句，说说你看到了什么样的画面"。对于二年级的学生来说，能够从古诗文中获得情感体验是教学的难点，突破这一难点的最佳方法就是想象。教学时，教师要依据课程标准，尊重教材的编排意图，紧扣语文要素，通过想象来培养和发展学生的语言感受力。当学生想象的大门打开的时候，他们和古诗文的距离就更近了一步。比如，在教学《夜宿山寺》这首诗时，教师需要重点抓住"高"这一特征，引导学生在观察插图的基础上朗读古诗，找出能够感受到危楼之高的词语或句子，继而让学生读诗句，想象画面，并说说"自己仿佛看到了什么，有着怎样的感受"，从而更好地让学生读出古诗的味道。学生通过反复诵读、想象画面，获得了情感体验，加深了对古诗文的理解。与此同时，学生也收获和积累了语感。

（二）在想象中激发情感

统编教材三年级下册第一单元的语文要素提出：试着一边读，一边想象画面。四年级上册第一单元语文要素提出：边读边想象画面，感受自然之美。紧扣语文要素，在想象中进行阅读，从而激发学生的情感，其语言感受力自然有所发展。以四年级上册第一单元《走月亮》一课为例，这篇课文所描述的意境是中秋月夜之下，我与阿妈漫步于溪边、田埂时的所看所想。作者的语言是那么优美，如果学生能感受得到其中美妙的意境，并能读出其中的滋味，也能胜过老师逐字逐句地分析。然而"只可意会不可言传"，有时语言就是如此奇妙，这时就可以通过想象来激发学生对语言文字的感受，激发其内在的情感。

教学课文1至3自然段时，教师可以引导学生一边默读，一边在脑海中勾画景物，读到什么，勾画什么。"同学们，刚刚你们默读了这一部分，说说在你的脑海中都勾画出了哪些景物？"同学们的回答有月亮、洱海、点苍山……这一遍的读已经让学生在脑海中出现了画面比较清晰的轮廓了。接下来，教师引导学生进行第二次的读想结合："孩子们，这是怎样的月亮呢？你们再读读看，找出月亮的特点，继续在脑海中描绘它的样子。"通过这一遍的想象朗读，学生们特别关注到了"月盘是那样明亮，月光是那样柔和"。"是呀，这皎洁的月光洒在了洱海的水面上，洱海银光闪闪；这月光洒在了高高的点苍山上，洒在了……多美的月色呀，相信你的脑海中已然出现了一幅渲染过的水墨画。闭上眼睛，听老师读，想象画面"。第三遍的读，由教师的范读引路，再加上想象铺路，学生脑海中的这幅画面越来越清晰，越来越美丽。此时学生的朗读欲望自然也被激发了出来，教师趁热打铁让学生进行感情朗读，对自然之美的感受，对语言文字的体会自然达成。这样的教学层次分明，"想象"贯穿"读"的始终，从文字到画面，再从画面到文字，教师最后用富有饱满情感的声音传递画面，文、景、情三位一体，在这样的教学情境中，学生的语感自然得到了发展。

三、在实践中强化语感

正所谓"坐在驾驶位上学驾驶，跳进游泳池里学游泳"，语感逐渐形成之后，教师一定要给予学生足够的语言实践机会来继续强化语感，促进语感的提升。统编教材在多个单元的语文要素中都把阅读能力和表达能力进行了结合，比如三年级上册在第三单元的语文要素中提到：①感受童话丰富的想象。②试着自己编童话，写童话。第五单元为习作单元，此单元的语文要素是：①体会作者是怎样留心观察周围事物的。②仔细观察，把观察所得写下来。本文在此不一一列举，教师要能发现这一规律，并在教学中遵循"读什么→学什么→练什么→会什么"的规律，通过拓展迁移，引导学生在语言实践中运用自己的所学，把被动接受转化成主动运用，以此更有效地检验学习成果，最终让学生学会阅读，学会表达。这样一来，语感的强化必定是水到渠成的。

（一）在书面表达中强化语感

以统编教材三年级上册第六单元第18课《富饶的西沙群岛》为例。此单元的语文要素是：①借助关键语句理解一段话的意思。②习作的时候，试着围绕一个意思写。这篇课文最大的特点就是结构清晰，全文采用"总分总"的结构进行内容上的安排，特别是第4自然段写海底鱼多且美，第5自然段写海岛上海鸟众多的时候，都是围绕一个关键句来写的。结合此单元的语文要素，教师首先要从学生的阅读方法和阅读能力入手。比如，教学第4自然段时，教师可以让学生先读一读、说一说海底的鱼给你留下了怎样的印象，学生自然可以找到这段话中的关键句——鱼成群结队地在珊瑚丛中穿来穿去，好看极了。"作者又是怎么写鱼多和美的呢？"接着进行细读，抓住"有的全身布满彩色的条纹；有的头上长着一簇红缨；有的周身像插着好些扇子，游动的时候飘飘摇摇；有的眼睛圆溜溜的，身上长满了刺，鼓起气来像皮球一样圆。"这句话，一边读一边想象画面，感受西沙群岛的海底鱼不仅多而且非常漂亮。当学生理解了，也体会到了的时候，再让他们有感情地朗读这句话，升华情感，此时语感在朗读想象中得到了锻炼和发展。"同学们，喜欢读这句话吗？有没有发现作者是用什么方法写出了鱼的多和美的？"此时的教学由内容走向了形式，学生进而默读思考，通过交流，大家发现，作者为了突出鱼多，列举了很多种鱼，用上了排比的修辞，而且作者还抓住了不同的鱼的鲜明特点进行描写，即突出一些鱼的色彩，突出一些鱼的形态，让读者感觉海底的鱼儿真是形态各异，奇妙无比。

此环节的教学是不是到此就结束了呢？语感的训练是不是到此也就戛然而止了呢？没有。结合此单元语文要素的表达能力要求，教师接下来顺势嵌入课后小练笔。"同学们，你们看，这也是西沙群岛的美丽风光。选出你最喜欢的一个画面，用一句话说说你的感受并写下来。"有的学生写道："大海龟真可爱。"有的学生写道："海底的珊瑚五颜六色，形态各异，真漂亮。"教师继续引导：大海龟哪里可爱？珊瑚都有哪些形态，哪些颜色呢？请你围绕你刚才写下的这句话，用上第4自然段的写法写清楚它们的样子吧！在这个教学环节中，学生在读中理解感受了内容，在读中学习了表达方法，进而在练笔中运用了方法，表达了自己的所看所想。实践的过程中，学生对这一表达形式逐渐接受，并且在此过程中，反复对自己的语言进行再加工和再创造，语感也就逐步得到强化，有所成效。

（二）在口语表达中强化语感

语文教学中，教师除了可以安排练笔的书面语言实践活动，还可以安排交际式的口头语言实践训练。比如，统编教材三年级上册第七单元的语文要素提到：感受课文生动语言，积累喜欢的语句。如果学生能在自己的表达中自觉主动运用所积累下来的生动的语言或自己喜欢的语句，语感一定会得到加强。此单元有一篇课文是《带刺的朋友》，课后练习第2题安排了让学生用自己的话讲讲刺猬是怎么偷枣的。一位老师这样安排一个交际活动，"同学们，今天我们学习了一篇非常有趣的课文《带刺的朋友》，回到家，妈妈特别想听听这个小家伙是怎么偷枣的，你会讲吗？现在老师就是妈妈了，谁来给我讲一讲。"教师这样的安排让学生很快走进一个交际情境，激发了学生的表达欲望。在教师和学生的交流过程中，扮演妈妈的教师还时不时地对学生语言进行纠正和规范，这样的教学有趣有效，强化了个体的语感认知，效果非常好。

综上所述，在小学语文教学活动中，教师要注重培养学生的语感，依托统编教材，紧扣语文要素，从朗读、想象、语言实践等方面培养和发展学生的语言感受力，从而真正提升学生的语文核心素养。

语用视角下的言语实践教学

——以《大象的耳朵》语用链接设计为例

孙国平

摘　要： 新课程理念下的语文课堂教学，需要我们教师精心引领学生与优美的语言文字亲密接触，并让学生不断积累语言、培养语感、发展思维，从而提升学生的语言表达素养。笔者认为，关注言语的表达形式，引导学生在探究、内化、迁移中建立基本表达的模型，不能仅仅停留在对文本语言形式的一味模仿、生搬硬套上，而应从语言的结构、表达的逻辑、情意的流露等方面去悟其"神"，达其"意"，实现言语表达能力的真发展，促进语言表达的个性化和创生性。

关键词： 小学语文；言语形式；探究感悟；个性创生

新课程理念下的小学语文课堂教学，强调突出语言文字运用的综合性和实践性，主张让学生在广泛的阅读品悟中积累语言、培养语感、发展思维，激发学生热爱语言文字的情感，以培养他们灵活运用语言文字的能力。本着这样的认识，教师在阅读教学课堂上可以进行一些语用链接练习，引导学生在文本表达基础上进行仿说、仿写，让他们积累一些富有文学意味的言语表达形式，这是语文教师常用的教学方式。然而，由于学生认知能力有限，他们对文本语言的表达形式并不能真切领悟，因而他们会直接模仿甚至生搬硬套。笔者认为，语文课堂上的语用练习，需要教师细加斟酌、详加指导，让学生阅读、感悟到言语的形式之美、表达之妙，而后创造性地进行再运用、再表达，实现"神"似、"意"足。

一、品悟言语形式的独特之处，让学生"会说话"

经过教材编者精心挑选、删改的每一篇课文，无论是从语言表达还是内容形式上，都是学生学习语言表达的规范、严谨、唯美的绝佳"例子"。《义务教育语文课程标准（2011 年版）》中说：语文课程是一门实践性的课程，学生的语文实践能力的培养，离不开阅读中开展的各种实践活动。学生学习和运用祖国语言文字的实践机会无处不在、无时不有。课堂上，教师引导学生去美美地读课文，用心地感悟课文的语言表达形式的妙处，可以让他们的阅读鉴赏能力和语言表达能力都得到有效提升。

如统编教材二年级下册《大象的耳朵》一文中写道：竖着耳朵的小兔子和小羊看到耷拉着耳朵的大象，都不约而同地发出"大象，你的耳朵为什么耷拉着"的疑问。教学时，很多教师都在这里设计了一个读写链接，让学生想象后面略写的小鹿、小马，还有小老鼠，他们遇到大象后，分别会怎么说，说些什么。然而，学生在课文表达的影响下，只是将小兔、小羊的话再次复述了一遍。这样的阅读表达迁移，显然是浮于表层的纯模仿、纯复制，对学生语言发展的影响甚小。

我们细读小兔和小羊的话，就会发现，这短短的两个疑问句，都包含着小兔子和小羊的潜台词："我们的耳朵都是竖着的，你的耳朵却是耷拉着的，不正常。"同时，他们的表达既相同又有不同，从而读起来不那么单调重复。因此，文本中小兔和小羊友好的表达方式和变化着的语言，其实才是学生学会表达的好范例。笔者在教学这段对话时，先引导学生思考："小兔和小羊为什么会感到奇怪？""他们这样问，你觉得他们问得合适吗？"而后比较："他们说的话的意思相同吗？课文里的写法是不是也相同？"这样，学生就不由自主地去关注句子的表达形式，从而发现小兔和小羊产生了疑问是有原因的。同时，他们对在他们看来不正常的大象没有一点嘲笑的意思，而是充满了关心。小兔子和小羊说的话也略有不同，这样读起来就一点都不感到重复了。

有了这样的认知基础，笔者再让学生去想象："小鹿、小马，还有小老鼠，他们会怎么说大象的耳朵？"在这样的引导下，学生的思考就有了对句子情感、语气和形式上的关注，就不会只去重复小兔子和小羊的话，而会去尝试尽力表达着对大象的关心："哎，大象啊，你的耳朵为啥耷拉着啊？""呀，大象，你的耳朵耷拉下来了，是不是生病了呀？""咦，大象啊，你怎么耷拉着耳朵？是哪里不舒服吗？"……这样的仿说仿写，让学生有了真实的语言交际情境，因而说的话也充满情感，而不再是"为说而说"的纯形式模仿。同时，学生在模仿说话中，运用着刚刚学到的词语，享受着创作的乐趣。课堂对话趣味盎然，语言表达实践变得主动积极。

笔者不满足这样的顺势迁移，又继续联系生活让学生学着友好表达："今天早晨到班上以后，老师发现明明皱着眉头，满脸不高兴的样子，你看到了，会怎么跟他说呢？"学生由此及彼，七嘴八舌："咦，明明啊，你怎么皱着眉头啊？是哪里不舒服吗？""明明，你为什么会皱着眉头呢？是遇到不开心的事了吗？"……如此，课文语言的表达形式不再是僵硬的无声文字，而成了学生口头表达的创生之源。学生凭借趣味盎然的课文表述，想象着课文没有写出的内容，灵活运用着课文里的鲜活词句以及自己之前已经积累的词句，在积极对话中说着自己想说的话，享受着创作的乐趣，不知不觉中便提高了表达生活、记写生活的能力。

二、探究言语形式的精巧结构，让学生"说连贯"

我们对课文文本语言的关注，不能只限于局部的、碎片化的理解和运用。更多时候，我们还要将目光放在全局感知上——毕竟，我们的日常交流不只是片言只语、寥寥数语就能完成的。

我们仍以《大象的耳朵》一课为例。这篇课文完整地写出了小兔子和大象的对话，在一问一答中将小兔子的关心和大象的不以为然写得轻松自然。而对于小羊的关心，却只有问没有答，及至其他动物，就是以"都要说他的耳朵"一句带过。这里的"又、也、都"三个词，将三个画面巧妙地过渡，显得非常流畅。这样的表达方式，值得教师带着学生去细细体会、好好学习。教学时，笔者给学生出示删去了"又、也、都"三个词语，让学生自读，并让学生发现这段话与课文表达的不同点。学生在对比中发现："又、也、都"写出了所有竖着耳朵的动物的想法都一样，正是他们都这样认为，大象才会不安起来。笔者给他们渗透"又、也"的用法："当两个或者两个以上的人都做一样的事情时，我们可以用'又、也'来将句子连接起来。比如，一个人在吃饭，另一个人——"（生齐答"也在吃饭"）"上学路上，我先遇到了数学老师，接着遇到了语文老师，我们可以说——"（生答"我先遇到了数学老师，接着又遇到了语文老师"）。在这样的对话引领中，学生对文中的"又、也、都"在结构上的作用以及它们的强调意义就有了初步的感知。

接着，笔者让学生想象："听了小羊的话，大象会说什么呢？""听了小鹿、小马、小老鼠的话，大象又会怎么说呢？"然后请几位学生扮演小兔、小羊等动物，将刚才想象的问话拿过来，跟大象展开对话。不出意料，扮演大象的学生每次都不假思索地回答："我生来就是这样啊！"笔者追问："这么多的动物来问大象同样的问题，大象真的会坚持这样回答吗？"学生带着这个问题再读课文后就能很快关注到"不安"这个词。他们认为，大象在大家关心的询问中，自己也感到奇怪了。所以，当小羊再问它时，它已经不敢确定了，它可能会说："哦，小兔也这么问我的。不过，好像从我一生下来就是这样子的。"当其他动物再问，它就不敢说话了。由此，笔者引导学生比较："课文没有把所有动物的问话和大象的回答写出来，你觉得行不行呢？"学生通过讨论发现没有必要一个动物一个动物地全写出来，那样作者写起来费力，读者读起来也费神。

这样引领学生对写作结构进行思考，可以让学生初步感知详略处理的简洁效果。我们知道，阅读的过程是学生与作者亲密对话的过程，也是学生与文字亲密接触的过程。在这一过程中，他们最初只满足于知道课文写了什么，至于怎么写和为什么要这么写，并不是他们急切需要解决的问题。教师通过激励性评价，肯定他们的发现，欣赏他们的专心，表扬他们的独到，再引导他们积极比较，自我质疑反思，最后，课文的言语形式就能引导学生渐渐学会"说连贯"，"说好话"了。

三、体会言语形式的意蕴之美，让学生"说生动"

母语是有温度的，尤其是那些传神的细节描写，往往能够将画面具体化，情感丰富化，给读者以鲜明、生动的意境体验和心理共鸣。带着学生品味这些文字，迁移表达形式，抒写自己的见闻感受，往往能让他们豁然开朗，快乐倾吐。

比如，《大象的耳朵》一文详细地记叙了大象在被众多小动物质疑后，自己的想法有了改变，它不再坚持自己"天生就是这样"的想法，而是模仿小兔子、小羊他们，试着将自己的耳朵竖起来。当它用竹竿将耳朵撑起之后，却被小虫子扰得不得安宁。小虫子在大象的耳朵里跳舞、吵他，让它又头痛、又心烦。最后，它发现自己的耳朵耷拉着是有好处的，便不再在意自己与别人的不同。这样的心理变化，在作者的笔下显得真实、可信，读者在阅读后情不自禁地产生心理的共鸣。

教学中，教师可以引导学生揣摩大象的心理活动，体会它竖起耳朵的原因，还有后来放下耳朵的坚定，从而在感知大象心理变化的过程中，学会把自己的感受表达清楚："面对小动物们的疑惑，大象再也不自信了，它觉得……""正是这样的想法，让它开始动脑筋要做些什么改变""如果没有小虫子的吵闹，大象会不会意识到自己的耳朵其实没问题呢？""大象发现了自己耳朵耷拉着是有好处的之后，当它再遇到小兔子、小羊、小鹿时，会怎么跟它们说呢？"学生在教师支架式的问题指引下，积极开动思维，发表着自己的感受和想法："大象被这么多动物问，自己的心里也不安定了，它不禁开始怀疑自己的耳朵是不是真的有毛病了。可是，它不敢跟别人说，怕别人笑话它，所以它只能自言自语。""如果是我，我也会不安的，因为小兔子、小羊，那么多动物，它们的耳朵都是竖着的，而我的耳朵却是耷拉着的，就像被太阳晒伤了的花草弯下来一样，肯定不正常了。""一两个动物这么说，大象还没觉得自己的耳朵有毛病，但这么多动物都这么说，大象就决定将自己的耳朵竖起来了。""没有虫子吵它，我认为大象也会发现自己的耳朵竖着并不好，比如洗澡的时候，水会进入耳朵；灰尘多的时候，它的耳朵也会很脏。它一定还会把耳朵放下来的。""当大象再遇到小兔子、小羊、小鹿它们时，会跟它们说：'我的大耳朵像蒲扇，它们耷拉着，是为了保护我的耳道，防止虫子爬进去，也防止水和灰尘进到里面。你看，我们大象家族都是这样的，耳朵都耷拉着呢！'"

学者刘淼认为，在人们写作的过程中，往往要先将口头语言经过思维加工后变成自己的"内部语言"，而后才能将这"内部语言"承载自己的意思表达出来或者转换成的抽象的文字符号记录下来。这就是阅读想象、感悟，提取、运用信息进行说话，学生自由想象，大胆表达自己的观点、感受，想象大象的心理变化，自我丰富本课阐释的道理。教师热情的肯定和学生畅所欲言的快乐，让学生更加乐于与他人交流，并在思维的碰撞中逐渐深刻、完善，真正地悟明道理。

复述：铸造"舌尖"上的智慧

孙国平

复述是小学语文核心能力的重要组成部分，除了能够强化学生对文本的记忆和理解之外，更能有效地提高学生的语言积累水平，增强其体悟文本表达脉络以及言语表达的能力，二度开发文本的教学价值。但遗憾的是，当下的语文教学并没真正认识到复述的重要作用和意义，对于课后习题中的复述的题型基本是一带而过，并没能真正将其落实到位。

一、课堂审视：扫描当下语文课堂中"复述"之怪状

（一）置若罔闻，淡化复述训练价值

对于学生来说，复述既是一种能力，也是一种方法，是发展言语表达和思维能力的重要策略。当下语文教材中关于复述的教学内容相对较少，即便是一些故事性文本，教材对复述的要求也只是停留在课后习题中偶尔有所呈现这一层面上。很多教师并不珍惜难得的复述训练机会，常常对教材课后关于复述的练习要求熟视无睹，根本没有认识到复述存在的价值。要么就是把复述变成了降低了一点要求的背诵；要么就是走过场，将"复述"的任务变成了"讲给自己的爸爸妈妈听"，至于学生有没有复述、怎么复述、复述的效果如何，只能是听之任之了。

据有关调查显示，在常态化的课堂教学中，开展复述教学的教师居然不超过20%。可见，复述几乎成为语文教学中无人问津的"空中阁""镜中花""水中月"了。

（二）空架虚谈，淡化复述教学本质

课文复述，既是教学的目标，也是教学的过程。从语文课程的本质属性来看，复述的侧重点就在于对文本现成语言的再吸收，通过重新加工处理、创造整合，以形成属于学生自己的认知体系。复述在尊重文本的基础上引导学生进行自主性、个性化和创生化的语言表达，借以历练其语言表达能力和思维能力。当下为数不多的复述训练，常常会出现两个层面的缺失：①复述目标缺失。复述作为一种语文核心能力，完全可以作为课堂教学独当一面的教学目标。但这一目标的缺失最终将导致复述毫无着力点，天马行空，学生的语言能力并没有得到应有的提升。②复述过程缺失。很多时候，教师习惯于将复述作为一种死板、僵硬的作业来处理，或者异化成为优秀学生独自表演的舞台，最终导致复述成为语文课堂的伪劣品。

（三）生硬灌输，淡化复述指导规律

任何一种语言能力的训练都有着其基本的方法和规律。复述作为一种融合了语言运用和思维发展的语言训练类型，其方法和策略很鲜明。但遗憾的是，在当下的语文课堂教学过程中，很少有教师能结合文本内容，对学生的复述学习进行具体有效的方法指导。更多的是，教师在教学"复述课文内容"时生硬灌输。比如，教师在课文复述的过程中，帮助学生从文本中提炼固定的句式，然后让学生感知该句式在表达过程中的作用。最后，教师硬性要求学生借助这样的句式、套用机械背诵的信息来进行课文内容的复述。这样的复述指导，从表面上看好像让学生有了鲜活的抓手，为学生复述课文提供了台阶，但细细考量就不难发现，这种"基于句式结构"下的复述是完全机械而生硬的。尤其是在复述的过程中，学生的语言和思维的组织完全停留在一个逼仄的空间内，难以形成有效的发展与成长。这种形式的复述教学，掩饰不了教师对复述指导的无力。

二、探寻本质：厘清语文课堂中"复述"的原生价值

（一）拂去面纱，落实复述本质

所谓复述，简言之就是将别人说过的话或者是自己读过的文章内容用自己的语言重复说出来。很多教师都将关注点放在"别人说过的话"或者"自己读过的文章内容"上，而淡化了"用自己的话"这一核心要素，导致复述指导始终囿于文本，在凸显机械识记的同时弱化了语言表达的创新，把复述变成了降低了要求的背诵，最终导致复述这一教学目标形同虚设。教师要在复述教学中，引导学生在理解文本内容的基础上，强化对文本内容的吸收、消化、重组、整理、判断，最终用自己的语言复述课文内容，让复述这一教学过程真正发生。

比如教学《哪吒闹海》一文时，教师可紧扣课文中所呈现出来的"搅动龙宫""打死夜叉""勇斗龙王三太子"三个故事，在激活学生认知体验的基础上，唤醒学生内在的思维动力。复述"打死夜叉"时，教师引导学生将自己看成哪吒，并抓住哪吒与夜叉搏斗时的动作，想象搏斗时的画面，揣摩哪吒的内在心理，将人物的内心活动融入复述的过程中。这样的复述过程，学生不仅仅获取了语言内在素养的提升，还收获了思维能力的发展。

（二）依托课标，明确复述要求

新课标对于复述有着明确的要求：①关注梯度的阶段性。第一学段主要以复述"小故事"为主，关注大意和精彩的情节；第二学段以"叙事性文本"为主，在理解大意的基础上倡导紧扣主要内容展开复述；第三学段则是聚焦"描述自己印象最为深刻的场景和细节"，体现出紧密相关的逻辑性。②凸显语用的实践性。新课标对于"讲述、复述、描述"有过专门描述，其基本共性就是指运用语言进行描述，帮助学生进行语言积累和语感培养，为促进学生言语思维能力的发展奠定坚实的基础。

比如在教学《郑和远航》时，教师就将指导学生复述的教学聚焦于郑和第一次远航时的语段上。在学生整体初读课文的基础上，教师需要组织学生概括第一次远航的过程：扬帆启航、友好交往、克服凶险。在学生将这三个故事进行整体性串联之后，教师并不能将教学止步于此，而需要契合新课标对第三学段复述所提出的"描述自己印象最为深刻的场景与细节"要求，将复述的视角继续朝着文本的细节处进行深化。比如在描述"扬帆启航"时，教师可以引导学生关注出港时壮观的场面；在描述"友好交往"时，教师可以引导学生想象并设置人物的心理和对话过程；在描述"克服凶险"时，教师可以引导学生具体展现郑和是如何指挥船员们与海盗、海浪搏斗的……

这种基于文本、基于课标的语言实践活动，不仅仅将复述停留在文本的固有层面上，而且将复述建立在学生对文本的理解和感知的基础上。这样的复述教学紧扣课标中第三学段的更高层级的复述要求，起到了较好的教学效果。

（三）统整教材，挖掘复述内容

纵观苏教版教材中对复述内容的安排，有的因"生"而异，提出了不同的复述要求；有的因"文"而异，设置不同的复述形式；有的因"需"而异，设置了不同的复述元素。为此，在指导学生进行复述时，教师就应该从学生的视角设定适切的目标，从文本的特质出发，创设精准的复述形式，根据学生的需要选择恰当的复述元素，彰显语文课堂中复述的多样性、灵活性和严谨性。

我们还以《哪吒闹海》一文的教学为例，著名特级教师薛法根在指导学生复述时，就整合课文内容，先后设置了概述、详述和转述的教学版块，在"概述"中帮助学生提炼文本内容，在"详述"中指导学生细化人物言行。而在这两个版块的教学过程后，薛老师并没有局限在依照原文讲述的版块和层次上，而是通过"转述"的方式设置了这样的情境：东海龙王不服哪吒打死龙太子和夜叉，将哪吒告到了玉皇大帝那里。在向玉皇大帝陈述具体事情经过的时候，东海龙王和哪吒会从怎样的角度来描述相同的事情呢？学生纷纷尝试从不同人物视角进行复述。这对于学生来说就是一种思维上的挑战，是基于教材但又超越教材的一种复述尝试，为学生挖掘出全新的复述视角，有效地彰显了复述在夯实学生语文核心能力时的重要作用。

三、辅助实践：探寻语文课堂中"复述"的策略

（一）丰富积累，夯实"复述"的起点

复述课文是将阅读过的内容用自己的话表达出来，那么，教师首先就应该让学生深入全面地了解课文内容，通过多种形式的朗读，强化对文本内容和结构的掌握。这样可以为学生后续的复述积累内容、搭建框架、厘清脉络，从而提升复述的完整性和条理性。

在整体性掌握文本内容的基础上，教师可以尝试和学生一起，用板书的形式准确洞察课文需要复述的内容。比如教学《三打白骨精》时，由于这篇课文三骗、三打、三责的线索非常鲜明，教师就可以将其与教学中的板书有机结合，进一步厘清文本的内在结构，将每次"骗、打、责"的具体细节通过板书呈现出来，帮助学生提炼出复述的主线。这样的教学，为学生的复述创设了一个滑梯，轻松引导学生从文本内容转到自主复述。

文本内容的高度概括给予了学生广阔的自主性空间，是提升学生内在认知体验的重要契机。教师可以围绕文本语段中的关键词展开教学，将其作为学生复述课文的起点。比如《嫦娥奔月》中嫦娥智斗逄蒙的一段，用"周旋"一词作为复述的支撑点，分别就逄蒙怎样夺取仙丹而嫦娥怎样一一化解这一内容进行复述。文本内容在复述的过程中紧扣人物的动作、神态与心理，从而将文本中的人物的个性延续下去。

有的中年级的课文，不仅包括鲜活的人物形象和曲折的故事情节，还配置了丰富的插图，取得了与文本相得益彰的效果。学生在复述的时候就可以将图片作为切入点。比如神话故事《哪吒闹海》一文的内容分为三个部分：搅动龙宫、打死夜叉、勇斗龙王三太子。在复述的过程中，教师可以充分利用图片，让学生通过观察图片的方式来明确事件发展和人物动作的细节，从而将文本中的内容复述出来。

不同的学段、不同的课文有着不同的复述要求，学生也有着完全不一样的复述起点。为此，教师就需要为学生的复述搭建平台，真正为其学习复述奠定坚实的基础。

（二）营造氛围，创设"复述"的情境

任何一种语言的学习都需要可感而真实的情境，学生的复述也需要强大的语言支撑。无论复述的内容如何变化，复述的形式如何更迭，都不能脱离具体的语言情境。只有融入生活，借助生活中的资源，才能真正将复述浸润在可感鲜活的情境之中。比如对《陶校长的演讲》一文的复述，不能仅仅关注内容，还需要关注演讲的形式。教师可以组织学生密切关注每周一的升旗仪式，观察演讲者在讲话时的状态，并在课堂中营造出"升旗仪式"情境，在升国旗之后让学生当一回"校长"，在真实可感的生活情境中历练学生的复述能力。

有的故事性文本本身就带有鲜明的剧本色彩，教师可以组织学生以角色表演的方式，借助课文中的语境来创设复述的情境。课文《祁黄羊》就是一篇典型的范例。学生可以在理解课文内容的基础上自由组合，自选角色，自主复述课文。在这样的情境中开展复述活动，学生既吸收了文本表达的内容，又能通过神态和动作的设置来展现人物的品质。让学生做一回演员，全身心地浸润在文本的语境中，沉浸在故事的情境中，复述就会更加生动、活泼而有趣。

有些文本在插图的运用上，并没有完全呈现故事的结构，只是选择了故事发展的核心情节进行配置。教师可以引领学生在理解内容、补充资料的基础上，尝试为课文补充插图，绘制并串联成连环画，为学生的复述创设更加鲜活的语境。

比如在《天火之谜》的教学中，为了配合学生的复述，教师并没有完全依托教材中"风筝实验"的插图，而是根据教材课文中的内容，引导学生动手绘制插图，将文本转化为图画，然后依照绘制的图片进行复述表达，从而使得复述的内容更加形象而直观，让学生的语言表达更加具体而细腻。

（三）艺术切换，优化"复述"的方法

学生的学段不同，对文本内容的复述要求和方式也就自然不同。低年级学生的复述基本属于简要性复述，可以遵循从简单到复杂的原则，从一句话、一段话、一个故事入手，从基本的句式入手，让学生在模仿中进行训练。中年级段就应该转向详细复述，学生围绕文本的主要内容进行感知与体悟，形成自己的认知理解，再凭借文本中生动形象的语言，在积极吸纳与内化的过程中，运用创造性语言进行生动复述。这个学段的复述就需要把握三个要点：能有条理地复述，讲清楚故事的起因、经过和结果等关键性要素；能有重点地复述，关注事件发展的核心环节和语段；能够更准确地运用，以自身的语言为主，适度运用课文中的语言。而高年级就应该将创造性复述引入到教学中，能够利用课文中的留白处和创生点，对课文中的内容进行描述，引导学生在吸收的过程中进行复述，深化学生的认知与理解，不断提升学生的语言表现力。

复述方法的转化还体现在所采用的复述策略的不同。一般情况下，复述的方法包含了变换人称、调整顺序、改变文体等多种形式，而在不同的文体特征和表达内容下，学生的复述就有了更加全面的内容。因此，我们除了要关注学生的基础之外，还需要充分考量文体的特点和语言的特色，将教材的特质融入复述教学中去。比如学习状物类文本时，我们就可以将其转化为童话故事类的文本，通过故事讲述的方式，将状物类文本的信息融入故事之中。

小学语文教材中，很多课文都是依照第三人称的口吻来写的，学生在复述的过程中常常会将自己完全割裂在故事的情境之外。因此，教师可以尝试以体验性的复述来变换人称，带着情感来感知主人公的形象，与人物进行对话，体悟他们的情感和内心活动，从而与文本形成良性的互动。比如复述《半截蜡烛》时，教师就可以引导学生将自己转变成为杰克或者杰奎琳的角色，在复述课文中描写的人物言行之外，更注重对人物内在心理的描述。这样的复述方式易于使学生与人物形成认知上的共鸣，在无形之中受到良好的思维启迪，更好地促进学生核心能力的不断发展。

（四）发现规律，厘清"复述"的逻辑

著名教育心理学家皮亚杰认为，语言是思维的载体。的确，任何言语实践运用都离不开思维的浸润。复述作为一种语言实践活动，是一个学生对语言文字材料进行吸收、储存、内化、表达的过程，是一个逻辑严密的思维过程。整个过程看似最终表现在"表达"这一环节上，其实不然。在这一过程中，学生的大脑处在高速运转状态，要能发现并深化课文的语言规律，通过组织语言，有逻辑地再次"说"出来。为此，教师在指导学生进行复述时，不仅要关注复述方法的选择，更需要聚焦学生在复述过程中的言语逻辑思维。要善于从教材文本中提炼出鲜活的内在结构和言语思维规律，在顺应文本内在结构和表达逻辑的基础上，为学生的复述提供抓手，真正为学生语文核心能力的发展奠定基础。

不同的课文在情节内容、结构设置、言语表达上都呈现出与其他文本完全迥异的文本样式，这就需要教师在指导学生进行复述的实践过程中，搭建既基于文本又具有鲜活个性的逻辑框架。一般情况下，根据文本类型的不同，我们可以从三个方面入手。首先，顺应情节发展的逻辑。比如教学《爱如茉莉》时，教师就可以先引导学生从事件入手，从"询问真爱是什么"到"父亲不吃晚饭直奔医院"，直到最后"父母相互体谅，执手而眠"的故事情节来构建基本的框架，并将作者对"爱如茉莉"的质疑、相信、坚守的情感之线融入其中，勾勒出情节明线和情感暗线交相辉映的复述逻辑。其次，顺应文本结构的逻辑。比如，在《黄果树瀑布》这篇游记中，作者依照移步换景的方式，将自己参观、游览黄果树瀑布的认知体验进行了巧妙的整合和重组。教师在指导学生进行复述时，可以提炼出作者的游览路线和创作构思，为介绍黄果树瀑布的壮观景象厘清表达上的逻辑。再次，顺应呈现方式的逻辑。比如《陶校长的演讲》先后提出了四个核心问题进行演讲，而每个问题的演讲结构和逻辑也有着共同之处，即先讲"提出的问题是什么"，然后解释"为什么要提这个问题"，最后重点阐述"应该怎么做"，教师就可以紧扣这种语段呈现方式，引导学生发现陶校长言语表达上的逻辑，并把学生习得的言语逻辑在复述中进行迁移运用，为语言实践能力的发展奠定坚实的基础。

综上所述，复述能力的形成绝不是一蹴而就的，需要在语文课堂实践中反复训练。教师须在实践的过程中不断研读课标、精研教材，才能真正把握复述的表达本质，激发学生的复述动力，铸造属于学生"舌尖"上的表达能力。

生长立意下的小学语文课堂问题与重构

孙国平

美国哲学家杜威曾说过："教育即生长。"如何在小学语文课堂上顺应儿童发展的天性，回应教育的初始目的，呼应语文学科的工具性以及人文性？如何在小学语文课堂上平衡好知识传授、能力培养和情感态度价值观三者之间的关系？如何让学生在小学语文课堂上提高语文关键能力和核心素养？笔者立足于小学语文课堂教学实践研究，努力重构生长立意下的小学语文课堂。

一、现象思考——当前小学语文课堂存在的问题

（一）教师为主，单一输出

当下不少小学语文课堂教学中，教师的作用主要是单一的信息输出，学生也只是被动地参与学习过程。教师在很多时候，都会按照固定的教学思维来设计教学，围绕固定知识点来组织提问。此外，部分教师也担心课堂的动态生成会打乱教学的进度，或者是抛出问题之后，课堂气氛凝固；又或者是学生提出的问题在自己的预设之外，自己无法把控。所以，教师在课堂中就很少和学生进行互动，这样就直接切断了和生长课堂之间的联结。

（二）课堂互动，深度较低

在一些小学语文课堂中，经常会出现这样的情况：教师没有深入地研读文本，提出的问题没有指向课文的核心价值；课堂上，启发学生思维的问题很少，学生集体回答的问题较多；教师没有对学生的回答进行追问……学生在很多时候也只是回答了问题的表层意思，师生、生生之间并没有真正意义

上的思维碰撞。这些课堂互动从表面上看非常热闹，但其实思维含量较少，课堂互动深度较低，学生也只是机械地参与其中，并没有真正地体现学生学习的自主性。

（三）形式上的合作学习

在新课标理念的引领下，越来越多的教师已经意识到小组合作学习的重要性，他们也尝试着在课堂上让学生进行分组，并讨论相关的问题。但是有的问题太过简单；有的问题没有指向文本的核心问题；有的问题不具有开放性。再加上教师在课前对小组合作学习没有进行系统训练，在课堂上也不给学生充分的时间讨论，即使有讨论，也只让一个学生代表本组发言，发言后其他学生也不及时进行补充、评价。这样的小组合作学习，和传统课堂师生一问一答，没有多大区别，换汤不换药，完全只是形式上的小组合作学习。这样的小组合作学习对学生发展语文关键能力、提高语文核心素养并没有多大帮助，对学生的生长意义不大。

二、聚焦定位——生长课堂的意义探寻

（一）促进学生全面发展

生长立意下的小学语文课堂教学中，教师带领学生在学习语文的同时，寻找适合学生的语文学习的方式，找到他们喜欢的言语表达方式，不断提高学生语文核心素养，促进学生语文关键能力的发展。

（二）培养学生主体精神

生长立意下的小学语文课堂教学中，教师要把握住学生在学习中的主体地位，积极调动学生对于课堂的热情，引导学生主动去探索知识。教师要积极地成为学生学习过程中的引导者、合作者。教师要组织课堂活动，与学生进行对话。通过学生举手发言，随机抽取学生发言，小组成员之间进行探讨、交流，小组成员集体汇报讨论结果，其他学生及时进行质疑、补充等方式，引导学生之间、师生之间的思维碰撞，进而产生智慧的火花，同时也能进一步培养学生在语文学习中的主体精神。

三、回归本体——生长课堂的教学重构

在小学阶段，生长立意下的小学语文课堂，是以学生活泼、自由以及全面生长作为核心价值的。在这样的语文课堂中，学生是自由的，同时也是灵动的，更是生长的。

（一）教学目标：由知识到素养

现如今，随着课堂教学改革不断推进，教学目标也在发生相应的变化，从最初的对知识的传授逐渐转变为学习能力的培养，又进一步上升到了对人的核心素养的培育。生长立意下的小学语文课堂更是如此。

例如，在教学《夹竹桃》这篇课文的时候，教学目标除了要让学生知晓该篇描写的是夹竹桃的品质，还要让学生明白其同样是描写和夹竹桃拥有同样品质的一群人。这样的教学目标不仅仅关注了知识的传授，更关注了学生语文核心素养的养成。

这篇课文主要从两个层面写出了作者对于夹竹桃的喜爱：一个层面是"韧性"；另一个层面是"引起我的许多幻想"。课文的最后有这样一句话："这样的韧性……我爱上了夹竹桃。"教学目标只是停留在"夹竹桃它有什么样的韧性？"或是"夹竹桃它能勾勒出作者什么样的幻想？"这样的知识层面没有办法让学生明白这篇文章中"托物言志"的奥妙所在的。而如果把教学目标定为引导学生通过"夹竹桃"所表现出的韧性来体会"人"身上所具有的韧性，学生便可以由作者对"夹竹桃"的喜爱联想到作者对于生活的热爱。这样，学生就能够在对文本的学习中，增进对生活的思考。

在这样的关注语文核心素养的教学目标的引领下，学生在学科知识、人文素养、道德情感组成的生长的语文课堂中，不但习得了知识，更提升了语文学科核心素养。

（二）教学内容：由课文到语文

教育家叶圣陶先生曾经说过："教材只不过就是教学过程之中所运用到的一个例子。"的确，教材发挥的只是例子的作用。优秀的语文老师应该是用教材教语文，而不仅仅是教教材。在生长立意下的语文课堂中，教师从课文中开放性地选择、优化教学内容，深入地挖掘、开发，生成与课程相贴合的一套教学资源，力争实现由教一篇课文到教语文课程的转变以及生长。

例如，在《只拣儿童多处行》这篇课文中，冰心通过一系列的词语，写出了自己在游览的时候遇到了很多的儿童，而且文章的描写真的可以让人们感受到儿童的确是无处不在的。在文章的最后，作者也点明了文题：只拣儿童多处行，一定会找到春天。语文教学内容的选择，如果只浅显地停留在对景点的观赏，对儿童多的描写的感悟上，就无法发现这篇课文的核心价值所在。

在这篇课文中，冰心笔下所描绘的儿童，不但数量多，而且也有着旺盛的生命力，像极了春天里无处不在的生机与希望。在冰心的笔下，儿童、花儿以及情感都融在了一起，是她"博爱的哲学"。如果从这个角度去选择教学内容，教者的观念就由教课文转变为用课文教语文，在引导学生感悟课文的同时，让学生获得精神的成长，这也是生长立意下的语文课堂目的所在。

（三）教学方式：由灌输到自主

语文学科作为母语教学，对于每个儿童来说都是特别而熟悉的。对于教师来说，僵硬的灌输将无法达到事先预设的教学目标。新课程标准提出了以生为本的教学理念，学生成了学习的主体。在生长立意下的语文课堂中，教师要能够转变课堂教学方式，实现课堂由"灌输"到"自主"的成长。

例如，在教学《最大的麦穗》这篇文本的时候，师生产生了这样的对话。

生：老师，"麦垄"是什么意思？

师：（没有直接给学生答案，而是点拨学生）在平时，我们理解分析词语一般有几种方法？

生：查字典；找关键字；从上下文的联系中进行理解。

师：是的，那你们可以选择其中的一种方法进行尝试理解。

生：我用的是找关键字和查字典相结合的方法，关键字是"垄"，垄在字典中有4种解释：①在耕地上培成的一行一行的土埂，在上面种植农作物。②田地分界的稍稍高起的小路；田埂。③形状像"垄"的东西。④姓。我觉得应该选第2种，麦垄是指麦地里分界的稍稍高起的小路。

师：你能用画图的方式理解这个词语吗？

生：

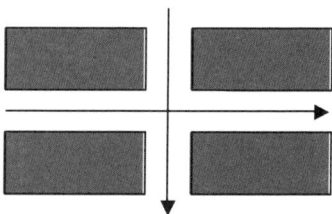

生：我的理解不是这样的。我从小在农村长大，见过麦垄，这里的垄应该是第1种意思，在麦地上培成的一行一行的土埂，麦子就种在上面。我也用画图的方式来理解。麦子就长在蓝色的区域。

生：我的理解和他们都不同。我是用联系上下文的方法来理解的。这个词语出现在"他们回头望了望麦垄，无数株小麦摇晃着脑袋，似乎在为他们惋惜"。我猜想这里的麦垄就是指一行行麦子。为了验证我的想法，我百度了麦垄的图片，给大家看。我还咨询了爷爷，原来麦子不是种在垄上的，和红薯不一样。所以，这里的麦垄只是形容一行行的麦子罢了。

对于"麦垄"这个词语的学习，教师可以完全放手让学生用自己喜欢的理解词语的方式来学习。学生通过理解关键字、查字典、画图、问长辈、联系课文等多种方式学习这个词语，随着生生对话、师生对话的不断深入，学生对这个词语的理解更精准，也更到位。

在学习课文的过程中，学生还提出了自己的质疑：苏格拉底就这样将学生带到麦田中做实验，这样粮食都被踩到了，会浪费很多，这样不知道"粒粒皆辛苦"的老师，又如何算是一个好的老师呢？这明显是对文本扭曲的理解，如果此时老师听之任之，不置对否，这对学生理解文本，甚至是价值观的形成都会有严重的影响。如果此时执教老师直接"灌输"道理，苏格拉底是这样一位认真负责、教学有方、循循善诱、善施教化、充满智慧的老师。虽然也能完成教学任务、达到教学目标，但这样的"灌输"对学生学习能力的培养，特别是自主学习能力的形成毫无益处。此时，不如再将问题抛给学生，让学生围绕"苏格拉底是/不是一位好老师？你的理由是什么？"展开一场辩论。相信通过学生在讨论后也能得到以上的答案。

（四）教学路径：由课内到课外

对于生长立意下的小学语文课堂而言，我们是不应该将其禁锢在一个狭小空间之中的。教师要具有全局的观念，将文本与文本、文本与生活进行链接，并由课内向着课外进行延展，让语文课堂向着一个更加丰富、更加充盈的世界进军。

例如，在学习《林冲棒打洪教头》这篇文章的时候，教师可以让学生阅读整部作品，让学生的思维形成一个网状的结构。《林冲棒打洪教头》这篇文章，通过语言描写、动作描写、神态描写等方式，将人物形象一步步地刻画在纸上。而四大名著之一《水浒传》中还有很多篇目都塑造了让人记忆犹新的人物形象，其语言明快，描写细腻，教师可以推荐学生阅读《水浒传》。

再者，教师还可以给学生拓展同一个作家所写作的其他作品，这样一来，学会可以系统地对这个作家的写作风格和特点进行了解。例如，在学习了雨果的《船长》后，教师就可以给学生推荐雨果的其他作品，比较著名的有《巴黎圣母院》《悲惨世界》等。

此外，教师还可以带着学生一起阅读同一个题材的不同作家作品，因为里面会涉及不同的描写方式以及不同的写作目的。例如郑振铎的《燕子》和高尔基的《海燕》，前者主要通过细腻的笔法描写了燕子的可爱，在意境上也是优美的；后者则是讴歌一种精神，它勇敢而且气势磅礴。对于教学的路径，教师也一定要能够把握住生长这一教学目标，不断充盈和丰富学生的阅读，这样学生的核心素养才能获得提升。

又比如学习六年级下册张志和的词《渔歌子》时，教师可以引导学生体会这样一位对大自然充满热爱、对生活充满热爱的渔翁，他穿着蓑草做成的雨衣、戴着竹子编织成的箬笠在垂钓。斜风细雨来了，他也不须归。与其说他不须归，不如说他不想归。他陶醉在桃花盛开、江水猛涨、鳜鱼正肥的江南水乡；他陶醉在这白鹭自由飞翔，他也悠闲自得的心境中；他陶醉在捕鱼时的愉快心情中。学到这里，教者话锋一转："同学们，你们在学习古诗词的时候，还遇到过哪些渔翁？"这个问题一石激起千层浪，一下子打开了学生的思维。从柳宗元的《江雪》到王士禛的《题秋江独钓图》，再到范仲淹的《江上渔者》，这个问题打开了学生的思维。此时，教者在学生充分朗读这几首古诗词的基础上，再次提问都是渔翁，他们有什么不同呢？为什么会不同呢？你从中悟到了什么呢？让学生带着这样一组问题走出课堂，走向课外的自主探究学习中去。学生在这样的古诗词学习中，不但关注古诗词本身，还关注作品背后的作者，更关注了同一形象在不同的诗人笔下，寄托了不同的情感。

总而言之，在小学语文教学中，生长立意下的语文课堂它并不是形式上的敷衍或者是简单机械的提问，而是建立在师生平等关系上的一种交流与互动。教师要能够立足于教学的实践，在教学目标、教学内容、教学方式和教学路径研制和选择上不断完善，让师生、生生、学生与文本互动的语文课堂更加开放，更加和谐，并始终伴随着学生成长的气息。

基于情感真实的起步作文指导

孙国平

摘　要：情感真实是《义务教育语文课程标准（2011版）》对第二学段学生习作内容提出的要求。笔者认为，三年级起步作文对学生的习作应当基于学生的情感真实，将学生的习作话题化更能让学生写出真情实感，鼓励学生写出情意共生的习作语言，在明确的目标指引下可以让学生感受到成功的喜悦，增强学生写作的自信。

关键词：小学语文；作文教学；真情实感；写作自信

第二学段是小学生刚刚开始学习用书面表达的形式写作的起步阶段。《义务教育语文课程标准（2011年版）》要求学生能够将自己周围世界里觉得新奇有趣或者印象最深、最令自己感动的所见、所闻、所感、所想写下来。教学中，笔者努力从学生认知最近发展区出发，引领学生仔细观察生活，并学会按一定顺序表达生活真实与情感真实。笔者想让学生在明确的写作能力目标导向下学会修改习作，从而收获成功的喜悦，增强写作的自信。

一、习作应当基于学生的情感真实

相对于第一学段的写话，第二学段渐渐将学生从童话思维世界中引领出来，从侧重想象写话转向仔细观察周围的世界看得见、摸得着的人、事、物、景，表达自己心中的感受。习作内容的生活化与真实性变成了本学段习作的特点。我们教师需要厘清的是，情感真实不等于生活真实，我们常说的表达真实是基于真实生活、却高于真实生活的一种情感真实。比如面对蓝蓝的天、飘动的云，男同学可能想象出白云似战马，如火车，像大牛；而女同学往往觉得白云如棉花糖、小绵羊、大白兔……这样的情感视觉差异，便是他们各不相同的情感真实，我们不能认为谁的对谁的错。再如面对公园中迎着春风生长起来的小草，当我们心情高兴时，会觉得小草顽皮地探出了脑袋，好奇地打量着周围的世界；心情灰暗的时候，则会毫不客气地走上前拔掉它，并将其视为抢夺花儿营养的盗贼。虽然这对同一现象的表现、表达内容不同，但都是基于真实生活现象基础上的情感真实，属于内容真实的写作范畴。那什么样的习作称为不真实呢？就是那种虚情假意，故作姿态、刻意套作的表达。如一写到"我的妈妈"就是和蔼可亲、呵护备至；一看到"老师的无私奉献"，就写披星戴月地批改作业、家访、看望生病的同学；一提到"学习勤奋"就是某位同学读书时忘记吃饭，做作业到深夜；一写"好人好事"就是搀扶老奶奶过马路、拾金不昧、公交车上给老人让座……这种套路式的习作便是不真实，它们并没有基于学生真实观察生活的基础上，更没有表达出学生此刻心中的真实感受。

因此，对于习作刚起步的三四年级学生来说，我们首先要规范的，便是情感的真实。基于情感真实之上的适当想象和联想，是应该允许存在的，如一学生写自己一次50米短跑时不小心摔倒，同桌见了，立刻跑过来扶起他，帮他掸掉裤子上的灰尘，用水壶里的水冲洗他手掌上的泥。然后，插入了一段环境描写："这时，刚刚躲在云朵后面的太阳也悄悄地走了出来，满面笑容地看着这一切。"还加入了老师的表现："站在起跑处的老师呢，也远远地竖起了大拇指。"而当时的实际情况是：天空万里无云，太阳一直悠闲地挂在空中；体育老师一见他摔倒，就赶紧跑了过来，哪里还等得及其他同学去扶！不过，那位同桌倒出自己水壶里的水帮他洗手，倒是真的。该同学为写出同桌的特点，特意加上了扶起他掸去灰尘，并想象老师夸赞的情景，这样的细节补充，应该属于艺术的真实，情感的真实，我们不能武断地判断他这是虚假的表述。

二、话题习作应代替传统的命题习作

三年级学生对生活的认知还是有一定局限性的。因为他们的感性认知大于理性思维。因此，我们对学生的习作评价不能以种种条条框框去审视，而应从鼓励欣赏入手，加宽松、明确的导向，和面对生活思考及表达需要，然后进行话题的拟定，让学生清楚地知道自己"为什么而写""写什么"，从而能够打开思维，运用自己的方式不拘形式地去抒写。然而，在一些比较大型的学生学业测评或者阶段性检查中，我们往往能碰到这样的命题："爱是什么？爱是冬夜妈妈温暖的大手；爱是什么？爱是雨天一把轻盈的小伞；爱是什么？爱是悲伤时的默默陪伴……请你回忆生活中爱的点点滴滴，写一写最让你感动的爱。"如此诗情泛滥的表述，且不说三年级的孩子，即便是五六年级的学生又有多少人能真正读得明明白白、清清楚楚，倒不如简洁的一句话："我们班要评选出一名爱心大使，你觉得谁最合适？写出你印象深刻的一件事，表达你的观点。"这种有具体生活情境、有目的支撑、表达需要的习作命题，可以有效规避学生虚假表达，敷衍了事的弊病。

总之，赋予学生一定的表达语境，让他们有目的地进行写作，他们才会乐于积极动脑，畅所欲言，立意抒情，从而打动人心，真正进入乐写、愿写、写真话、表真情的境界。

三、情意共生的语言能力培养是关键

学生对周围生活的观察与思考，需要教师有意识地去引领、强化。如春天到了，各种各样的花儿分别有哪些呈现的形态，哪些动人的地方，如果教师不预先去布置，学生就只会写出"春天到了，各种各样的花儿，美丽极了"这样空泛的句子。再如秋天，树叶枯萎、飘零。那黄叶飘落的景象又是什么样的呢？教师如果不提出一些观察目标，学生就会千篇一律地想到"秋天树叶黄了，一片片从树妈妈身上掉下来"。这毫无情感参与的生活记写，对学生写作水平的提高毫无帮助。教学中，笔者尝试在每次习作前均给出详细的观察目标，提出相应的观察要求和内容，如在指导写"生活中有趣的对话"时，笔者先让学生自己设计一个对话的话题，然后围绕这个话题，与家人或者伙伴交流。在交流对话时，注意观察对方的表情、动作，倾听他（她）说话的语气，然后记录下来。在进行习作讲评时，笔者就围绕这几个方面来展开小组讨论、评议，针对学生写不好提示语、对说话记写的形式不丰富（如提示语在前、提示语在后、提示语在中间、提示语省略）等问题，采用范文引路的方法，让学生去自我发现、自我完善，并在前后对比中悟得不同的结果，会让人物语言有声有色，让听的

人也会如身临其境一般。

四、交际语境中的习作表达能力评价

写作的目的是便于更好地交流。因此，在对学生的习作进行评价时，我们首先要立足表达是否清楚，观点是否明确这一基本要求层面，对学生的句子是否通顺、顺序是否合理、感情是否表达出来等方面进行引领、规范。而后，我们再根据课程标准中提出的，从重点内容写清楚、灵活运用平时积累的词句、写有新鲜感的句子等几个方面组织学生进行小组合作交流，使得学生之间互相启发，互相借鉴。最后，我们将小组修改好的成果在全班进行交流展示，让学生尝到创作与修改提升的乐趣，增强习作的信心。如一个学生在写"一次有趣的捕鱼游戏"时，其中有这么一段描写："我们几个扮渔翁的紧紧地手拉着手，一次又一次地冲向鱼群，可是小鱼儿太狡猾了，怎么也捕不到它们。"在一级评点中，大家一致认为这段描写意思清楚，"怎么也捕不到"让人读到了失望的心情，是符合要求的。到了二级评点，他们小组给出了两个修改意见：①渔翁们是怎么捕鱼的？一个"冲"字太概括了；②小鱼儿的狡猾表现在哪儿？看不出来。到了班级集体讨论环节，这篇习作已有所具化："我们几个扮渔翁的紧紧地手拉着手，一边互相提醒着'网不能破！网不能破！'，一边瞄准鱼儿最多的地方冲过去。可惜我们的网太短了，左边边上的几个同学，没有及时跟上来，包围圈没能形成。小鱼儿一个个蹦蹦跳跳地做着鬼脸，趁机从边上一个个溜了出去。真是狡猾呀！"听了小作者绘声绘色的朗读，笔者明显感觉到他心中充满了成功的喜悦，并努力把这份快乐与进步分享给别人。其他同学听了他的朗读，也不出意料地报以热烈的掌声。有几个写作功底好的学生忍不住又给他提出了一些建议，如"紧紧地手拉着手"听起来有点儿别扭，可以改成"五指紧扣，编成一张牢牢的网"；几个人围成一起，不可以冲得起来，用"网过去"比较合适……听得同学不断点头，并立刻去改。

三年级习作起步教学，无论是对教师还是学生来说，都是一次挑战，我们在认真阅读课程标准的基础上，要充分关注学生的表达状态，首先做一个睿智的引路人，而后要扮好喝彩者的角色，在激励、鼓舞中树立并增强学生书面表达的信心，让他们在真实的实践平台上经历成与败、笑与泪，从而积极探寻适合自己的更好的表达方式，从而自然、自如地进行习作书面真实表达！

以学为基，革新教学内容

孙国平

摘　要：教学内容的革新，就是将课堂教学的主体——学生——作为研制教学内容的重要维度，为学生语言实践能力的提升奠定坚实的基础。焕发激情，内容革新须从学生兴奋点出发；引领发展，内容革新须从学生生长点出发；契合需求，内容革新须从学生差异点出发；唤醒思维，内容革新须从学生创生点出发。以上四点，为教学内容的革新提供行动的参照。

关键词：焕发激情；唤醒思维；契合需求；引领发展

上海师范大学王荣生教授曾经说过："语文教学如果没有适切的教学内容，无论树什么大旗，玩什么花招，都无济于事。"对学生核心能力的发展来说，适切而精准的教学内容，就如同烹饪大餐需要精良的食材一样。但纵观当下的语文课堂，教学内容的研制就显得较为随意。有的教师直接将教材内容视为课程内容，最后落实到教学活动之中。为此，我们需要对教学内容进行革新，将课堂教学的主体——学生——作为研制教学内容的重要维度，为学生语言实践能力的提升奠定坚实的基础。

一、焕发激情，内容革新须从学生兴奋点出发

著名教育家苏霍姆林斯基曾经说过："学习上如果不能激发学生的学习兴趣，即便是把孩子绑在教室里也无济于事。"对于每一个生命个体来说，兴趣是最好的动力，更是学生语文学习过程中最为直接的内驱力。因此，在教学

过程中，我们就不能将视野局限在固有的教学流程上，而要遵循语文教学富有情趣的原则，作用于学生的兴奋点，唤醒学生内在的参与欲望，让学生真正地投入到学习的怀抱之中。

在教学《神奇的克隆》一文时，针对很多学生对本文介绍的克隆知识非常感兴趣这一实际，教师借此激发学生从小就关注科学、热爱科学的习惯。为此，教师在教学内容的革新上就需要从这几个方面入手：一是朗读课文，在汲取信息、统整信息的基础上，对课文中所涉及的克隆知识进行吸收理解；二是借助课外拓展的资料，以课外途径所搜集到的资料组织学生交流，谈谈对克隆的了解；三是针对"该不该克隆人"这个话题组织学生进行深入辩论。

这一节课教学的三项内容，可以说是处处都契合学生的内在兴趣：前两个内容，聚焦于学生内在的认知兴奋点，通过课堂内外整合，丰富学生内在的认知体验，真正为学生核心素养的夯实服务；第三项内容所指向的学生兴奋点不仅仅在于学生对知识内容的兴趣，还在于以辩论的形式契合了学生内在思维的特点，将教学内容的革新始终聚焦于学生的兴奋点上，真正为学生获取知识、提升认知能力奠定了坚实基础。

二、引领发展，内容革新须从学生生长点出发

学生核心能力的形成绝不是一蹴而就的，而是在循序渐进的过程中不断夯实的。从这个角度来看，每节课都是学生核心能力铸造的过程，每篇课文都蕴藏着学生核心能力的生长点。因此，教学内容绝不应该是教师随心所欲解读文本之后的草率产物，而需要从学生能力生长的角度来考量学生的生长意识。

教授老舍《草原》一文时，教师在研制这篇课文的教学内容时要将教学的关注点从"让学生学到什么"转化为"学生想从课文中学到什么"。为此，教师要着力打破传统教学内容，进行教学内容的全面革新：一要熟读课文，紧扣文本的关键性语句感知草原景色之美；二要紧扣语言展开想象，再现蒙汉两族人民友好和谐相处的画面；三要读写结合，想象老舍一行人与蒙古族人民分别时的场景，他们会想些什么、表达些什么；四要品味赏析课文中的精美语句，并相机进行摘抄与积累。

因此，教学内容的革新不能仅仅从教师的视角研发，而需要在认真研究并考量学情的基础上，明确学生学习的需要。这样的教学内容才能真正满足学生认知的渴望，为提升语文教学的整体性效果奠定坚实的基础。

三、契合需求，内容革新须从学生差异点出发

学生是课堂教学的主体，有着不同的生活经验和阅读习惯。他们在面对相同的教学内容时，也会衍生出完全不同的学习效果。为此，在研制和革新教学内容时，教师就需要尊重学生内在的认知需求，积极从不同学生的需要入手，遴选出适切的教学内容，在顺应"因材施教"的过程中，为提升学生的认知能力奠定基础。

在学习苏教版四年级《苹果里的五角星》一文时，很多学生喜欢就文字细致研读，有的学生喜欢直接动手实践操作，有的学生喜欢积极思考。为此，面对课文中"横切苹果"还是"竖切苹果"的争议，教师就不能用统一的方式来教学，否则将不利于学生个性化发展。为此，教师确定了以下教学内容：在熟读课文的基础上，明确课文讲述具体事件的内容；结合自己的生活实际，畅谈在生活中遇到的哪些事情需要打破常规的思维来解决；在生活中如果遇到类似的情况，我们有什么处理方式？这样的教学内容难度有差距、形式有差异，便于照顾具有不同学习习惯和不同学习层次的学生。

在这一案例中，教师从课文内容的性质出发，充分关注学生之间的客观差异，合理研制教学内容，让不同层次的学生都得到不同程度的发展。

四、唤醒思维，内容革新须从学生创生点出发

教师是学生学习的点拨者和引领者，同时也是课程资源的利用者和开发者。因此，教师虽然利用教材进行语文教学，但绝不能受制于语文教材，而需要在尊重教材的基础上，利用学生对文本进行创生性内容的表达，实现教学内容的革新。这也是在教学的过程中对所学习的知识进行的重组、补充和压缩。

在童话故事《三袋麦子》一文中，作者以生动形象的语言描述了土地公公把三袋麦子分别送给了不同的动物，而不同动物处理麦子的方式也不尽相同。这篇课文对于修正孩子的价值认知是一篇极好的范例。为了引发学生解读时可能出现的创生点，教师在革新教学内容时进行了这样的设置：一是在读读想想的过程中，梳理出三个小动物究竟如何对待土地爷爷的礼物，从而

感受三个动物的不同特点；二是在正确理解课文内容的基础上，鼓励学生积极创新，从这三个动物处理麦子的方式上进行创新性思维，思考还可以运用哪些方法来处理麦子。由此一来，教师将教学的关注点聚焦在学生可以生发出价值意蕴的创生点上，给学生提供了一个全新的创生路径和平台。学生不仅能有效地理解课文的主要内容，还在不断创生的过程中有效地培养了内在的创新意识，取得了较好的教学效果。在这里必须强调的是，创生教学内容绝不是完全不要课文内容。脱离教材文本而空谈所谓的创生，只是一种简单而虚假的认知性体验，毫无实际性的价值和意义。因此，教师只有真正理解文本、洞察文本的内涵，才能为内容的创生提供良好的条件；教师只有真正理解了教材，最终的文本价值才能得到落实。

教学内容决定了语文课堂教学质量的整体提升。自然，教师就不能在墨守成规的思路下进行教材内容的研读，而要依托课文内容的特点，对教学内容的研制规律进行重新审视，以全新的理念进行革新，从而为教学效果的提升挖掘一条畅通之道。

为学而教,以学定教,打造"适学课堂"

——从苏教版六(上)《一本男孩子必读的书》学习目标谈起

孙国平

摘　要:越来越多的教师已经意识到语文教学不仅要关注教师的教,而且要关注学生的学。关注学生的学,教师要从课程标准高度出发,吃准年段目标,不拔高要求,也不降低要求,合理制定学习目标;关注学生的学,教师要从文本解读出发,领会编者的意图,学会取舍,完善学习目标;关注学生的学,教师要从学生的学情出发,从学生已有的认知水平和接受能力出发,优化学习目标。

关键词:为学而教;适学课堂;学习目标

时下,越来越多的教师已经意识到语文教学不仅要关注教师的教,而且要关注学生的学;语文教学不仅仅要为教而教,更要为学而教,为真学而教,为真学而真教;语文教学不仅要关注教学目标的制定,而且要关注学生学习目标的制定。笔者以几次教学《一本男孩子必读的书》为例,谈谈如何制定学习目标。

一、从课程标准的高度制定学习目标

关注学生的学,教师要从课程标准高度出发,吃准年段目标,不拔高要求,也不降低要求,合理制定学习目标。

（一）学习目标1：学习写读后感

教学苏教版六（上）《一本男孩子必读的书》一课时，笔者首先研读了《义务教育语文课程标准（2011版）》第三学段的阅读目标："在阅读中了解文章的表达顺序，体会作者的思想感情，初步领悟文章的基本表达方法。"这一条明确表达了小学高年级学生，不仅要学习文本的"内容"，而且要学习作者的表达方法。《一本男孩子必读的书》是著名作家杨红樱的长篇小说《男生日记》中的一篇日记，是一篇非常精彩的读后感。其精彩在于：一是概括得好；二是情感自然；三是行文流畅。

纵观所有教材，这一类的读后感少之又少，于是笔者把"学习如何写读后感"作为本课最重要的学习目标：

1. 学习如何概括

对于十几万字、几十万字的长篇小说，杨红樱用几百字就高度概括了。课堂上，教师可以提问：作者是怎么概括《鲁滨孙漂流记》的？有什么语言的艺术？引导学习概括书籍主要内容的方法包括：①围绕主题。教师可以让学生分小组讨论"鲁滨孙在荒岛上遇到哪些困难？他是克服的？从中读到了一个怎样的鲁滨孙？"这组问题，从而让学生明白，作者概括内容不是指随意删减内容，而是围绕"直面困难，学会生存"这一个主题来概括的，这样的内容集中而不零散；②简洁明了。通过要不要加入"鲁滨孙搭救星期五"这样一个精彩情节，来体会概括不是讲故事，要简洁；通过对比教师写的简介（小说讲述的是鲁滨孙因船沉了而流落到了无人的荒岛，在进退无路的情况下，他开始想办法自救，竭力投入到与大自然的抗争中去。他靠自己的双手，凭着自己的智慧，花了几十年的时间把这个荒岛变成了"世外桃源"，还勇敢地救了一个土著人"星期五"，和他共同生活，最终离开了荒岛……）和作者原文，感受简洁的同时还要明了：要把表达的要点、精神说清楚。③遵循一定的顺序。通过引导学生关注"历险生活开始了……后来……若干年后……又过了好几年……"这组词语，体会作者表达的条理性。

2. 学习自然真切的语言表达

笔者感受最深的是"害怕危险的心理比危险本身还要可怕一万倍！"这句话。学生读完《鲁滨孙漂流记》感受最深的是什么呢？可能也是这句话，可能有其他感受。这个时候，尊重学生感受最为重要，不是所有的学生都能达到理解这句话的高度。一些教师往往会根据课后题和教参要求，给学生灌输其中的"深刻含义"。

事实上，对于当下的六年级学生来说，这是难以理解到位的。与其这样，教师不如抓住"危险"和"害怕危险的心理"进入文本，让学生思考"鲁滨孙在荒岛上遇到了什么危险"。教师还可以引导学生概括出"住宿困难、食物匮乏、孤独寂寞"这三个方面，再追问什么才是鲁滨孙遇到的最大的困难；引导学生更深入地思考，孤独寂寞、对命运的不可知，这些给他带来的心理压力才是鲁滨孙遇到的最大的困难；再引导学生真切地表达自己的感受。课堂上，学生可能会这样表达自己的体会："对于大多数人来说，遇到危险，肯定是害怕，相信鲁滨孙也害怕。而鲁滨孙战胜了害怕，有种置之死地而后生的意味。""遇到死亡的危险，有两种办法，一种是等待死亡，一种是想办法活下去。鲁滨孙属于后者。"

3. 学习行云流水的语言表达

这篇课文语言流畅，是漂亮的白话文。比如在文章的开头第一段，第一句有"雨"；第二句有"雨""书"；第三句有"书""书名"；第四句有"书""封面"。而且，第四句里边"已""还"等词把长句连接得像溪流一样畅通。

又比如 14 自然段写"鲁滨孙的样子"，像速写一样，几笔就勾勒出了鲁滨孙的形象。首先，要引导学生特别注意如何用文字速写，作者注意了顺序，明显是精心为之。其次，让学生找一找作者使用的动词，体会这些动词的准确使用让鲁滨孙"活"起来，跃然纸上。

再比如，爷爷在书的扉页上写的赠言是"这是一本男孩子必读的书赠维儿"；爸爸给我的赠言是"学会生存赠缅儿"。这些表达精练准确，含义深刻、耐人寻味。教师可以在引导学生充分感受的基础上，提问"你如果想把这本书传给自己的孩子，会在扉页上写些什么？"，让学生学习这种精练的表达。

(二) 学习目标 2：阅读或再读《鲁滨孙漂流记》

再看课标中关于阅读教学的建议：提倡少做题，多读书，好读书，读好书，读整本的书。本单元的"我阅读我快乐"版块，推荐学生阅读《鲁滨孙漂流记》，并介绍了书中的主要内容，通过三个追问"他退却了吗？他后来又有哪些奇特的经历呢？尤其是当他独自一人漂流到一个荒岛上的时候，是如何度过长达 28 年野人般的生活的呢？"激发学生的阅读兴趣，引导学生阅读。基于这样的解读，教师可以鼓励学生课后去读《鲁滨孙漂流记》整本书，甚至这一类书籍，这也是这篇文本重要的价值。于是，第二个学习目标就有了，即"激发学生阅读或再读《鲁滨孙漂流记》这类书"。

在实践阅读中，教师可以让学生通过这篇日记的引导，以"三个追问"为线索，去理解欣赏《鲁滨孙漂流记》。这种问题引导的方式能帮助儿童有效开展对长篇文学作品的阅读与学习，让儿童在更细致、全面的阅读过程中，对文章的结构、蕴含的情感、丰富的表达方式等有更深入、全方位的把握。

二、从文本解读的视角完善学习目标

关注学生的学，教师要从文本解读出发，领会编者的意图，学会取舍，完善学习目标。

《一本男孩子必读的书》是"奋斗与生存"主题单元中的一篇课文，这一单元安排了三篇课文和一个练习：《小草和大树》逆境成长；《轮椅上的霍金》逆境成才；《一本男孩子必读的书》逆境生存。练习 3 中"诵读与感悟"这一版块中的诵读材料《从岩缝里长出来的小草》，讲述的也是一棵小草不畏艰苦，不怕困难，在岩缝中成长的故事。从教科书安排的角度，编者的意图应该是引导学生领悟"学会生存、学会坚强、学会创造、学会面对困难不畏惧"的人生哲理。因此，在制定具体的学习目标后，教师就需要在这一方面有所补充与完善，使其更契合这一单元的主题。

三、以学生发展的需要优化学习目标

关注学生的学，教师要从学生的角度出发，从学生的学情出发，从学生已有的认知水平和接受能力出发，去优化学习目标。

现在的学生在遇到挫折时，心理承受能力越来越弱。基于这样的现状，《一本男孩子必读的书》这篇文本的价值应该是精神层面的，是育人的价值，是学习男孩子必须要有的男子汉的坚韧、顽强的品质。这才是教学的重点，也是难点。

笔者把培养学生"直面困难、学会生存的勇敢大无畏进取精神"作为第三个学习目标。

《学记》中说："学，然后知不足；教，然后知困。"孔子曰："学而知之，困而学之，困而不学，民斯为下也。"

"为学而教"指明了学生学习、教师教学的方向，它是教学行为的原点，是教学哲学的真义。掌握这一点，假教将遁形，假学也将匿迹，质朴的教风和学风就会弥散开来，传导开去。以学生学习的目标，定学习的内容；以学生学习的起点，定学习的路径；以学生学习的需要，定学习的策略。这样才能打造基于学生学习的"适学课堂"，走教育的正道。

从"教"到"助"：语文教学需改变教师的行走方式

陆 虹 孙国平

学生是课堂学习的主体。语文教学要巧妙地利用统编教材中设置的助学系统，引导学生主动学习，将"教学"转化为"助学"，提升学生的语文关键能力和核心素养。

一、借品析朗读，助推语言素材积累

统编教材非常重视学生对课文的朗读以及对语言素材的积累，在语文要素的设定上就有具体的要求，比如"朗读课文，注意读好长句子"。这就需要教师结合统编教材中的语文要素，制定适切的朗读教学策略，帮助学生朗读好长句子，并相机训练学生的朗读能力，丰富学生的语言储备。

《大禹治水》一文，在第一自然段中出现了很多生词，这对二年级学生来说，无疑是一种挑战。教师可以尝试采用提取信息的方法，引导学生将思维融入朗读训练，培养学生对文本的语言理解和感知能力。第一步：在朗读时，关注并圈画出语段中的关键词语"泛滥""淹没""冲毁""伤害"等。第二步：关注这些关键词语所在的句子，比如"洪水经常泛滥""大水淹没了田地，冲毁了房屋""毒蛇猛兽到处伤害百姓和牲畜"等。这样的教学过程让学生对文本的感知不再停留在机械提取的层面，而是重在关注文本的核心内容，学生在激活主动思维的状态中，感知文本语言和素材之间的搭配和组合。在这样的基础上，教师可以尝试着进行第三步：引导学生补充语句，并想象人们在上述情境下生活的痛苦，再通过朗读把自己的感受表达出来。第四步：教师出示相关图片，鼓励学生整合和运用课文中的语句进行有感情的描述。

综观整个教学过程，教师看似没有针对长句子对学生进行朗读指导，但整个教学过程循序渐进，将学生的思维浸润在语句中，并对语句进行了划分，将朗读难度进行了分解，随后借助想象，指导学生把自己学习的感受通过朗读表现出来。最后，教师可以借助图片，引导学生对文本语言进行内化和运用，有效地促进了学生语言实践能力的生长。

二、借资料融通，助推内涵深化理解

只通过朗读，学生所积累的语言很难在以后的学习中灵活运用。要想将这些新习得的语言与学生的原始积累对接起来并转化成有机的体系，就需要对这些语言的意蕴进行深入的感知和理解。这样的教学往往需要关注文本中最为关键的核心语句，因此教师就不能局限于单一的语句，而要将语句与整篇文本的内容进行整合，否则就会严重窄化文本的内涵，导致学生的收获有限。

我们以《丁香结》一文为例，作者在最后一个自然段中，由花朵联想到人生，并直抒胸臆："结，是解不完的；人生中的问题也是解不完的，不然，岂不太平淡无味了吗？"作为揭示中心的重要的语句，自然需要教师将其视为教学重点进行充分关注，但绝不能就只教这一句。因此，教师可以将这句话与这篇课文所描写的内容以及意欲展现的主题进行融合。这篇课文的题目是《丁香结》，但作者并没有从丁香结写起，而是先描写了四种环境下的丁香花，即城市中的丁香花、校园中月光下的丁香花、春天里的丁香花以及细雨中的丁香花，旨在从不同的形态，让读者先建立对丁香花不同状态的了解。在描写细雨中的丁香花时，作者引述了古诗词中描写丁香花的句子，开始将描写的笔触向着丁香结过渡，自然地实现了从"花"到"结"的过渡，并紧扣丁香结"恰如衣襟上的盘花扣"的外形特点，从花朵之结联想到人生之结。如果教师直接聚焦揭示中心的语句，就违背了学生学习的内在规律。

为此，教师可以充分整合两个层面的教学资源展开教学。首先，教师可以从文本内容入手，关注描写丁香花的四个语段，感受文本语言的生动与优美，以最原始的方式感知文本的内容。其次，教师可以采用资源整合的方式进行对比。在描写细雨中的丁香花时，作者引述了两首古诗词中的句子，联系起来看，让学生发现所引古诗词中的丁香都带有淡淡的忧愁，成为幽怨的代表。最后，教师可以在学生掌握了课文资源之后，拓展作者创作这篇散文的背景：作者的弟弟从小就非常喜欢丁香花，将其作为人生的挚爱，但不幸的是弟弟因为身患重症，已经好久没能看到丁香花了。作者为了满足弟弟的心愿，更是为了鼓励弟弟战胜病魔，重新投入到生活中来，于是创作了这篇散文……借助这些拓展资料，教师就可以继续将学生的思维向着文本的深处引领：为什么古诗词中的丁香花是幽怨的、悲切的，而作者却一改丁香花幽怨的情感特征，赋予了丁香结积极、乐观、向上的品质呢？学生纷纷从这篇文章的创作用意出发，体会到作者一改情感的走向，就是要让弟弟从丁香花中汲取力量，重新鼓起生活的勇气。

助力学生学习语文，不仅需要教师的点拨，也需要有具体的教学资源作为补充。

三、借读写融合，助推语言能力发展

根据新课标的理念，第二、三学段的语文学习，应该将教学从阅读理解转向表达实践。学生的倾吐表达无外乎书面维度的习作表达和口头维度的口语交际，但无论是哪一种形式，都应该与学生内在的思维认知紧密相关。著名教育家皮亚杰说过："语言是思维的载体，思维是语言的内核。"如果一个学生的思维是混乱的，是无序的，那么他在习作中所表现出来的思路也一定是模糊的。造成当下习作教学效率低下的重要原因之一就是教师过多地关注了文本的内容层面，而忽视了文本的表达以及言语形式，导致学生在语文学习过程中的思维意识没有真正被激活。要想彻底扭转这一现象，教师就需要在阅读教学中积极探寻解决问题的路径，高效整合阅读和表达之间的关联，为学生开拓扎实而高效的学习路径。

以《搭船的鸟》教学为例，课文所在单元的训练要素是"体会作者是怎样留心观察周围事物的""仔细观察，把观察所得写下来"。很显然，这一要素完全指向于习作表达的层面。如果依照传统教学理念，将教学的焦点始终聚集在文本的内容层面上，学生所获取的仅仅是对鸟的特点的感知。这样就导致语文要素"仔细观察，把观察所得写下来"的落实成了一句空谈。因此，

教师在教学核心语段第二自然段时，就以渗透观察方法为目标，初读时，似乎并没有什么可教的内容，充其量是关注作者的观察顺序，即从整体到部分，这样学完之后，学生所得与教材所设置的语文要素之间，仍旧有着较大的距离。如果依照学生这样的认知状态，直接让他们进行实践写作，他们就会处于捉襟见肘、无从下手的尴尬之中。因此，教师可以引导学生从文本的语言出发，不仅关注作者的观察顺序，更关注作者是怎样将自己观察所得的内容有序表达出来的，将观察和语言表达进行有机整合。在学生获取了丰富的语言资源之后，教师相机组织学生"现身说法"，利用多媒体课件出示一只孔雀，鼓励学生运用作者的方法进行观察，并将自己的观察所得以表格的形式进行记录，然后尝试运用口头表达的方式进行描述，最后进行片段的仿写练习，实现从读到说再到写的过渡。

综观整个教学板块，教师的助学策略就体现在指导学生用自己的语言表达自己的观察所得，让学生的表达从干瘪到生动，从粗略到翔实，让学生在读写交融的过程中，达成了语言的内在构建目标，推动了学生语言能力的发展。

语文教学要改变教师在课堂教学中的行走方式，从"教"到"助"，才能真正提升学生的语文关键能力和核心素养。

基于整体视角，探寻解构文本的基本策略

孙国平

《义务教育语文课程标准（2011 年版）》明确指出：第三学段的阅读教学要让学生了解文章的表达顺序，体悟作者的思想感情，初步领悟作者的基本表达方法。但在教学实践中，一些教师仍将教学的重点停滞在核心词语的品析和涵咏上，缺乏从整体着眼、大处着手的整体意识。笔者结合自身的教学，谈谈自己的思考与实践。

一、品文题，领悟命题的独特匠心

正所谓"秧好一半谷，题好一半文"，作者往往对文章题目的研制可谓煞费苦心。从每册教材的目录来看，每篇课文的题目可谓是各有特色，有的简练含蓄，意蕴深远；有的形象生动，新颖独特；有的凸显中心，立意深刻……这些题目都聚文本内容之核心，炼表达主题之要旨，是引领学生整体性把握文本的有效支架。例如《爱如茉莉》一文主要描述了母亲生病期间，父母之间相互体谅、相互关心的场景，字里行间洋溢着浓郁的亲情。但这篇课文的题目"爱如茉莉"既没有指向人物，也没有涉及事件，令人深思。因此，在教学时，教师可以让学生思考：作者为什么要以"爱如茉莉"为题呢？教师可以让学生将题目与文本进行整合，从而发现作者在表达过程中始终以"茉莉"为主线，将父母之间的浓郁亲情浇灌在茉莉中，茉莉俨然成为文本人物品质和抒发情感的象征性事物，起到了"牵一发而动全身"的作用。随后，教师可以组织学生紧扣这一题目，将其所蕴含的情感和内涵以随文练笔的方

式展示出来，从而让学生深入文本的内核，洞察作者如此命题的真实用意。

二、探谋篇，体悟结构的精致巧妙

相同的写作素材在不同的作者笔下，可能会呈现出完全不同的面貌，其中结构的设置就是最为鲜明的维度。第三学段教材中的课文在结构上都有着自己的特点，或前后照应，或点面结合，或巧设悬念……结构的精巧是文章内在联系与外显形式的高度统一，很多作者为了凸显自己的表达意愿，常常会打破常规性思维，设置不同的顺序，这就需要教师从文本的表达中心入手，引领学生体悟作者如此设置结构的效果，感受文本结构的精致巧妙。以《钱学森》一文为例，学生从整体性视角感知课文内容之后，教师可以引领学生概括语段的主要内容。细心的学生能够发现，这篇课文的表达顺序显得与众不同，尤其是第一自然段并没有按照习惯交代事情发生的起因，而是率先描写了钱学森克服重重阻难，踏上轮船，回归祖国的画面。为什么作者会如此不按套路出牌呢？学生在深入阅读之后意识到，这篇课文所描写的是钱学森时刻牵挂祖国，坚持用自己的毕生所学为祖国服务，展现出了一颗令人钦佩的赤子之心。而作者将钱学森回归祖国的场景作为故事的结果，放在了课文开头，不仅一下子激发了读者的阅读欲望，同时也是利用最为典型的场景和画面，将钱学森归心似箭的爱国情怀表现得淋漓尽致。

三、摸思路，习得顺序的严谨紧密

任何一篇文章最终形成，都不是作者一挥而就的，都需要经历确定中心、选择素材、理清思路等过程，然后再付诸笔端。语言文字中蕴藏着作者深入思考的痕迹和清晰的表达思路。基于整体性视角对文本进行解构，教师就需要组织学生在发展内在思维品质的过程中，学习作者设置思路的技巧，同时解决学生在习作表达过程中言而无序的尴尬，为学生表达能力的发展奠定基础。例如，《卢沟桥烽火》作为一篇纪实性的叙事文本，在尊重客观史实的基础上，将"卢沟桥事变"的经过进行客观而公正地还原。面对掌握的素材和资料，怎样才能以最清晰、最真实的状态将事件呈现在读者面前呢？作者采用了依照时间顺序进行描写的方法，有条不紊地交代事态的逐步发展和产生的影响。教师组织学生在深入细读中圈画出表示时间顺序的词语："九一八"事变后、1937 年 7 月 7 日、第二天凌晨、当天晚上、卢沟桥事变的第二天、卢沟桥事变后……随后，学生以时间为轴线，对相应时间段事情发展的情况进行概括，并尝试对文本的内容进行简要复述，从而较为通透地理解了"卢沟桥事变"的整个经过，也锻炼了有序表达的能力。在这一案例中，教师正是抓住了文本在表达思路上的独运匠心，扣准了支撑起文本脉络的支架，让学生在口头练习的过程中感受了作者在表达思路上的精妙，为学生进行言之有序的表达奠定了基础。

四、理情节，领略艺术的独特智慧

小学语文教材中叙事性文本占有重要比例，常常是由展示人物个性、表现人物与环境的基本要素构建而成，在情节的铺陈上尤为讲究，情节所展现出来的节奏时而紧张，时而激越。情节越是典型，对人物形象的塑造、表达中心的凸显就显得尤为鲜明。教师应该从整体性关照的角度，引领学生学会关注并分析情节设置的巧妙之处，领略作者在设置情节过程中胸有成竹、高屋建瓴的独特艺术。

以古典小说《三打白骨精》一文为例，苏教版语文教材中的这篇课文已经对原著进行了大量的删减和修改，学生阅读起来并没有太大的障碍，教师在教学时就可以将教学的关注点聚焦在故事的情节上。首先，作者为什么要设置"三打"的情节，而不让孙悟空一次就直接打死白骨精？很多学生都能轻松地意识到这是小说情节"一波三折"的基本特点，可以使情节更加跌宕起伏，激发读者的阅读兴趣；其次，教师引导学生探寻白骨精三次幻化的角色，即从村姑到老婆婆，再到最后的老公公，这三者之间的顺序是否可以调换？学生通过尝试置换并深入对比后发现，这样的情节设置，使得白骨精编的谎言自成体系，有效地凸显了白骨精的阴险狡诈。最后，教师引导学生对比孙悟空"三打"时具体细节的不同，深入感受作者在情节设置上由发生到发展，再到高潮的脉络，并在逐一分析与探究的思维过程中，挖掘出情节设置的基本意义，与文本作者形成对话，更好地把握了文本作者真实的表达意图，领悟了作者在情节设置上的艺术匠心。

五、揣组材，洞察主旨的凸显内容

从某种程度上说，写作与孩子喜欢玩的搭积木游戏并无二异。要想搭建出玲珑俊秀或者别具一格的建筑物，就必须要学会选择好材料。而文章的素材是为了凸显作者意欲表达的主旨而服务的，作者在写作之前就需要对大量的素材进行甄别，并对选定素材中的零散信息进行筛选，提升素材凸显中心的表达力。例如，在《理想的风筝》一文中，作者为了表现刘老师坚韧不拔、乐观顽强的个性，分别描写了"笑谈腿疾""旋转板书""放飞风筝"三个故事。六年级学生来很容易就会发现这三个故事都指向刘老师坚韧不拔和乐观顽强的个性特征，但蕴藏在这三个故事背后的密码还需要教师在教学中进行点拨：前两个故事都发生在课堂中，而后一个故事发生在校外，这就使得三个故事并没有完全处于同一个维度上，凸显了事例印证的广度和维度，使得三个故事之间形成相互联系、互成犄角的对应之势，对凸显文本主题和刻画刘老师的人物形象有着重要的促进作用。

文道统一：革命传统类文本教学的应然选择

孙国平

小学语文教材不仅包含丰富的语文知识，还体现着一定的社会意识形态、文化观念，是社会主流的价值观念在教材中的反映。统编版教材将落实社会主义核心价值观、落实"立德树人"作为教材编创的重要思想，在革命传统类文本的选择上，作了精心的设置与编排。阅读教学该如何针对革命传统类文本的特点展开具有针对性的教学呢？笔者结合统编版教材的编排用意以及自己的教学实践，谈谈几点思考。

一、彰显课程属性，坚守文道统一

《义务教育语文课程标准（2011 年版）》明确指出：语文课程是工具性和人文性的和谐统一。"文道统一"中的"文"即指语言形式和表达策略，"道"则是指在语言形式下所包含的思想内容。可见，新课标所提出的"和谐统一"这一理念，其实与我国传统教育中文道统一的概念不谋而合。

革命类传统文本都具有鲜明而强烈的思想性和教育性。在这一类型文本的教学中，教师容易被课文所彰显的强烈情感震撼，而忽略了对语言文字的理解和运用，导致革命传统题材的文本语文元素严重淡化。因此，教师既需要保持理性，不能完全沉浸在这一类文本的情感意蕴之中，又需要将这一类文本的教学与普通类文本的教学区别开来，不能简单机械地灌输其中的道理，导致学生对语文学习无所适从。

比如，《开国大典》就是一篇典型的革命传统类文本。在教学这篇课文时，一方面，教师要激发学生作为中华儿女的自豪感，体悟文本字里行间所蕴含的激动之情。另一方面，教师要引导学生关注作者是如何将开国大典这一壮观场景描写清楚的，聚焦作者场面写作的方法，感知点面结合所形成的表达效果。也就是说，教师既要关注革命题材中的红色之魂和内在情感的丰富性、真挚性，又要将这种情感的认知聚焦在相应的语文要素下，保障文道统一的教学结构。在这篇课文的教学中，教师目标的定位和教学策略的选择都要相对精准。一方面，教师不要过于拔高情感态度，不要将价值观的目标定得太高，不能脱离学生的实际接受能力，要将传统教学中生硬、机械、空洞的说教转变成为情感的浸润和熏陶。另一方面，教师在关注课文的爱国主义教育元素的同时，还要彰显语文课程的本质属性，让学生在原有认知的基础上关注文本的语言文字表达和运用，洞察作者的写作策略，巧妙地将这些语文教学中需要着力的价值点与情感感知有机整合，提升革命传统类文本的教学价值。

二、紧扣关键句段，落实文道统一

由于教材中革命传统类文本所描写的人或事已经与学生的生活实际有着较远的距离，学生在理解和感知的过程中会形成一定的障碍，难以借助文本中的故事与人物形成认知上的共鸣，这给教师提出了全新的挑战。因此，教师可尝试通过资料补充和背景介绍的方式，缩小学生认知经验与文本故事之间的差异。如果条件允许，教师可以组织学生进行资料的自主性查阅和搜集，为更加自主而深入地学习课文做好铺垫性工作。

在教学这一类文本的过程中，教师应紧扣课文中的词语和句段，巧妙、智慧地化解课文教学的难点，不断提升革命传统类文本在语用教学和思想教育上的实效性。但一定要指出的是，教师密切关注课文中的关键性词语和句段，并不是就要忽略课文的整体性。在阅读教学中，学生对文本的感知总是依循着从整体到细节，然后再回归整体的顺序，所以教师要先从整体性的视角把握基本的故事内容，然后再聚焦事情发展的关键处、高潮处，关注理解的难点和重点。基于此，革命传统类文本是统编版教材中的一个非常重要的类别，也是相对较难教学的一类文本。教师要借助教材课文，在整体把握文本的基础上，聚焦细节，深入体悟。比如，教学《狼牙山五壮士》时，教师既可从整体视角上设置"五壮士的'壮'体现在哪里"的统领性问题，又可将教学的关注点聚焦在五壮士的言行细节中，借助细节中的言行来感知五壮士的"壮言""壮举""壮志"，并让学生认识到，我们现在所有的幸福生活，其实是千万个这样的壮士用自己的生命和鲜血换来的。基于整体、把握细节、紧扣语言描写，真正感受五壮士的革命情怀，革命传统类文本的工具性和人文性就能充分揭示了出来。革命传统类课文所赋予的时代内涵，在语言文字和思想情感中就得到了真正的落实。

三、把握基本价值，保障文道统一

《义务教育语文课程标准（2011 年版）》指出：阅读是学生的个性化行为，教师不能用自己的解读来代替学生的个性化解读。但对于革命传统类文本来说，它们的基本价值取向是恒定的，一般情况下不宜做过于多元化和个性化的解读。教师不能因为社会的发展，就肆意改变统编版教材编排的意图，任由学生随意解读革命传统类文本的价值意义。

有一段时间，曾经有人倡导要对革命传统类文本进行抽象化解读，即考虑到学生认知能力不足，对革命岁月背景知识了解程度不深，可以从热爱、憎恨、乐观等关键性词语出发，对革命传统类文本中的人物个性、心理认知和行为意识进行方向性揣摩与感知。这一建议的出发点是好的，可以在学生背景知识缺失的情况下，保障学生体悟方向的正确，但遗憾的是，在操作上却经常会出现一些偏差。比如，编者之所以选择《狼牙山五壮士》这篇课文，就是要通过这一单元和这篇课文的学习，让学生不能忘却在中国近代史上，中华民族曾经饱受帝国主义的肆意欺凌；不能忘却中华民族所经历的种种屈辱；更不能忘却曾经有如此众多的革命先烈抛头颅、洒热血，为中华民族的解放事业奉献了自己宝贵的生命，以此来唤醒学生的爱国热情和自强不息的民族精神。但在教学中，个别教师在自己个性化解读文本之后认为，这篇课文的教学重点应该聚焦于五位壮士奋勇杀敌的语言上，使得整个教学转移了民族背景下奋勇抗击敌人的价值旨归，导致课堂走向了认知的歧途。

教师绝不能高举着自主性学习、多元化解读的大旗，置基本的价值取向于不顾，一味地追求所谓的自由发展和自主教育，不能为了追求所谓的现代精神、自由思想，而无视历史的真实面貌，或者用狭隘的价值和视角来考量作者蕴藏在革命传统类文本中的真实情感，对文本进行肆意地解读和曲解，这些都是教学革命传统类文本所不提倡的。

革命传统类文本在统编版教材中占据着重要的价值和地位，我们要从这一类文本的独特背景和创作意图出发，将教学的关注点延伸到历史背景下，把握基本的价值取向，并将其与语文课程的本质属性进行关联，真正为学生核心能力的生长奠定坚实的基础。

提升小学语文核心素养的教学策略探究

孙国平

摘　要：我国提出素质教育是想培养有文化、有素质的新一代，素质教育不只注重对书本知识的学习，也把育人作为一个重要的教学目标。培养学生的核心素养，要从课堂抓起，小学语文最为重要，语文作为学习其他学科的基础，如果在课上就做好了素质教育的培养，相信我国素质教育水平将会有很大的提高。如何提高小学生的语文素质在全国范围内引起了关注。随着新课改的深入实施，人们对小学生核心素养的要求也在不断提高。核心素养在任何学科都能体现出来，但是小学语文和其他学科核心素养是有很大区别的。小学语文是一项极具特色，富有综合性、基础性的学科。教师需要根据学生的心理特点，在教学中培养学生的核心素养，这对小学生的发展来说是非常关键的。本文立足于提升小学语文核心素养的教学策略进行探究，希望为小学语文教学研究事业的发展贡献一份力量。

关键词：小学语文；核心素养；培养

在小学语文教学过程中，如何提升核心素养，是每一名小学语文教师关注和关心的问题。针对以上问题，我们在教学中，可以从以下几个方面着手：从阅读教学中，培养学生的核心素养；创设生活情境，调动学生小学语文学习兴趣；关注小学生对语言文字运用，激发学生语文学习热情；巧用角色扮演，加深学生对课文理解。下面，我将结合实际教学经验分别对这几个方面进行介绍。

一、从阅读教学中，培养学生的核心素养

众所周知，语文教学的关键因素就是阅读。因此，小学生的阅读量与语文素养是成正比例发展的。与此同时，阅读在核心素养上也有举足轻重的地位。在教学中，教师可以运用多媒体技术提升学生对科学探索的兴趣。随着信息技术的发展，信息技术走进了教育行业，并在教育行业有着不可替代的作用。在小学语文阅读教学过程中，教师可以巧妙地应用多媒体技术为学生创设一些情境，帮助学生更好地理解文本知识，从而促进小学语文课堂教学。

例如，在教学《欢乐的泼水节》一课时，为了让学生知道我国是个多民族的国家，并对傣族人民的风俗习惯和泼水节的情景有个初步认识，我在上课之初，会带领学生将课文阅读一遍，便借助 PPT 将傣族人民的风俗习惯呈现到学生们的面前，学生的注意力立刻被 PPT 吸引，在学生观看过程中，我向学生抛出了一个问题，如："视频中的人们相互泼水是什么意思？"小张说："傣族泼水节大家相互泼水是互祝吉祥幸福的意思，年轻的男女互相泼水则有些互相喜欢的意思。"这样的教学设计，既让学生扩大了知识面，还了解了傣族的风俗。

二、创设生活情境，调动学生小学语文学习兴趣

在小学语文教学过程中，很多教师都遇到过这样的情况，学生对于语文课本中贴近生活的内容，会感到学习起来特别容易，还可形成独特的学习方法。小学语文教师在教学过程中可以恰当地为学生创设一些贴近生活的情境，激发小学生对语文学习的兴趣，调动他们在课堂上的积极性。

例如，在教学《燕子》一课时，为了让学生体会到燕子的美、春天的美，从而喜爱燕子，喜爱春天，喜爱大自然，上课之初，我引出了这样一个导语，我说："在一个美丽的春天，有个动物来做客，它是谁呢？"我话音刚落全班学生就议论纷纷，显然，他们被我的这个问题激起共鸣。接着，我拿出备课时准备的燕子图片呈现到学生的眼前，学生的注意力全部被我眼前的图片吸引，我及时将学生的思绪拉回课堂，说："同学们，你们在生活中见过燕子吗？它们可以干什么？"问题抛出后，有的学生说："老师，我去年夏天在姥姥的家里看到过燕子，它们可以捕捉害虫。"还有学生说："老师，燕子是益

鸟，可以为老百姓抓虫子。"这样的教学设计，既对学生进行了美的教育，又培养了学生的审美能力。

三、关注小学生的语言文字运用，激发学生语文学习热情

语文核心素养的目标是指对语言文字的应用，因此，教师在语文教学活动中应关注学生对文字的使用情况。针对以上情况，在教学过程中，我们可以组织学生进行简单的短文写作，对学生进行语文核心素养的渗透。如在教学《哪吒闹海》一课时，上课之初，我说："同学们，你们看过《封神演义》和动画片《哪吒闹海》吗?"随着我的讲解，学生七嘴八舌地议论着，看到学生被我的问题激起了共鸣，接着，我又说："你们在观看的时候认为哪吒是个什么样的人呢? 请你们现在用写作的方式将你们心目中的哪吒写出来。"我话音刚落，学生们迅速用自己稚嫩的小手写着，有的学生写道："我在看《封神演义》的时候感觉哪吒不懂事，也是不听话的一个人。"还有学生写道："我感觉哪吒是一个为民着想、机智勇敢、敢斗邪恶的人。"这样的教学设计，不仅可以促进学生对文章感情的深度理解，还可以实现他们对语言文字的应用。

四、巧用角色扮演，加深学生对课文理解

在小学语文教学过程中，教师可以选取合适的内容带领学生进行角色扮演，给予他们表现的机会，并在此基础上调动他们的积极性，从而构建轻松和谐的课堂氛围，使小学语文课堂变得生机勃勃，保证教学效率。

例如，在教学《狐狸和乌鸦》一课时，为了使学生理解文本中狐狸、乌鸦三次说的话，以及能理解狐狸对乌鸦说的话，乌鸦三次听后的不同表现，并能明白爱听奉承话容易上当受骗的道理，上课之初，我并未急于为学生进行知识讲解，而是先为学生们导入这样的一个引子，如："同学们，你们对乌鸦和狐狸分别有什么印象?"随着我的问题的提出，学生纷纷举手抢着回答，有的学生说："老师，狐狸是狡猾的。"还有学生说："老师，乌鸦全身都是黑色的，在黑夜中，完全看不到乌鸦。"在听完学生的回答后，我将学生按照"组内异质，组间同质"的原则，分成了几个学习小组，并引导学生在组内选取自己喜欢的角色，对课文进行阅读。各组学生在听到我布置的任务后，迅速在组内行动起来。这样的教学设计，不仅激发了学生的语文学习兴趣，还加深了学生对文本的理解。

五、结束语

总而言之，随着我国教育事业的不断发展，小学语文核心素养在语文教学中占很重要的位置，核心素养不仅可以积淀学生的基础知识，还可以拓宽学生学习知识的视野。当然，小学语文教师要想在教学过程中，提升语文核心素养，应不断反思教学理念改变教学方法。同时，在课堂教学实践过程中，教师应将学生的主体地位充分体现出来，并努力学习各种提升学生语文核心素养的办法，唯有如此，才能提升学生的语文核心素养。

在古诗教学中培养学生的作品意识

孙国平

在古诗教学中的作品意识就是在语文学习中，不仅将古诗作为文学作品加以接受，还将对古诗的诵读、释义、书写等当作品来完成。在这一过程中，学习者须以全部的精力、情感、创造融入对象之中。

一、诵读——将无声文字转化为有声作品

叶圣陶先生曾指出："令学生吟诵，要使他们看作一种享受，而不看作一种负担。一遍比一遍读来入调，一遍比一遍体会亲切，并不希望早一点能够背诵，而自然达到纯熟的境界，抱着这种享受的态度是最容易得益的途径。"这里所说的"享受"，就是作品意识的体现。

具备了作品意识，诵读者便会以古人的文字作品为依据，投注自己全部的精力与情感，化语言文字为自己的所思所感，然后以积聚于胸、欲罢不能的有声语言表现出古诗的情感。于是，无声的古诗就成为一段有声的诵读作品。教学古诗《枫桥夜泊》中"姑苏城外寒山寺，夜半钟声到客船"时，一位教师为了让学生诵读更传神，先讲了张继高考落榜的故事，然后进行了如下指导：

师：旅途的孤寂萦绕着作者的心。此时，寒山寺的夜半钟声传来，划破夜空，越过江面，飞到江边小船里来，叩击着远方来客的愁怀，同时也感受到他乡之夜的宁静、深沉……让我们来听听这钟声吧！（播放钟声，学生静听）

师：夜半的钟声凝重、悠长，钟声撞击着张继的耳膜，也撞击着他那颗寂寥愁苦的心。"姑苏城外寒山寺，夜半钟声到客船。"（范读——"钟声"高起，借"到"的去声调势下行，似传到船上，"客船"低而轻缓，"船"渐弱渐收。到——客船——仿佛钟声绵延不绝，在我们心中回荡，同学们也一定能表达出张继此时此刻的心境。学生仿读齐读）

接着，教师指名学生诵读，学生都能读出凄凉、深沉的味道。可以说，学生在品味一首诗所蕴含的情感韵味时，必须在了解背景、教师点拨、反复咀嚼与诵读的过程中去获得。

再如，贺知章的《回乡偶书》，一学生诵读"笑问客从何处来"时别出心裁，将"笑问"后面的"客从何处来"，陡然改用本地方音，活脱脱地表现出小孩子那种忽遇陌生人的天真、调皮劲儿。这一改，便是一种创作，学生用自己特有的理解、情感完成了经典古诗的再创作。他们不是外在于古诗的寂寂"看客"，而是作为一个"诵读者自己"在参与作品的创作，他们在享受自己作品的同时，体会到有声语言的魅力，获得了一种无与伦比的快乐。

二、思辨——从关注作品上升到关注作者

如何在古诗教学中进行思维训练，从关注作品上升到关注作者，笔者做了一些尝试。

[案例一] 教学刘禹锡《望洞庭》时，教者出示同是写洞庭湖的不同诗句，让学生比较：

（1）气蒸云梦泽，波撼岳阳城。——孟浩然

（2）吴楚东南坼，乾坤日夜浮。——杜甫

（3）湖光秋月两相和，潭面无风镜未磨。遥望洞庭山水翠，白银盘里一青螺。——刘禹锡

学生通过比较发现，孟浩然、杜甫笔下的洞庭湖气势非凡、宏伟壮观，而刘禹锡笔下的洞庭湖却很柔和。用学生的话说，如果孟浩然、杜甫笔下的洞庭湖是一位东北大汉，刘禹锡笔下的洞庭湖则是一位文雅书生。学生有了自己独特的理解，再引导他们读出自己的感受，由此对诗句的把握又上升了一个层面，即景语亦情语，即使诗人吟咏的是同一景物，也会因为作者观赏的角度、时间、心境的不同而不同。

[案例二] 宋代诗人赵师秀的《约客》和曾几的《三衢道中》描写的都是江南的梅雨季节。赵师秀的笔下是："黄梅时节家家雨，青草池塘处处蛙。"曾几却是："梅子黄时日日晴，小溪泛尽却山行。"矛盾出来了——我们知道梅雨季节多雨，可为什么在《三衢道中》中作者会写"日日晴"呢？难道那年正好大旱？不可能。作者绝不是为了告诉大家那年大旱，因为从整首诗看，他都是愉快的心情，还是让学生去探索吧。

[案例三] 张志和《渔歌子》："西塞山前白鹭飞，桃花流水鳜鱼肥。青箬笠，绿蓑衣，斜风细雨不须归。"王士祯《题秋江独钓图》："一蓑一笠一扁舟，一丈丝纶一寸钩。一曲高歌一樽酒，一人独钓一江秋。"柳宗元《江雪》："千山鸟飞绝，万径人踪灭。孤舟蓑笠翁，独钓寒江雪。"三者都在描写渔翁，有什么不同？《题秋江独钓图》描写了一位渔翁在江上垂钓的情形，渔翁一面歌唱，一面喝酒，逍遥中却又深藏着几许孤寂，默默地欣赏江上秋色。《江雪》则刻画了一位寒江独钓的渔翁形象，这位渔翁显然是诗人自身的写照，曲折地表达出诗人在政治改革失败后虽处境孤独，但顽强不屈、凛然无畏、傲岸清高的精神风貌。《渔歌子》中的渔翁不想归，他很享受这样悠闲自在的乡村生活。通过比较，学生的关注点由诗中的渔翁上升到诗人的理想和追求。

通过以上三个案例不难发现，比较教学让学生从关注作品上升到关注作品背后的作者，从而加深了对作品的理解，学生的思维得到了训练，思维品质得到了提高。

三、释义——将古人作品转变为儿童作品

笔者在古诗教学中，尝试"以诗译诗"的方法求得对古诗的理解。

首先，让学生感受"诗译"作品的魅力。王翰的《凉州词》："葡萄美酒夜光杯，欲饮琵琶马上催。醉卧沙场君莫笑，古来征战几人回。"，在学生理解诗意后，教师可以让学生诵读绿原的译诗——

酒，酒，葡萄酒！

杯，杯，夜光杯！

杯满酒香让人饮个醉！

饮呀，饮个醉……

管它马上琵琶狂拨把人催！

要催你尽催，想醉我且醉！

醉了，醉了，我且枕戈睡。

醉睡沙场，谁解个中味？

古来征夫几个活着回？

这是诗人的译笔——豪迈、奔放，并不拘泥于四平八稳地——对译，而是据自己的理解，整体构思，有时甚至将一句一字点化为几个长句，这种以"达意"而兼"传神"为追求的诗译，其本身也因为译者的情感投注而成为一首新的诗作。

其次，鼓励学生进行"以童诗译古诗"的尝试。儿童是天生的诗人，他们的感觉与诗相通，具有诗性直觉。教给他们诗译的方法，其实是顺应了他们内在的精神需要。一位学生理解叶绍翁写的《游园不值》诗意后，写下了童诗译古诗：

一树红杏/这个早晨原本/平常得只有些薄雾/绿苔上的木屐声/响在敲也敲不开的柴门前//没见到朋友的懊恼还没从心头拂去/忽然那枝红杏从园子里探出头来/趴在湿漉漉的墙上往外张望//那憨憨的张望/连自己都不知道/她粉红的腮带出的满园子春光/不仅痴呆了那墙外的书生/还艳丽了整个中国/眩晕了好几朝过往的路人

经典名句，何能流传千古？译者以今人的视角，定格、放大了这枝"红杏"，并直抒胸臆，道出这"一枝"的神奇笔力，译文中不仅有作者的影子，更多的是译者的声音。

再如，巧补留白，妙趣横生。王尔德说："作品一半是作者写的，一半是读者写的。"古诗中作者的留白召唤着学生对诗的二次创作，让学生结合自己的体验和想象去丰富诗的意义、内涵，就是让诗获得了新的生命。他们会在自己的作品面前，看到自己身上诗性的光芒。如，白居易的诗《池上》，学生理解诗意后，也写下了童诗释义：

嘘——／别大惊小怪／我只采几个小莲蓬／匆匆离开／匆匆离开／／谁知／身后的浮萍已将他出卖

这里，学生不是在解释原诗，而是利用留白，运用自己的语言创造出属于自己的言语作品。长此以往，学生作品意识逐渐形成，他们对诗意的理解与表达，将变得深刻而富有诗意。

互文联系，开放语文课堂的儿童视域

孙国平　刘光明

　　语文是一门开放而动态的课程，教师的视域绝不能局限于教一本教材。适度引入拓展性文本，配合教材主体文本共同学习，是一种常见的教学方法。为此，教师要从教材文本的内容、主题、写作等不同维度出发，通过丰富多样的形式为学生搭建"互文联系"的平台，实现文本与文本之间的交融与碰撞。

一、相互印证：在互文联系中丰富认知

　　相同的内容由于写作目的不同，在不同作者的笔下就会生发出差异较大的文本样貌。这种文本之间的差异，适合采用互文联系的方式，在相互印证的过程中，一方面在信息补充中丰富学生的认知，另一方面在实践对比中，感受作者不同的表达方式，为形成认知体验服务。

　　比如统编版教材五上第二单元中《将相和》一文主要讲述了战国时期赵国文武大臣蔺相如、廉颇重归于好的过程。整篇课文以"完璧归赵""渑池之会""负荆请罪"三个小故事为载体，刻画蔺相如顾全大局、廉颇知错就改的鲜明形象。仅仅局限在这一篇文本中，学生也能够从故事情节中感受到人物特点以及故事本身所蕴含的丰富意蕴，但这种缺少情境体验的视角相对单一，学生的感知相对狭窄。为此，教师相机拓展了剧本《负荆请罪》，借助剧本中蔺相如同门客韩勃的对话，进一步了解了《将相和》中没有言及的内容，让学生在了解故事的基础上，更走进了人物的内心世界，对故事形成了更加深

刻的感知与理解。然后，教师围绕着两篇文本不同的题材展开探究，让学生认识到剧本以人物的对话展现情节，而记叙文则紧扣人物的言行、心理、神情等维度进行全面化、细致化描写。在这样的基础上，教师引导学生再次回到教材文本中去，鼓励学生在文本的细节中，学习故事类记叙文的阅读方法。

在这一案例中，教师借助拓展的文本，与教材中的课文形成了相互印证之势，丰富了学生应该了解的资源，拓展了学生的内在认知，真正为学生关键能力的生长服务。

二、还原再现，在互文联系中对比辨析

统编版教材中的选文大部分都为选文，都是从原本的"母版"中剥离、抽取出来，经过编者的改编而成为教材中的文本。如果教师不能从这个角度来关注课文内容，而始终将教学的视角局限在某一篇课文中，最终会使学生放弃对文化作品的感知与探究，导致教学对文本的关注就停留在闭塞的教材文本中。因此，教师就可以借助于互文联系的方式，介入教材课文所在的文本体系，能够让学生站立在整体视角来关注课文，从而让学生形成更为丰富、更为立体的知识体系。

比如统编版教材三年级上册《司马光》是大家耳熟能详的故事，这篇课文首次以文言文的形式出现在统编版教材中。很多教师认为这篇文言文对于三年级学生来说本身就具有一定的难度，就将教学的关注点聚焦在理解大意、指导有节奏地朗读上。这本身并没有问题，但教师如果仅仅局限在教材中的文本就显得较为闭塞了。比如为什么这篇课文会以一个小孩子的名字作为题目？教师就可以将这篇课文放置在其出处《宋史·司马光传》中，一方面组织学生在自主阅读过程中，对司马光这个人形成更为深入的理解。教师组织学生对整篇文章进行了解，从而认识到课文是《宋史·司马光传》的一部分。在学生了解司马光的基础上，教师可以为学生介绍司马光的《资治通鉴》。

这种回归之后的还原，让学生以高屋建瓴的视角整体性地关注课文内容，丰富了教材文本的文化内涵，将作者创作文本的用意展现在学生眼前。

三、追索体悟，在互文联系中逼近原文

任何一篇文本的形成与诞生，都与其作者的情感和经历有着紧密的联系，文本是作者个性化的产品。在语文教学中，由于教师对作者生平经历和创作背景不了解而导致的教学错位现象并不少见。为此，教师要能够借助对文本作者的了解，与作者进行深入对话，以最快的方式走进作者的内心世界，从而遵循作者内在的认知思路，以文本联系的方式为学生提供鲜明的"注释"，更好地逼近教材的原文。

统编版教材三年级上册《总也倒不了的老屋》这篇课文被编选在"学会预测"的阅读策略单元中，为了更好地训练学生的预测能力，编者将这篇童话选入课本之前对其进行了必要的删减。在引领学生进行阅读和猜测之后，教师相机补充了被删除的部分，将真正的原文呈现出来，并补充这篇课文的作者九零后作家慈琪的创作用意：关注社会上那些做出很多贡献，但最终却不被关注的老人，旨在呼吁社会能够关注老年人的心理。有了原文的支撑和作者创作用意的呈现，教师引领学生再次回到课文中。学生对"每次老屋要倒下时，出现了小猫、老母鸡、蜘蛛等动物对老屋的请求"，就能以更加合情合理的视角，体验文本中角色的情感，从而更好地感知课文中的内容，最终成为作者的知音，形成与文本情感共鸣的体验。

在这样的过程中，教师正是通过对原文的拓展补充以及对作者创作用意的关注，让互文联系成为依托作者进行对话和体验的载体，为全面而深入地解读文本提供了全新的视角。

四、协同共存，在互文联系中落实要素

统编版教材以"语文要素"与"人文主题"双线并进的方式展开，每个单元中的内容都与这个单元的语文要素、人文主题形成了彼此对应、相互联系的内在逻辑。因此，从这个角度来看，每个单元中的课文之间就不再是割裂的，而在彼此关联之下形成统整式的交互依存关系，打破了传统习惯中逐篇教学的弊端，从而让单元中的每篇文本都承载着各不相同的内容。

统编版教材三年级上册第六单元的语文要素是"借助关键句理解一段话的意思"，正是有了这一语文要素地统整，这个单元中的《富饶的西沙群岛》《海滨小城》《美丽的小兴安岭》几篇课文就有了鲜明的教学目标。从单元整体的效果来看，这几篇课文在落实这个单元语文要素时所承载的内容是不同的：可以从《富饶的西沙群岛》中了解什么是"关键句"；从《海滨小城》中典型的语段入手，了解关键句与语段中其他语句之间的内在关联；可以从

《美丽的小兴安岭》为学生积极搭建丰富的认知平台，让学生在实实在在的实践过程中运用关键句来尝试表达一个集中性的观点。三篇课文从三个不同的角度，分层次、有梯度去呈现本单元"借助关键句理解一段话的意思"这一语文要素，让学生在彼此照应的过程中，提升内在的认知能力。在这样的过程中，教师不能急功近利地教学，切不可要求学生在一篇课文的学习中就直接完成本单元语文要素落实，而是将语文要素的落实分为"了解概念""厘清关系""尝试运用"三个不同的层次。在这样的认知体验过程中，教材中的课文就成为彼此映照、相互映衬的资源，学生的语言能力也得到了提升。

在这一案例中，教师正是以单元语文要素的落实为抓手，让学生利用单元文本之间巧妙的联系，形成彼此互补的作用，依照单元文本的排列顺序，从不同的标准和层次来落实单元语文要素，更好地为学生语文关键能力的提升奠定基础。

五、彼此辅助，在互文联系中拓展视野

在语文教学过程中，教师有时候并不会引用一篇完整的文章，而是一些相对零散的资源，借以帮助学生能够从多维的角度对文本的背景资源、创作背景以及故事发生的文化质态进行补充。教师要想让这些拓展资源能够与教材中的文本形成巧妙的化学反应，就必须要把握资源拓展的契机和价值点，从而在教学的过程中起到有益的补充和辅助。

比如统编版教材五年级上册教材中以两篇课文的篇幅再现了民间传说故事《牛郎织女》。为了让学生能够快速地走进故事，了解人物的特点以及民间故事的文体特质，教师就为学生先后呈现了三处互文资源：第一处，王母娘娘用玉簪划出了一条银河，将牛郎织女隔开，只能在七月初七鹊桥相会，这样的生活究竟有怎样的意义？牛郎织女为什么还能如此坚守？解决这些问题对于学生树立质朴原始的爱情观有着极好的帮助？为此，教师为学生拓展了秦观的词作：两情若是久长时，又岂在朝朝暮暮？引领学生进行深度思辨，为学生深入解读文本故事奠定了基础；第二处，拓展了描写牛郎织女鹊桥相会的诗篇，了解人们对这一段故事的评价，并运用这一资源丰富学生解读故事的视角；第三处，在教学结束之后，教师为学生拓展了其他三篇经典的民间传说故事《孟姜女哭长城》《梁山伯与祝英台》《白蛇传》，引领学生在深入阅读的过程中，明确自己的认知，从而读懂民间故事：即普通劳动人民为了表达对统治阶级的憎恨以及对美好生活、美好爱情无限向往之情。

在这样的教学过程中，教师在拓展互文资料时就没有完全停留在一处，所选择的事物也是形式多样、内容丰富的，其内容与形式也有着紧密的联系。这样可以让学生在拓展的资料中更好地借助资源对文本形成多维度、多视角的感知与解读，从而有效地拓展了学生的认知视野，促进了学生语文核心能力的不断发展。

语文教学决不能停留在一本教材中，也不能局限在闭塞的空间中，教师应该引领学生从学习的需要入手，真正拓展学生文本解读的维度和空间，让学生在互文联系的基础上促进核心能力的不断发展。

不同维度下的童话类文本解读

——从部编本三年级上册第三单元教材解读说起

孙国平

摘　要：单元教材的解读是科学制定教学目标、合理研制教学内容、精心遴选教学策略的基础和保障，教师切不可一厢情愿地自我解读，更不能脱离学情而毫无节制地深度解读。只有揣摩教材编者的真实用意，凸显文本的内在价值，才能真正体悟教材载体的价值意蕴，才能真正地用好教材，为学生语文核心能力的发展奠定坚实的基础。本文从人文主题、聚焦细节、关注状态、策略解构四个方面解构童话类文本，为童话类文本单元整体教学奠定基础。

关键词：童话；人文主题；聚焦细节；关注状态；策略解构

童话一直以来都是学生喜闻乐见的一种文学载体，其表现出来的丰富的想象、独特的夸张手法、美好的情感，都让学生享受到精妙言语的滋养和美好情韵的熏陶。部编本语文教材三年级上册的第三单元就是这样一个典型的童话类文本单元，借助动植物的视角讲述了主人公奇特的经历与遭遇。

部编本教材编者将这一组童话文本汇聚于此，设置了"感受童话丰富想象"的语文要素，目的就是要让学生能够在阅读这一单元课文的基础上，感受童话奇特而瑰丽的想象。在后续"语文园地"的"交流平台"栏目中，编者也以这一单元童话文本的设置为蓝本，引导学生对童话类文本的特点和阅读方法进行梳理。本文以这个童话单元的解读为例，谈谈部编本教材编者在创编上的独具匠心。

一、人文主题，童话文本内涵丰富

童话类文本蕴藏着丰富的语文价值和育人价值，需要教者在教学之前准确地解读文本。童话类文本毕竟是儿童文学，儿童是这一类文本的主要阅读对象。因此，教师不能站在成人的视角肆意解读，而需要引导学生自己去感悟童话的主旨，并形成自己独特的解读，否则就会走向道德说教的尴尬境地。

先以《去年的树》一文为例，整篇童话以鸟儿和树的快乐相处为开端，着力展现了鸟儿在第二年寻找树的过程中的执着，塑造了一个信守承诺、忠于朋友的高贵形象。这篇课文的语言浅显而精准，将鸟儿对树至死不渝的真情融入其中，这就为学生品读童话语言、解构童话内涵提供了辨析与品味的对象。在阅读的过程中，孩子们纷纷为树木被劈开，变成了火柴而悲伤；为鸟儿一诺千金的言行而感动。但实际教学中，有不少教师将其解读为树木舍己为人或者宣传环保的文章，这完全是过度解读或者是严重误读了。

另一篇童话文本《那一定会更好》，主要讲述了一颗种子长成参天大树之后，逐步变成手推车、椅子，最后成为木地板的过程。每次转变都蕴含着一种积极的愿望。种子通过不断实现自己的愿望，得到了自己追求的结果。这就在无形之中告诉学生要学会坦然地面对生活，以积极乐观而阳光的心态应对生命历程中的每一次变化。

《一块奶酪》中的蚂蚁队长虽然躯体瘦小，但其呵护弱小、以身作则的形象却异常高大。教师可以在尊重学生内在认知个性的基础上，鼓励学生的多元化解读，激励孩子自由大胆地表达自己体悟到的蚂蚁队长的精神。

二、聚焦细节，情节发展引人入胜

童话文本中蕴含着丰富的想象性元素，这一点在情节的发展中体现得较为鲜明。《那一定会很好》的整个故事显得温馨而平和，故事中的角色更是保持着良好而乐观的人生态度。文本中描写"它"内心的语言，展现出"那一定会很好"是一幅幅人生美好的画卷；种子总是梦想着自己能够站起来；树木总是幻想着自己能够奔跑起来；手推车总是幻想自己能够坐下来；而椅子总是梦想着自己能够躺下来。在文本关注的过程中，"它"在每一个阶段中具体的言行和表现，又为学生的体悟提供了想象的基础，展现了"它"对每一段生命经历的感知态度。

比如第一次质变时，课文展现了原本被泥土紧紧裹着的种子冲出重重束缚，最终钻出土地的过程；第二次质变，作者运用"树叶哗哗哗拂动"的动态之感，将"它"想对农夫表达的内容融入其中，更留下了文本表达的空间；第三次质变，编者精心绘制了教材的插图，展现了手推车迎着风儿自由奔跑时的愉悦心情，情节发展和插图有机融合，也成为学生解读时展开想象的重要载体；第四次质变，"它"渐渐老去，挺直腰杆对"它"来讲十分艰辛；而最后一次质变，"它"变成了木地板，身子舒展，在阳台上享受阳光，将内心的幸福与温馨贯穿其间，展现了丰富的想象空间。

三、关注状态，画面意识鲜明直观

《在牛肚子里旅行》推动情节发展时，以大量的角色对话为主，且具有鲜活的提示语言，将"红头"内在的心情变化展现了出来。贯穿其中的大量动词运用，更是借助细节化的描写将"青头"镇定自若、为朋友着想的沉着冷静表达了出来。

具体来说，为了展现童话中主人公的内在心情，作者在语言表达的过程中就运用了"哭起来""急忙""拼命""悲哀""声音听不见"等关键性语言，同时语句中惊叹号、省略号与语言文字的巧妙配合，将人物心境的变化揭示得清晰可见；与此同时，人物心情还与人物的动作相关，作者除了运用"跳""喊""蹭""蹦"等单个的动词之外，还将动作与"拼命""大吃一惊"等展现人物状态的词语进行了高度配置，有力地展现了人物内在的心理活动。

作者这样的创作方式将人物的神态、动作和语言等细节元素展现得淋漓尽致，无形之中增添了童话类文本的趣味性元素，这就为教师激情朗读、角色扮演等教学方式的选择提供了支撑。

四、策略解构，写作资源丰富多样

本着对童话类文本特点的遵循，本单元的习作设置也与童话有着直接的关联，要求学生能够尝试着编童话、写童话——这是部编本教材首次在习作中提出"编创童话"的要求。因此，教师在指导学生进行童话的创编和写作时，就需要从本单元中四篇描写童话故事的文本入手，在强化阅读教学与习作教学高度融通的基础上，彰显读写结合的理念，更为关键的是借助学生喜闻乐见的童话体裁，降低三年级学生习作起步阶段的难度，激发学生学习写作的内在动力。由教材中"试着"一词，我们就能准确窥探出编者的目的在于唤醒学生编创童话的兴趣，而并没有对童话的写作提出过高的要求。

对于三年级学生而言，他们已经在丰富的阅读经历中积累了一定的童话阅读经验，但这种阅读类型的经验难以直接转化为童话创作的经验。这就意味着教师应该帮助学生打开创造性思维的闸门，将学生的思维从学习教材单元中的课文转向习作表达层面。

从这个角度来审视这一习作类单元的文本就会发现，其中蕴含着大量值得借鉴的写作方法和言语形式。教师可以从教材中的课文资源入手，为学生提炼并出示三组相关词语：从纵向的方式来看，这三组词语分别指向了不同的时间——有的是某个具体的季节，有的是一天中具体的时间点；不同的地点——有的是家中，有的是一些公众场合，有的是大自然；文中不同角色——指向课文中的人物、动物或者植物；如果从横向的角度来看，这三点正好可以构建出一个具体完整童话故事的基本元素，教师就可以借此契机进行点拨：这个单元中的四篇童话故事在写作之前，作者就是运用这样的故事框架来设置故事内容梗概的，这三点在本单元的童话类文本中体现得较为鲜明；而我们这次的习作教学就需要紧紧抓住这三个核心要素进行童话的创生和写作。

在明晰了这一认知之后，教师可以鼓励学生将这三类词语进行不同维度、不同层面的自由交叉，形成多种质态下的词语交汇。

当然，具体情节的发展还需要向本单元中童话类文本的情节发展学习，在构建出基本的故事框架之后，可以针对自己设置的故事情境，进一步夯实细节的呈现，尤其是借助教材课文中相关的片段，学会对人物的神态、语言和心理进行具体翔实的刻画，从而将故事写清楚、写明白、写生动。这里需要强调的是在学生进行童话类文本创编时，教师一定要鼓励学生进行大胆想象，在想象的过程中乐于表达、善于表达，至于想象是否合理，暂时可以不用考虑，而要让学生在肆意想象的过程中享受童话创编带来的愉悦体验。

单元教材的解读是科学制定教学目标、合理研制教学内容、精心遴选教学策略的基础和保障，教师切不可一厢情愿地自我解读，更不能脱离学情而毫无节制地深度解读。只有揣摩教材编者的真实用意，凸显文本的内在价值，才能真正体悟教材载体的价值意蕴，为学生语文核心能力的发展奠定坚实的基础。

解读 洞察 落实

——以统编小学语文教材三年级下册第六单元为例

孙国平 许洪建

摘 要：统编教材最为显著的编排方式是将人文主题和语文要素巧妙融合在一起。编者将各种语文要素有条理、分体系地分解成若干教学点，依照从易到难、由浅入深、螺旋上升的方式，有规划地设置在不同学段、不同单元。这样，教师教什么、学生学什么都一目了然。教学中，教师可以新课标为统领，关联课文，深度解读"为什么"；以要素为基点，聚焦排列，深入洞察"是什么"；以文本为平台，巧妙设置，积极落实"怎么做"，以促进学生语文学科核心素养的发展。

关键词：关联课文；聚焦排列；巧妙设置

统编教材最为显著的编排方式是将人文主题和语文要素巧妙融合在一起。编者将各种语文要素有条理、分体系地分解成若干教学点，依照从易到难、由浅入深、螺旋上升的方式，有规划地设置在不同学段、不同单元，教师教什么、学生学什么都一目了然。面对教材编者明确规定的语文要素时，教师该怎么理解和把握这些语文要素的含义以及语文要素与课文之间的联系，并通过教学实践将语文要素落到实处呢？下面笔者以统编教材三年级下册第六单元为例，谈谈自己的解读和实践。

一、关联课文，深度解读“为什么”

语文教师应知道编者为什么要编排这些语文要素，厘清各要素之间的联系，让语文学习落到实处。

（一）对比研读，厘清要素与新课标的联系

统编教材的编者从三年级上册开始，针对单元中每篇课文的人文主题和训练要点，精心编排了单元导语。如果将整册书的语文要素综合性整合在一起，就会发现这些语文要素其实与新课标中的学段目标与内容高度统一。先以三年级上册第六单元为例，该单元的语文要素是“借助关键句来理解一段话的意思”，而第八单元的语文要素就是“带着问题默读理解课文意思”，这些都与新课标第二学段中要求学生“初步把握文章的主要内容”的目标相匹配。在三年级下册第六单元中，编者所提炼的语文要素是“运用多种方法理解难懂的语句”，这与新课标第二学段中要求学生“能够联系上下文理解词语的意思”是彼此相应的。鉴于此，我们就可以确定单元语文要素是新课标中“阅读”与“习作”在统编教材中的具体落实，这种编排理念让单元学习和训练更加清晰明了。

（二）整合罗列，厘清单元与单元的联系

学生语文核心能力的发展并不是一蹴而就，而是一个螺旋上升的过程。语文教师不仅要关注所学单元的语文要素，还要以整合和联系的视角，关注不同学段、不同册次语文要素之间的发展和链接。在对比的过程中，我们可以发现三年级下册第六单元要求训练的语文要素是“运用多种方法理解难懂的语句”，其实这与三年级上册第二单元中“运用多种方式来理解难懂的词语”以及第六单元中“借助于关键词理解一段话的意思”密切相关，是对这两个单元语文要素向深处的进一步迈进。通过这样的解读，我们就能发现教材编者在语文要素分布的梯度，是依照学生内在认知规律，以从浅入深、循序渐进的方式来编排，从理解一个词语到理解一个句子再到理解一段话的意思，呈现出鲜明的螺旋上升的态势和规律。

（三）梯度发展，厘清文本与文本的联系

一般情况下，同在一个单元中的几篇课文，都浸润在相同的人文主题中，需要教师引导学生紧扣语文要素展开多维化、多视角的训练。

以三年级下册第六单元的四篇课文为例，我们可以发现《童年的水墨画》一文的教学目标是要求学生运用联系上下文的策略来理解诗句的大意；《剃头大师》一文的教学目标则要求学生以一边默读一边想的方式来回答问题；《肥皂泡》一文的教学目标是要求学生运用找一找的方式来理解难懂的语句；《我不能失信》一文则要求学生联系生活实际来理解语句的含义。同一单元的语文要素在不同的课文中有着细微的变化，这就让我们清晰地看到语文要素在同一个单元背景下呈现出来的不同梯度，这也与新知识被学生接受和掌握的过程密切相关。

二、聚焦排列，深入洞察"是什么"

语文教师要明确每一个不同的语文要素究竟是什么，指向怎样的学习目标。教师在正确解读语文要素后，要根据文本的特点，合理地选择教学内容，巧妙地落实语文要素。

（一）仔细研读，从单元导语中明晰训练重点

从三年级上册开始，编者就每一个单元都精心编著了单元篇章页，揭示了单元人文主题和语文要素，使得语文训练清晰明了、重点突出。教师需要在教学单元之前，对单元的篇章页进行深入解读，以凸显语文要素，明确学习目标。三年级下册第六单元的语文要素有两个：一是运用多种方法理解难懂的句子，这一要素要指向于阅读，教师要引导学生体会关键词句在课文中表情达意的作用，更好地体会文章表达的思想感情，从而相机理解课文的主题，为理解课文中难懂的语句奠基；二是写一个身边的人，尝试写出他的特点，这一要素直接指向于习作。本单元的人文主题是多彩的童年，所选择的四篇课文都是写人叙事类文本，而且还是童年生活事例，这与后面的习作有内在联系，也为学生写好这样的习作进行了极好的铺垫。

（二）认真揣摩，从课后习题中把握训练元素

习题是编者依照课文内容和语文要素精心编写的练习作业。这个单元课文的习题都围绕着本单元语文要素"运用多种方法理解文中难懂的语句"设置的相关练习题。虽然这些习题的内容各不相同，其形式也迥异，但其根本性用意却处处指向对语句的理解。略读课文虽然没有课后练习，其前面的学习提示依然提到要"联系生活实际，说说自己对语句的理解"。因此，在制定

单元课文教学目标时，我们不能仅仅从教材课文入手——这种唯一的关注维度会使得教学目标走向逼仄境地，而是要多关注课文后面的习题。教师在设置活动时，不能将课后习题仅仅当作一道最为简单的题目来处理，而应该将其作为统整全文教学的核心点，尤其是关涉单元要素的题目，更需要从课文和学生认知特点入手，设置多样化的学习活动，保障语文要素有效落实。

（三）分享强化，从交流平台中归纳语文要素

"语文园地·交流平台"版块并不是一种形式主义的板块设置，教师应组织学生围绕单元训练的语文要素，对自己的学习方法、学习经验、学习收获和感受进行交流，这是单元语文要素的具体化。运用这一交流平台既是对单元阅读要素进行必要的归纳和梳理，也是对课后习题的整合，更是对单元训练要素的强化与巩固。

教师可以运用第六单元"语文园地·交流平台"中的四段话展开教学。首先，教师结合第一段话引导学生回顾三年级上册学过的语文要素"理解难懂的词语的方法"，并对理解难懂词语的方法进行必要的整理复习和统整提升，再把方法迁移到本单元的语文要素"运用多种方法理解难懂的语句"；其次，教师再根据第二和第三两段话，分别对单元中两篇最为典型的课文相机总结，并利用联系生活和联系上下文这两种最为常见的理解方法，达成温故知新的教学目的；再次，教师依托第四段话中"可以查查资料或者向别人请教"等课文中并没有涉及的方法，鼓励学生在实际学习中能够创造性地使用方法，促进学生思维不断发展；最后，教师让学生谈一谈自己在阅读中还使用过哪些理解方法，将学习真正由课堂延伸到课外。

可见，我们在教学某一单元时不能忽略"语文园地·交流平台"这一版块设置的真正用意，要在整合归纳的基础上引导学生进行多角度训练，让学生从原本的感性认知向理性认知迈进，真正为促进学生核心能力的不断发展助力。

三、巧妙设置，积极落实"怎么做"

（一）紧扣单元要素，精准确定教学目标

对于课堂教学来说，精准的目标既是学生在课文中、在课堂中行走的导航，更是铸造高效课堂的灵魂。正是因为有了明确而精准定位的目标，教学

才有了鲜明的目的性。教学目标的变化，会使教学活动的设置、教学内容的选择和研制发生重大变化。不少教师习惯性地从教参或者网络上摘抄教学目标，将其变成自己的教学目标，如此"万能"的目标，放在任何一篇文本皆准，就显得毫无个性和针对性。为此，教师必须要学会从单元语文要素入手，让教学目标的制定能够助力学生语言能力的发展。

教学《肥皂泡》一文时，教师除了制定关于生字词、朗读课文等常规性的教学目标之外，还要紧扣语文核心要素确定目标，即通过联系上下文、细致观察和实践体验的方式，理解课文中难懂的语句，品味作者在描写泡泡时生动而优美的语言；借助"先……然后……再……"的句式来复述做泡泡和吹泡泡的过程，并结合游戏的方式，引导学生尝试运用连接性词语将一件事情写具体。从这两个针对性的目标来看，这是对单元语文要素的有效地分解，在深入实践的过程中提升了学生的内在认知体验，让学生在完成每个目标的过程中逐步形成语文学科核心素养。

（二）聚焦落实要素，依序设置学习活动

所谓学习活动，是课堂版块推进和教学活动组织的基本形式。为了能够高效落实单元中的语文要素，教师既需要充分研读文本，又需要从学生的认知规律入手，设置形式多样的学习活动，以丰富学生内在的认知体验，为学生核心能力的发展奠定基础。

教学《剃头大师》一文时，教师为了落实语文训练要素，高效解决课后习题，就设置了这样的学习活动。首先，教师从文本整体入手，感知内容，要求学生在初读课文后，提炼出课文中所涉及的人物，并尝试运用组织串联的方式概括课文的主要内容；其次，教师引导学生在精细化默读课文之后，用联系上下文的方式直接洞察课文中"害人精"和"剃头大师"分别指的是谁，并分析人们如此称呼的原因；最后，教师在精读课文的基础上，组织学生交流剃头师傅和"我"在给别人剃头时，有着怎样的不同，并结合自身的生活实际，紧扣课文中"跟受刑一样"等关键语句，来理解课文语言的意蕴。教师进行版块化内容的设置，使得学习活动既相互独立又彼此勾连，在扎扎实实的活动过程中为学生的能力发展提供了实践性活动平台，取得了言意兼得的教学效果。

对于统编教材"双线组元"的编排方式，教师不仅需要对教材有敏锐的观察，还需要有精准的实践性，在精准解读、巧妙定位和积极实践的过程中促进学生语文学科核心素养的发展。

课标调整后，小学语文教学的应然走向

孙国平

摘　要　随着课程教学改革的不断深入、教育思想的不断提升以及统编版教材的全面使用，以往的课程标准已经逐渐显示出不足之处。全新颁布的《义务教育语文课程标准（2022 年版）》，对当下所奉行的教学方式、课程资源目标设定等提出了全新的要求，尤其与当下的"双减"政策相融合，对于语文课程的高效教学提出了更高的要求。本文提出要明确素养导向，凸显课程本质属性；强化课程实践，促进关键能力生长；借助学习任务群，整合教学内容；融合信息技术，探索教学方式变革。

关键词　语文课程标准；"双减"；素养导向；课程实践；因材施教

《义务教育语文课程标准（2011 版）》颁布实施以来，在很大程度上有效地消除了传统教学大纲所带来的诸多弊端，为语文课程教学指明了方向。但随着课程改革的不断深入、教育思想的不断提升以及统编教材的全面使用，以往的课程标准已经逐渐显示出不足之处。全新颁布的《义务教育语文课程标准（2022 年版）》，对当下所奉行的教学方式、课程资源目标设定等提出了全新的要求，尤其与当下的"双减"政策相融合，对于语文课程的高效教学提出了更高的要求。

一、明确素养导向，凸显课程本质属性

《义务教育语文课程标准（2022 年版）》课程理念明确指出：语文课程

围绕核心素养，体现课程性质，反映课程理念，确立课程目标。义务教育语文课程培养的核心素养，是学生在积极的语文实践活动中积累、建构并在真实的语言运用情境中表现出来的，是文化自信和语言运用、思维能力、审美创造的综合体现。

1. 强化语言和思维的融合

《义务教育语文课程标准（2022 年版）》指出：语文核心素养包含"语言运用"和"思维能力"两个方面，语言和思维有着紧密的内在联系。著名教育家皮亚杰就曾经说过："语言是思维的载体。"全新颁布的《义务教育语文课程标准（2022 年版）》强调"素养导向"，在语文课堂教学的实践过程中，教师就需要紧扣语言和思维的联系，组织学生运用判断、推理、整合等各种方式，促进语言和思维两者之间的融合。

以统编教科书六年级上册小说单元为例，教师要从小说"人物、情节、环境"三个核心维度，紧扣课文语言所着力的方向，真正凸显小说文本的内在力量。在《穷人》一文中，作者以生动细腻的手法，展现了环境的恶劣、天气的极端以及家中陈设的温馨……如果我们仅仅关注这些语言所表达的意思，似乎并不能从中感受到人物的精神品质。其原因就是我们仅仅关注了语言，而很少关注思维或者没有关注思维。因此，教师可以鼓励学生从语言所表达的意思，向前再迈一步，运用思维推理，形成更深层次的认知。比如从环境的恶劣、天气的极端，推理出渔夫生活的艰辛和不易；从家庭布置陈设的温馨，推理出桑娜的善良和勤劳。

这些人物的形象的感知，不是作者借助语言直接表达出来的，而需要学生基于语言理解其大意。这样可以让学生用激活思维、积极的推理方式形成阅读积累，有效地提升了学生的语言运用能力和思维能力。

2. 强化文化与审美的融合

《义务教育语文课程标准（2022 年版）》指出：语文核心素养还包括"审美创造"和"文化自信"。我国是有着五千多年优秀、灿烂文化的文明古国，无论是审美，还是文化，都有着浓郁的中华民族的影子。在强化和关注素养导向的基础上，教师就可以组织学生将文化自信与审美创造进行有机融合。

以统编教科书三年级所编选的杜甫古诗《绝句》为例："迟日江山丽，春风花草香。泥融飞燕子，沙暖睡鸳鸯。"作者以生动简练的笔触，描写了春天到来江山秀丽、风暖花香的美丽景色。既然是描写春天景色的优美，那为什么要描写"燕子"和"鸳鸯"这两种鸟类呢？其本质就涉及语文素养中的文化自信与审美创造两个维度。古典诗词中的事物不仅仅是其事物本身，而已经成为一种文化符号的象征。学生在深入阅读中发现，作者采用了从静到动的顺序展开描写。前两句，以"丽"和"香"两个字，以静态的方式展现了迟日和春风所带来的美感；而后两句则以"融""睡"展现了两种鸟类所带来的动感之美，为原本就美丽的春景增添了无穷的魅力。这种动静变化的描写，又属于诗人在表达过程中审美创造的特征。

鉴于此，教师就需要在文化自信与审美创造的结合之下，鼓励学生尝试运用自己的语言描述这首诗所展现出来的画面，在描述中将自己所理解的文化以及所蕴藏的审美的认知表达出来，在理解吸收、倾吐表达的过程中，推动了自身语文素养的不断发展。

二、强化课程实践，促进关键能力生长

语文能力并不是仅靠识记纯粹的语文知识形成的，而需要在扎扎实实的语文实践训练中形成。《义务教育语文课程标准（2022 年版）》倡导：创设真实而富有意义的学习情境，凸显语文学习的实践性。语文教学就应该摒弃以知识积累为主的教学，而需要为学生搭建多维的实践平台，真正助推语言实践能力的成长。

以统编教科书三年级上册第二单元为例，语文要素是"运用多种方法理解难懂的词语"，那怎样才能顺应全新课标的要求，高效完成课程教学实践呢？

1. 蓄积：汲取语文知识，奠定基础

虽然语文实践能力的形成并不能完全依靠知识的堆积，但这并不意味着语文知识就可以完全脱离课程教学。人民教育出版社的陈先云先生就曾经指出：统编版教材中所设置的语文要素就包含了四个方面：必备的语文知识、扎实的语文能力、适切的学习策略和良好的语文习惯。因此，完全脱离语文知识的核心层面而单独推荐学生的语文实践，其效果是非常有限的。在知识的牵引和支撑之下，学生掌握应有的学习方法，然后教师再搭建实践性的平台。在推动学生言语实践的过程中，教师必须要先从必备的语文知识入手，为学生提供相应的学习策略支撑，从而为实施实实在在的语文实践、语言运用奠定基础。

在单元教学中，教师就可以借助单元的第一篇课文，先抓住典型的词语，引导学生结合具体的文本内容展开探究，相继提炼出理解难懂词语的相关方法。比如结合具体的语境理解、联系生活理解、寻找近义词理解、看课文插图理解、做动作理解、看注释理解、查字典或词典理解……这些理解难懂词语的方法，对于学生而言，属于知识性层面，但掌握了这些知识，并不等于学生就能够运用，能够解决课文中难懂的词语。要想搭建实践平台，教师就必须要关注这些方法，巧妙地运用这些方法并将其作为认知的基础。因此，在单元教学中，教师首先就要能够引领学生通过实践与尝试，总结出相应的方法，为实践平台的巧妙运用奠定基础。

2. 生长：搭建实践平台，引领发展

实践是检验真理的唯一标准。在语文教学中，语文能力的形成必须要依托实践，学生才能够掌握得更加牢固。因此，对于统编版教材所设定的语文要素，教师绝不能教学过程中大而化之地加以实施，而需要营造氛围，提出相应的任务，引领学生在完成任务的实践过程中，促进自身能力的不断生长。

通过单元第一篇课文的学习，学生虽然已经掌握了相应的理解难懂词语的方法，但绝不意味着他们就具备了这方面的能力。因此，教学单元后面的课文，教师需要设置这样的教学：首先，教师要让学生初读课文，基于原始经验，将自己不太熟悉，尤其是难以理解的词语圈画出来。很多教师一厢情愿出示的词语，只是教师自身解读后认为难懂的词语，而并非源于学生真实的内心世界。教师要鼓励学生自主性阅读，自主圈画出不懂的词语。其次，教师要鼓励学生自主尝试用学习第一篇课文中学到的理解词语的方法去理解这些词语，去解决阅读时的障碍。最后，教师在课堂上选择几个班级学生都理解困难的词语，让学生一起交流学习方法。教师需要引导学生在平时的阅读中，继续进行理解词语的训练。有条件的父母还可以和孩子一起在生活中继续进行理解词语的训练，让孩子在自主性形成的实践平台中认识自己、转化自己，更好地推动言语素养的不断提升。

只有真正意义上的迁移运用，并将教学的关注点聚焦在文本深处，学生才能走向语文能力的全新境界。

三、借助学习任务群，整合教学内容

《义务教育语文课程标准（2022年版）》第一次提出构建语文学习任务群。语文学习任务群是遵循学生身心发展规律和核心素养形成的内在逻辑，以生活为基础，以语文实践活动为主线，以学习主题为引领，以学习任务为载体，整合学习内容、情境、方法和资源等要素设计的。

这一理念和统编小学语文教材不谋而合。统编教材注重整体性，单元导语明示语文要素，课后习题、交流平台、词句段运用等版块细化落实；同一语文要素，按照由浅入深，由易入难的顺序，编排在不同年级，不同治单元中，前面学习的语文要素在后续的语文实践中反复运用，循序渐进提升语文能力。在教学实践中，要顺应统编教材这一编排方式，对一单元、一册，及至一学段、整个小学的语文要素进行综合统整。

1. 整合目标：设定单元把握的整体方向

受传统教学理念和教学习惯的影响，很多教师早已习惯于单篇课文的教学，将文本解读的视角、目标的设定、教学内容的选择以及教学策略的遴选，都设置在单篇课文的窠臼之中。如此教学，学生关涉的范畴窄、资源少，深度学习无从谈起。统编版教材为了从根本上扭转这一教学弊端，采用了单元一体化的编排原则，使得单元内容的所有课文和栏目都指向统一的人文主题和语文要素。因此，对于单元整合而言，首先就需要从源头抓起，从单元整体性视角设定单元教学总目标，然后依托每篇课文具体特点，定位每一篇课文的教学分目标。

以统编教科书三年级下册习作单元为例，我们可以从单元整体角度出发，将单元教学总目标定位于：①走进想象的世界，感受想象的神奇；②掌握想象的相关方法，习得合理想象的能力；③发挥想象写故事，创造自己的想象世界。基于这样的单元整体教学目标，教师相机明确不同课文确定不同的具体的教学目标：比如《宇宙的另一边》重在学习作者镜面想象的方法；《我变成了一棵树》重在鼓励学生学习相关想象的方法；习作例文中的《铅笔的梦

想》就可以指导学生学习相似想象的方法;《尾巴有一只猫》则可以学习作者逆向想象的方法。

指向统一的人文主题和语文要素的不同课文,构建有机的教学整体。教学中从整体入手,把握单元教学的方向,真正从整体推动学生言语能力的发展。

2. 整合内容:关联单元设置的教学内容

整合而行,除了借助目标,明确方向之外,同时也需要借助于教学内容搭建教学的整体性框架。上海师范大学王荣生教授就曾经指出:语文教学必须要有适切的教学内容,否则无论树什么大旗、玩什么花招,都无济于事。

叶圣陶先生曾经指出,教材无非就是一个例子。这一"例子"的价值就在于为学生提供优秀的学习范例和资源,同时也是学生进行语言能力训练的重要载体。相同的文本,在不同的视角之下,可以呈现出完全不同的认知状态和教学价值。因此,教师要善于把握文本的特点,在合理的教学框架和体系下,设置出多维的教学价值,从而更好地为达成教学目标服务。

统编教科书五年级下册第五单元是一个非常典型的说明文单元,教材通过《太阳》和《松鼠》常规性说明文和文艺性说明文,向学生展现了不同类型的说明文。在学生感知积累的基础上,教师指导学生内化迁移的过程中,不能让学生直接尝试说明方法的实践运用,否则,学生所积累的认知将无法真正落实到语用表达实践中。基于这样的状态,教师就可以尝试着将这一册当中的第一篇课文《白鹭》作为训练的资源。这篇课文属于典型的散文诗,作者以诗一般的语言展现了白鹭的外形之美和生存状态。教师可以鼓励学生运用所掌握的说明方法,将这一篇散文诗改写为说明文。由散文诗到说明文,这样的改写就形成了文本之间的巨大差异,而这种差异,正为学生更加深入巩固说明文的特点,以及历练运用说明方法的能力提供了重要支撑。

纵观这一教学案例,教师没有将教学的视野局限在一篇课文、一单元上,而是关注了整册课本,充分挖掘整册教科书的教学价值,将教科书的所有资源都更好地为实现教学目标服务,提升了学生的内在认知价值和学习能力。

四、融合信息技术,探索教学方式变革

长期以来,教师已经适应了线下教育生态,但随着教学环境的转变,线上教育新生态也必将会成为学校教育的一个重要生态系统。《义务教育语文课程标准（2022年版）》提出"积极关注教学流程、教与学方法、资源支持、学习评估等新变化，探索线上线下相结合的混合式语文学习。"

1. 规范线上教育新标准

线上教育，电子产品是师生交流的主要媒介。教师通过网络，隔着屏幕进行教学。小学生好奇心强，自律性差，建构线上教育新生态，首先要从规范线上教育新标准做起。作为教学工作者要通过立榜样、定目标、多评比、善发现等方式，要主动出击、及时发现线上教育出现的新问题，并及时想出新策略，规范教育新标准，变"被动"为"主动"，变"他律"为"自律"。强调学生线上课堂的仪式：课前准备要充分；每日晨诵不可少；师生问好不可缺；不吃零食不下座；视频开麦勇答题；下课休息不聊天……制定线上课堂新标准。

2. 创新线上教育新方式

（1）引入竞争机制

良好的竞争机制会促进班级学生赶超比拼，有了竞争的良性循环，学生线上学习会长足进步。需要注意的是小组成员人数要少于线下小组人数，两人为宜，由水平相当的孩子组成比拼小组，这样不仅可以让学生有跳一跳摘桃子的劲头和欲望，更利于教师对不同程度学生的追踪评价。

竞争不是目的，目的只是帮助学生通过比赛调整好心理，进入学习状态，共同进步。

（2）从幕后走到前台

教师应该充分地给予学生主动学习的时间、空间，为孩子提供展示交流的机会和平台，以活动为载体，促进学生主动学习、主动思考、主动实践，从幕后走到前台。

语文教师要高屋建瓴地把握全新课标的整体变化，聚焦新旧课标细节的不同之处，要坚持以语文核心素养为导向，创设真实而富有意义的学习情境，整合语文学习任务群，探索线上线下相结合的混合式语文学习新方式，促进学生语文核心素养的全面、持续、健康发展。

审美创造：统编语文教材人物塑造的美育价值

孙国平

摘　要：统编小学语文教材是语文学科教学的重要载体和关键资源，教材中的人物塑造具有鲜明的美育导向特征。解读、品评人物塑造中的美育价值，对学生探索、感知和体验"美"，并对获得"审美创造"这一核心素养的提升有着深远的意义和价值。从"审美创造"的视角探究统编小学语文教材人物塑造中的美育价值，要分析"人物塑造中的美育"与"审美创造"的内涵，研究人物塑造中的美育呈现，探索人物塑造中美育价值的实现路径，培植学生对"美"的正向价值观念。

关键词：小学语文；人物塑造、审美创造；美育价值

审美创造是《义务教育语文课程标准（2022 年版）》（下称"2022 年版语文课标"）中的亮点，也是学生语文核心素养的重要组成部分。2022 年版语文课标在"课程性质"部分明确要求学生要"形成自觉的审美意识，培养高雅的审美情趣"。2022 年版语文课标在"课程理念"部分再次强调要注重考查学生的审美情趣，在"课程目标"部分专门对"审美创造"这一概念作出规范性定义。但是，在现阶段的小学语文教学中，仍有不少教师在审美创造、美育教育教学的落实中存在一定误区，导致美育教育教学效果不佳。

一、"人物塑造的美育"与"审美创造"阐释

"人物塑造中的美育"指的是在语文教材中饱含着大量的人物资源，这些

人物资源中蕴含着多维度的美育价值。学生从人物塑造中可以获得美的体验与感知，如教材中的人物描写语言之美，整体篇章中的人物塑造之美，文章作品内涵及核心主题中的人物之美……不同的内容富含不同的美育价值。学生从中能够感受人物形象美、理解人物品格美、欣赏人物人情美、感知人物性格美，继而建构正向的审美体验，形成独特的审美观念。

美学是研究人对现实（特别是艺术）审美活动规律的科学。2022年版语文课标这样描述"审美创造"："审美创造是指学生通过感受、理解、欣赏、评价语言文字及作品，获得较为丰富的审美经验，具有初步的感受美、发现美和运用语言文字表现美、创造美的能力；涵养高雅情趣，具备健康的审美意识和正确的审美观念。"

"人物塑造中的美育"与"审美创造"存在着密切的关联。首先，"审美创造"是核心素养层面的内容，对"人物塑造中的美育"起着基础性的指导作用，是决定"人物塑造中的美育"方向和目标的根本维度；其次，"人物塑造中的美育"是"审美创造"的具体体现，是"审美创造"的有效落地，在一定程度上决定着"审美创造"这一核心素养的培养效果。总之，建构在"审美创造"基础上的"人物塑造中的美育"是一个理论与实践融合的完整美育逻辑体系。

二、人物塑造中的美育呈现

（一）深化美育感知

美育感知是学生个体对"美"体悟与理解的浅层次维度，是实现深度美育的必经之路。统编小学语文教材中富集大量经典的文学著作，这些作品中很多片段都涉及人物的塑造，如人物内在的高尚品格与精神的描写，人物外在的形象与行为描写。这些描写都在向学生传递着美的信息。学生通过品读、理解、体悟，可以深化自己对美育的感知，更直观地体验什么是美，美是具体如何体现的，最终实现对美育的深度把握。

（二）丰富审美经验

审美经验并非一蹴而就，而是需要在长期的学习中不断强化、不断增进、不断积累。统编小学语文教材收录的经典文学作品类型丰富、素材多元，其中的人物形象也是特征各异。在长达六年的小学语文教学中，学生对统编小学语文教材收录的经典文学作品中人物形象理解和学习的能力也在精进，同时他们对教材人物塑造的审美经验也在不断累积。例如，学生知道从哪些角度去分析人物塑造，从哪些维度去探究人物塑造中的美等，这些都会不断推动学生的审美经验的升华。

（三）培植造美能力

造美即创造美。这一能力是美育的高阶素养，是"审美创造"这一核心素养中的重要构成。统编小学语文教材收录的经典文学作品中有不少经典的人物形象，如《为中华之崛起而读书》中激昂向上、立志高远的周恩来；《司马光》中机智、勇敢、果断的司马光；《手术台就是阵地》中技术精湛、忘我献身的白求恩等。这些人物形象之所以深入人心，是作者独特的经验积累、创造思路、创作灵感、创作技巧等综合作用的结果。作者塑造人物形象的呈现过程就是创造美的过程。在语文教学中，学生在教师的指引下，通过字、词、句、段、篇的学习来探索作者人物形象塑造的创作过程，通过对作品中人物美的感知理解、人物美的塑造技法、人物美的呈现手段等进行体验、探索与反思，内化为造美的能力，并逐步具备对美的创作能力。

（四）涵养审美情趣

统编小学语文教材收录的经典文学作品中有各色人物，这些人物素材为学生探究美，提升审美创造素养提供了重要载体。人物形象探究的过程是学生在字里行间品评美的过程，也是学生从中逐渐感受美、发现美、创造美的过程。这些都是学生在语文学习中获得的独特审美情趣体验。在小学语文教学中，教师如果能够巧妙地引领，学生就可以在教材的人物形象中探寻到适切的路径，在感知人物形象塑造中，细细品评其中蕴含着的美之情趣。

三、人物塑造中美育价值的实现路径

（一）深入理解作品语句，感受人物形象美

统编小学语文教材中的文章皆为名著经典篇章。在很多包含人物塑造的文章中，语句皆是比较经典凝练的。这些作品语句中蕴含着解读人物形象美之密码，是学生体验和感知美的载体。在统编小学语文教材人物塑造中的美育教育教学中，教师要做好作品语句的解读和精细剖析，以促进学生对人物形象美的感知。

在解读和剖析作品语句时，一方面，教师要指导学生抓取关键字、关键词、关键句，以点带面，让学生去尝试勾勒作品中的人物形象塑造线条。在《手术台就是阵地》一文中，白求恩这一人物形象的塑造是通过大量的字、词、句来呈现的。如"手术台就是医生的阵地！""我不是你们的客人。""我是八路军战士，不必优待我。""战士没有离开阵地，我就不离开手术台！"在教师的指导下，学生通过反复吟咏品读这样的句子，可以直观地感受白求恩不畏危险、一心救治伤员的崇高品格与精神。另一方面，教师要指导学生从多角度去分析作品语句，采用对比法、反问法、逆向思维法等，去琢磨作品中的语句，从中不断感受人物的形象美。《手术台就是阵地》一文中第一段是激烈的战争描述，包括战争发生的时间、地点及战争的危急情形等。学生从这一段文字中可以初步感知战争的残酷与激烈，也可以嗅到战争的危险。这一段是全文的故事大背景，为后续描写白求恩不顾自己的安危救治伤员的精神做铺垫。在教学中，教师可以尝试提问——同学们，第一段有没有必要存在？如去掉第一段，会对白求恩这一人物形象的塑造，彰显白求恩的形象美带来不良影响吗？在教师的问题指引下，学生尝试使用逆向思维法，将第一段去掉之后审阅全文，以反观和体会第一段的重要性。

（二）精读作品全貌，理解人物品格美

从精读作品全貌来理解人物品格美，亦是统编小学语文教材人物塑造中的美育教育的有效路径。人物品格之美属于较内敛的信息，很多时候，这种信息并不浮在字面，而隐藏在文字背后。它不仅仅散布于作品中零星词句之中，我们要通过对内容的反复提炼，才能够获取美育感知。因此，从作品全貌来审视人物形象，同样可以传递给学生一个新的角度，让学生站在新的角度去理解人物品格美。作品的全貌包含对作品全文的架构分析、作品整体主题的传达分析、作品的逻辑思维分析等。

作品全文架构分析指的是一篇文章的行文内容构成与框架，它就是作品的"骨架"。从中，学生可以获得人物品格的相关信息。作品整体主题传达分析指的是对作品的主题思想进行提炼与总结分析，从主题思想中解读人物品格之美。作品的逻辑思维分析指的是立足于整体作品，去分析其中的行文逻辑，在行文逻辑中汲取有关人物品格之美的相关信息。

例如，《司马光》是一则比较简短的文言文，篇幅短小但作品架构却比较完善而清晰。以此文为载体，教师就可以指导学生去理解司马光这一人物的品格之美。初读完该文章，学生利用所积累的阅读经验，并借助于教师的指导，可以清晰梳理文章的行文脉络——起因、经过、结果、评价（图1所示）。司马光见到小伙伴失足跌入大水缸中，急中生智拿石头将缸砸破，故而小伙伴得救。学生读之，能够直观了解到司马光是一个聪明的孩子。这也是本文传递出来的人物品格之美。之后学生可以复读与思考，通过逐步完善与细化文章的骨架，进一步丰富司马光这一人物的形象。如"众皆弃去，光持石击瓮破之"。这反映出司马光是一个临危不乱、善良、助人为乐的孩子。这相比较之前学生直观感受到的司马光人物品格美——"聪明"，又新增了更多关于司马光人物品格形象美之内涵。而这些信息的提炼均需要学生立足于《司马光》作品全貌去探索。

图1

(三) 品评作品内涵，欣赏人物人情美

统编小学语文教材选文严谨，对选文的权威性、经典性、代表性都有极高的要求。其中有关人物塑造的文章中富含多种类型的人情美。所谓人情美指的是人们在各色生活场景中表现出的对他人的爱、宽容、同情等积极的情感力量。这一情感元素多蕴含在作品内涵之中，因此学生需要去尝试品评作品的内涵，抽丝剥茧其中的人物人情之美感意蕴，以陶冶情操，拥有良好的价值观。在这一过程中，教师的作用是至关重要的，即教师是导演，推进整个作品人物塑造美育解读的节奏；同时教师也是学生探索人物人情美的合作者，在与学生的互动协作中，逐步去品鉴、去赏析作品中的人物人情之美。

例如，《梅兰芳蓄须》这篇课文，塑造了"梅兰芳"这一爱国人物形象。全文据此为作品内涵，通过四个故事——避港拒演、蓄须明志、卖房度日、自伤身体来分别呈现，为学生们抽丝剥茧、层层刻画，展示出了"梅兰芳"先生丰满的人物形象。四个模块内容均表现了梅兰芳先生的刚毅、爱国、民族气节、坚贞不渝的人情之美。这些积极的美育元素可以帮助学生树立正确的价值观，提升自己的道德品质境界。在学生通过四个故事来逐步品读时，教师可以创设有声有色的情境，引导学生通过品读这四个故事去欣赏梅兰芳先生这一人物形象的人情美。在课堂导入环节，教师以梅兰芳先生的演唱视频为导入；学生在研读"蓄须明志"部分时，教师可以展示出提前下载的电影《梅兰芳》中的类似片段，以提升学生兴趣，辅助学生去做人物形象鉴赏。

（四）评价作品中心，感知人物性格美

人物性格美是隐匿在人物形象构画中的主要美感元素之一。性格为人在态度、行动方面趋于稳定的心理特征，如坚定、勇敢、乐观、正直、果敢等都是人物性格美的写照。这些属于正向的美，对锻造学生的品格，塑造学生的性格，端正学生的价值观认知有重要的意义。在人物性格美的感知中，剖析作品中心是一种有效的方式。作品中心往往与人物性格美相互呼应，从作品中心，学生可以辅助判定其中的人物性格特点，继而品评其中的美。由于小学阶段学生的阅读能力、文章信息提取能力、思考能力等均较差，因此在作品中心提炼以感知人物人性美的过程中，教师要做好对学生的辅导，为学生积极提供思路启发、技巧启迪、逻辑方向导航。

例如，《少年闰土》这篇课文，主要传达鲁迅对童年的怀念，对劳动人民的热爱与憧憬之情感。基于此中心主题，作者从雪地捕鸟、海边拾贝、看瓜刺猹、看跳鱼儿四个故事来着笔，描绘少年闰土"勇敢活泼、聪明能干、见识丰富"的人物性格。教师可做好大方向的指导与提示，帮助学生逐步探知故事中的闰土性格之美。如，教师设问：同学们，文中一共写了几件事呢？学生通过梳理，就可以知道这篇课文一共讲了四件事。教师再设问：每件事都是什么内容，你从这件事中可以感受闰土的哪些性格、哪些形象呢？在教师的启发下，学生发现原来文中四件事各有侧重，如"雪地捕鸟"侧重呈现少年闰土的聪明；"看瓜刺猹"侧重塑造少年闰土的勇敢机智……诸如此类的内容皆是导向《少年闰土》的中心主题。通过以故事呼应中心，学生对闰土的性格之美体验也愈加深刻。

四、结语

总之，统编小学语文教材人物塑造中的美育教育教学，能够深化学生对美育感知、培植学生的造美能力、丰富学生的审美经验、涵养学生的审美情趣。在教学中，教师要重视教材中的人物塑造，深挖其中的美育价值，以深化作品语句感受人物形象美，以精读作品全貌理解人物品格美，以品评作品内涵欣赏人物人情美，以评价作品中心感知人物性格美，在多策略的统编小学语文教材人物塑造中，让学生去揭开美育的神秘面纱，并获取审美创造能力。

善为"不为",让批判性思维
在阅读教学中生根

孙国平　曹在花

摘　要：皮亚杰说过："语言是思维的载体。"语文教学以语言为载体，应该将思维的训练作为重点。而批判性思维作为思维发展的高阶，需要在深入实践的过程中进行扎实的训练，让学生不迷信权威、敢质疑，促进学生批判性思维的发展。本文提出要重新认识，明确批判性思维的方向；创设情境，渲染批判性思维的氛围；勇于言说，搭建批判性思维的通道；链接生活，推广批判性思维的范畴。

关键词：批判思维；明确方向；勇于言说；链接生活

哲学家认为，人之所以成为人的重要原因就在于生命个体会思考，有着浓烈的认知思维。皮亚杰说过："语言是思维的载体。"语文教学以语言为载体，就应该将思维的训练作为重点，而批判性思维作为思维发展的高阶，需要在深入实践的过程中进行扎实地训练，让学生不迷信权威、敢质疑，促进学生批判性思维的发展。《孟子》的《离娄章句下》所言"有所不为，而后有为"。因此，在教学中，教师要依据学情，审时度势，善于"退居幕后"，适当放手，做课堂的聆听者，尊重学生的批判性思维和发散性思维，让学生在多元的文本解读中，碰撞出智慧的火花，教师一时的"不为"正是为了学生将来的"有为"。同时，教师也要善于在学生"不为"处，给予巧妙的引导，疏通思维"梗阻"处，让言语表达更顺畅，从而有效促进批判性思维的养成。

一、重新认识，明确批判性思维的方向

很多学生在生活和学习中，对于批判性思维有了一定的了解，但由于认知上的偏差，不少学生甚至是很多教师都对批判性的认知不够精准，导致学生在学习过程中误入了歧途。这就需要在学习的过程中注意两个方面：第一，不唯书是从，不迷信书本，尽信书不如无书；第二，批判必须要做到有凭有据，否则学生就会走向另一个认知的极端，一味地挑战权威，否定真理。这两种情况对于学生整体性思维的发展都是不利的。

比如教学统编版教材五年级上册《牛郎织女》时，面对王母娘娘拆散牛郎织女的行为，很多学生都义愤填膺，痛斥王母娘娘的罪恶行为。此时，一位学生语出惊人，对大部分学生的理解发出了批判："我认为王母娘娘的行为是铁面无私的，没有包庇织女。天庭有这样的规定，她作为王母娘娘，只是在执行规定。"很显然，这位学生与其他学生的理解是大相径庭的，貌似是一种"批判性思维"，但细细考量就会发现，这样的理解与这篇文本的价值取向相违背，更与民间故事的创作初衷相违背。此时，教师不能不分青红皂白地一味否定学生的批判性的思维，要善于"不为"，将"绣球"抛给学生，引导学生紧扣这两种相互冲突的认知进行辩论，并相机对其进行引导：天庭的制度有着其不合理的一面，我们不能认为制度所规定的就一定是科学合理的。

所以，教学中，我们不能固守书本和传统，允许学生质疑，也要允许学生"越雷池"。这时我们只需要静观其变，在"不为"中引导学生进行思辨，让他们的批判性思维在多元的文本解读中，交流碰撞中，真正地拔节提高，从而自觉主动地调整自身价值观。

二、创设情境，渲染批判性思维的氛围

思维的调整和激发需要有积极可感的氛围作为基础，教师要为学生的语文学习创设平等、民主的课堂氛围，让学生敢于质疑、勇于质疑、善于批判。事实上，当下课堂中很多教师都处于高高在上的权威位置上，尤其是低年级老师，为了课堂纪律，始终以传统教育理念的师道尊严，对学生在课堂中的表现进行严格管控，都希望学生能够依照自己的意愿进行对话与互动，而对于学生所表现出来的，哪怕是丝毫的旁逸斜出，都会表现出不满。试想在这样的课堂氛围之中，学生又怎么可能顺利提出自己的质疑、提升批判性思维呢？教师只有借助情境精心创设，营造适度宽松的课堂氛围，才能为学生批判性思维的认知奠定坚实的基础。

以教学统编版教材五年级上册《将相和》这篇课文为例，教师在学生整体性理解文本内容的基础上，组织学生进行故事角色的扮演，将自己看成是文本中、故事中的人物，将学生从一个客观的旁观者角色转变成为角色的体验者，消除了学生与文本之间的距离，保障了学生思维的活跃度。此时，教师相机引领学生用自己在角色表演的过程中形成的体验，对文本中的故事、文本中的人物以及人物的言行进行重新审视。很多学生提出了自己不同的理解：廉颇道歉为什么一定要选择上街游走、负荆请罪的形式？难道仅仅是为了体现自己的诚意吗？其他学生也纷纷进行了讨论，并认为廉颇以这种方式登门请罪应该是一场彻底的"秀"，其目的就是要用自己的行为，让赵国的大臣和百姓都看到将相和好，更是为了告知秦国，从而达到震慑外敌的作用。

负荆请罪是一场"秀"——这是一个多好的解读。在教师的引导下，学生没有在"顾全大局、真心实意"的传统解读中迷失自我。教师在尊重传统解读的基础上，善于在"不为"中为学生创设表演的情境，把阅读教学变成培育学生批判性思维能力的首要场地，在一次次的"不为"中培养学生理性思维和多元思考的能力，从而提升了学生内在的批判性思维能力。

三、勇于言说，搭建批判性思维的通道

当下，由于学生接受信息的渠道不断丰富，他们内在所储备的认知资源是立体的、多维的，这些都为学生调动自身的批判性思维提供了有效的资源。很多时候，在课堂中我们可以感觉到学生有着很多自己的想法，但他们都不愿意将自己独到的见解表达出来，其主要原因除了不敢说之外，更多是不会说。发表与众不同的见解，与常态性表达发言有着较大的差异，这对于很多学生来说具有一定的难度。为此，教师就需要专门对此进行实践指导，让学生在具体可感语境的支撑下，敢于表达、善于"不为"，从一贯追求"标准答案"的桎梏中解脱出来，从而将批判性思维落到实处。

以教学统编版教材五年级上册冯骥才先生的《珍珠鸟》为例，学生跟随着作者，经历了与小珍珠鸟从陌生到信任的过程，最终发出"信赖，往往创造出美好的境界"的感慨。在教学中，笔者发现有些学生的眼神充满了困惑，甚至可以说是质疑，但他们并没有提出自己的意见。我意识到这些孩子的内心一定有着自己的想法，于是鼓励他们将自己的看法表达出来。有的孩子提问：为什么作者只能与小珍珠鸟相处和谐，而与相处时间更长的大鸟却无法形成"美好的境界"呢？其他学生也被这一极具批判性思维的视角所吸引，但怎样才能让其他学生信服呢？教师则引领学生进行了表达的指导：首先，要尝试分析大鸟、小鸟与人类相处不同的经历，让学生认识到大鸟因为在与其他人交往的过程中，看惯了人对鸟类的伤害，早已经对人类有了戒备之心；其次引导学生先从对比分析的角度明晰不同，然后再具有针对性地表达，在顺畅学生表达逻辑和思维的基础上，让学生学会将自己批判性观点清晰而富有层次地表达了出来。此案例中，教师善于在学生"不为"处，也就是学生想说却又没有能力表达清楚的时候给予帮助，帮助学生搭建逻辑表达的支架，让学生不但勇于言说，更学会言说，从而提升学生的批判性思维的表达能力。

四、链接生活，推广批判性思维的范畴

陶行知先生就曾经指出："语文的外延即生活。"丰富多彩的生活本身就是学生语文学习的源头活水，教师需要充分运用生活中的资源，将其与学生的生活进行整体性勾连，在链接生活的过程中，以课堂为中心，逐步朝着课堂之外引领，推广且落实学生的批判性意识。比如教学统编版教材六年级下册朱自清先生的名篇《匆匆》一文时，对人生价值的探讨就是一个无论如何都逃不过去的坎儿。首先，教师引导学生悉心阅读课文中"我赤裸裸来到这世界，转眼间也将赤裸裸地回去吧？但不能平的，为什么偏要白白走这一遭呢？"教师可以组织学生揣摩文本字里行间中所蕴藏的人生态度，从而理解作者感慨时光易逝的无奈心情。其次，教师鼓励学生联系自己的生活，从自己生活中的人、生活中的事说一说：你们对匆匆流逝的时光持怎样的态度？很多学生的认知并没有完全停留在作者的意蕴世界里，而有了自己独特的感知。有的学生认为时光流逝，是世界和宇宙的必然，是我们人类所无法避免的，我们所要做的只是珍惜时光；有的学生认为我们决不能总是在感慨之中虚度光阴，我们要明确自己的理想，并不断地朝自己的梦想努力；有的学生利用

古诗句"我生待明日，万事成蹉跎"来印证自己的观点，提出要学会珍惜当下的时间，要实实在在地度过每一天，这才是最有价值的……所有的这些内容，其实并不是学生突然之间想到的，而是在链接了生活资源之后，与文本进行了对比与匹配，促发了对认知的深度思考，更好提升自身的独特认知，真正为核心素养发展奠定基础。

在这一案例中，教师并没有让学生完全将思维的焦点落实在文本上，而是找准了课文内容与生活实践之间的内在关联，让学生充分利用生活资源来浇灌语文课堂，真正为提升学生的批判性思维奠定了坚实的基础，让批判性思维在阅读教学中生根。

真正有价值的思维不是人云亦云，要有属于自己的思考，有属于自己的独特见解，要能够在合理认知的基础上善为"不为"，提出不同的看法，形成不同的认知。教师要引领学生在批判的过程中不断成长，提升思维的品质，学会真正地思考。

"语文学习任务群"视域下的
"整本书阅读"推进

——以统编教材三年级下册寓言单元为例

孙国平　王倩颖

摘　要：《义务教育语文课程标准（2022版）》第一次提出语文学习任务群。"语文学习任务群"视域下的"整本书阅读"教学，应链接文本，让整本书阅读有的放矢；教给方法，使整本书阅读有法可循；创设情境，让整本书阅读学以致用。教师可以通过丰富多彩的语文实践活动，培养学生的阅读兴趣，提高读书品位，提升语文核心素养和关键能力。

关键词：语文学习任务群；"整本书阅读"；链接文本；教给方法；创设情境

义务教育阶段推进整本书阅读意义重大，整本书阅读不仅可以构建更为广阔的阅读空间，更能提升学生的语言品质、发展学生的思维能力、提高学生审美能力。统编教材在编排上也是呈现了由精读、略读，再到课外阅读的"三位一体"的阅读体系。《义务教育语文课程标准（2022版）》在课程理念中也提出：倡导少做题、多读书、好读书、读好书、读整本书，注重阅读引导，培养读书兴趣，提高读书品味。

教师在语文学习任务群视域下，推进整本书阅读，效果更显著。《义务教育语文课程标准（2022版）》第一次提出构建语文学习任务群。语文学习任务群是遵循学生身心发展规律和核心素养形成的内在逻辑，以生活为基础，以语文实践活动为主线，以学习主题为引领，以学习任务为载体，整合学习内容、情境、方法和资源等要素设计的。语文学习任务群第三层设"整本书阅读""跨学科学习"两个拓展型学习任务群。

《义务教育语文课程标准（2022版）》整本书阅读要求和学习内容

学段	整本书阅读要求	整本书阅读学习内容
第一学段（1、2年级）	尝试阅读整本书，用自己喜欢的方式向他人介绍读过的书。养成爱护图书的习惯。	1. 阅读富有童趣的图画书等浅易的读物，体会读书的快乐。2. 阅读、朗诵优秀的儿歌集，感受儿歌的韵味和童趣。3. 阅读自己喜欢的童话书，想象故事中的画面，学习讲述书中的故事。
第二学段（3、4年级）	阅读整本书，初步理解主要内容，主动和同学分享自己的阅读感受。	1. 阅读表现英雄模范事迹的图书，如《小英雄雨来》《雷锋的故事》等，讲述英雄模范的动人故事。2. 阅读儿童文学名著，如《稻草人》《爱的教育》等，感受作品传达的真善美，用自己喜欢的方式讲述故事大意。3. 阅读中国古今寓言、中国神话传说等，学习其中蕴含的中华智慧，口头或书面分享自己获得的启示。
第三学段（5、6年级）	阅读整本书，把握文本的主要内容，积极向同学推荐并说明理由。	1. 阅读反映革命传统的作品，如《可爱的中国》《小兵张嘎》《闪闪的红星》等，讲述自己感受到的家国情怀和爱国精神。2. 阅读文学、科普、科幻等方面的优秀作品，如《寄小读者》《十万个为什么》《海底两万里》等，学习梳理作品的基本内容，针对作品中感兴趣的话题展开交流。3. 梳理、反思小学阶段的阅读生活，运用口头或书面方式，与同学分享自己整本书阅读的经历、体会和阅读方法。
第四学段（7-9年级）	每学年阅读两三部名著，探索个性化的阅读方法，分享阅读感受，开展专题探究，建构阅读整本书的经验。感受经典名著的艺术魅力，丰富自己的精神世界。	1. 阅读革命文学作品，如《革命烈士诗抄》《红岩》《红星照耀中国》等，体会、评析革命领袖、革命英雄的爱国精神和人格魅力。2. 独立阅读古今中外诗歌集、中长篇小说、散文集等文学名著，如《朝花夕拾》《骆驼祥子》《艾青诗选》《西游记》《格列佛游记》《钢铁是怎样炼成的》等。根据阅读进度完成读书笔记，针对作品的语言、形象、主题等方面的话题展开研讨。3. 开展多样的读书活动，丰富、拓展名著阅读。借助多种媒介讲述、推荐自己喜欢的名著，说明推荐理由；尝试改编名著中的精彩片段；结合自己的阅读体会，尝试撰写文学鉴赏文章。

"语文学习任务群"视域下的"整本书阅读"教学，要引导学生在语文实践活动中，根据阅读目的和兴趣选择合适的图书，制订阅读计划，综合运用多种方法阅读整本书；借助多种方式分享阅读心得，交流研讨阅读中的问题，积累整本书阅读经验，养成良好阅读习惯，提高整体认知能力，丰富精神世界。

一、链接教材：让整本书阅读有的放矢

整本书阅读，首先要解决读什么的问题。上下五千年，古今中外书，优秀文学作品浩如烟海，我们应该如何选择？小学语文统编教材设置了"和大人一起读""我爱阅读""阅读链接""阅读材料""快乐读书吧"等栏目，这些栏目的设置旨在引导学生从课内阅读走向课外阅读，养成主动阅读的习惯，增加阅读数量，提高阅读质量，提升阅读能力，发展语文核心素养和关键能力。语文教师要用好语文统编教材，从统编教材中的课文出发，从统编教材的阅读拓展版块入手，进行整本书阅读推荐。

1. 衔接课文，激发兴趣

如何进行整本书阅读推荐？如果教师只是像布置作业一样，让学生从第几页读到第几页，虽然这样也能让一部分学生读起来，但学生阅读的效果参差不齐。教师应将整本书阅读推荐和课堂教学紧密联系，在语文实践活动中，激发学生整本书阅读的兴趣。

统编教材三年级下册第二单元是寓言单元在学习第七课《鹿角和鹿腿》后，教师可以告诉学生这则寓言故事出自《伊索寓言》，引导学生思考，伊索是何许人？生平事迹如何？学生带着问题查阅资料后，才明白伊索原来是奴隶，因智慧聪颖而被解除奴籍，获得自由。后来他游历希腊各地，讲述寓言故事，给人以警示和教训，故此闻名遐迩。有了这样的认知，学生对伊索产生了兴趣，然后教师再介绍伊索寓言：伊索寓言包含很多古希腊的民间故事，就像一个奇妙的动物王国，漫步其中，我们会看到吃不到葡萄反而说葡萄酸的狐狸，还会遇到咬死救命恩人的蛇……三年级的学生对于小动物的喜爱是可想而知的。教师及时在课堂上出示这本《伊索寓言》，并在课堂上带领孩子进行拓展阅读《狐狸和山羊》，在阅读和交流中，学生对《伊索寓言》逐渐产生兴趣，下课之后争相借阅。接下来的一两天，学生会通过学校图书馆借阅、社区阅览室借阅、书店购买、网上购书等方式阅读这本心仪的图书。这样的语文实践活动，让学生对整本书阅读有了兴趣的驱动，学生的阅读速度和质量都会有明显的提升。

2. "快乐书吧"，阅读推荐

统编教材为了引导学生从课内阅读走向课外阅读，让学生养成主动阅读的习惯，增加阅读数量，提高阅读质量，提升阅读能力，发展语文核心素养，每一册教材都设置了"快乐读书吧"栏目。

统编教材三年级下册第二单元快乐读书吧"小故事大道理"，向学生推荐《中国古代寓言》《伊索寓言》《克雷洛夫寓言》这三本书。编者先用"寓言是一个魔袋，袋子很小，却能从里面取出很多东西来……"这样学生喜欢的又极富想象力的语言介绍寓言故事；然后精选《中国古代寓言》中的经典故事《叶公好龙》，以激发学生阅读寓言故事的兴趣；再引导学生用前几课学到的学习寓言故事的方法——"读寓言时，先要读懂故事内容，再体会故事中的道理；联系生活中的人和事，可以帮助我们更深入地理解故事"来阅读这三本寓言故事。

有了"快乐读书吧"的引领，有了课堂上名言朗读、道理交流、方法指导等语文实践活动的加持，学生对这三本书的阅读有了明确的方向和目的，这样的阅读推荐质量更高，也更高效。

3. 对比阅读，兴趣延续

学生阅读完《伊索寓言》后，通过和《中国古代寓言》《克雷洛夫寓言》进行对比，再次激发学生阅读寓言故事的兴趣，并把这种阅读兴趣延续下去。

情节相似，但表达方法不同。《伊索寓言》和《克雷洛夫寓言》中都有《狐狸和葡萄》的故事。课堂上出示这两篇寓言故事，让学生比较它们的相同处和不同处。学生阅读后，很快就会发现这两则寓言故事讲述的道理是一样的，人物是一样的，情节也基本差不多，不同的是《伊索寓言》中《狐狸和葡萄》语言更朴实；《克雷洛夫寓言》中《狐狸和葡萄》语言更优美，还带着一点点夸张。接着，教师可以推荐学生继续阅读《克雷洛夫寓言》，引导学生思考《伊索寓言》和《克雷洛夫寓言》中还有哪些故事是相似的。

寓意类似，但故事内容不同。《中国古代寓言》和《克雷洛夫寓言》中有些故事寓意类似，故事不同。比如《中国古代寓言》中的《黔之驴》和《克雷洛夫寓言》中的《狮子和狐狸》。前者的寓意：能力与形貌并不成正比，外强者往往中干；假如缺乏对付对手的本领，那就不要将自己的才技一览无余地展示出来，以免自取其辱。后者的寓意：我们对没有仔细琢磨过的东西，有时会感到害怕。两者的寓意接近，但故事却完全不同。

对于整本书版本的选择也非常重要。不同版本的图书，在针对阅读群体上一些因素的处理都是不一样的，如版面设计、文学表现形式等方面都会有差异。

二、教给方法：使整本书阅读有法可循

著名教育家陶行知先生认为：好的先生，不是教书，不是教学生，而是教学生学，整本书阅读教学也是如何。教师应引导学生在多种语文实践活动中，习得整本书阅读的各种方法，并综合运用多种方法阅读整本书。

1. 阅读计划，循序渐进

凡事预则立，整本书阅读也一样。以阅读《中国古代寓言》为例，对于这样的经典作品，教师应引导学生制订阅读计划后反复阅读。

第一遍：自由阅读。编者将这 76 个寓言故事分为了 6 个部分，每个部分大概 12 则小故事。学生可以结合自身的实际情况，制订阅读计划，建议分为6 天左右读完，正常情况下学生 6 天可以读完第一遍。

第二遍：任务阅读。《中国古代寓言》每个部分前面都有阅读指导，第 1部分：读一读本组寓言，试着把下面的故事和相应的道理连起来。第 2 部分：读一读本组寓言，先照样子说一说，假如你是这个故事里的主人公，你会怎么做？假如你遇到了这个故事里的主人公，你又会告诉他什么？第 3 部分：读一读本组寓言故事，照样子一边读一边提出问题，再和同学交流。第 4 部分：读一读本组寓言故事，根据故事的内容，想想后面会发生什么，再和同学交流。第 5 部分：读一读本组寓言故事，做一张"学习启示卡"，写一写读懂的道理、想到的生活中的人和事。可以写给自己，也可以写给同学和或家人。第 6 部分：读一读本组寓言故事，比较一下哪些寓言故事有相似的道理，再试着写一写。这六个部分的阅读指导看似分别独立，实则由浅入深、由易到难、环环相扣、螺旋上升的。学生带着这些阅读任务进行有目的阅读，在整本书阅读过程中习得整本书阅读的方法。

2. 阅读记录，留下痕迹

不动笔墨不读书。还以《中国古代寓言》整本书阅读为例，留下阅读痕迹，有助于提升阅读效果。教师可以先给学生做示范，在所读的寓言故事上圈点勾画，把关键词圈出来；在重点句子，特别是提示寓意的句子下面点上着重号；有疑问的地方标上问号……

统编教材三年级上册要求学生"阅读时，关注有新鲜感的词语和句子"。《中国古代寓言》中很多故事是由文言文改编来的，比如《眉眼嘴鼻》这则故事就出自《唐语林》中的《五官争功》这个故事；《滥竽充数》这则寓言就来自《韩非子》这本书。这些寓言故事年代比较久远，里面有很多有新鲜感的词语和句子，非常适合学生积累。教师可以引导学生读一则寓言故事摘抄一两个有新鲜感的词语和一句有新鲜感的句子。

阅读《伊索寓言》时，教师可以设计阅读记录卡，卡上标有寓言故事的时间、地点、人物，故事的起因、经过、结果和寓意。学生阅读完一则寓言故事，完成一张阅读记录卡。这样可以帮助学生梳理这个寓言故事，厘清故事的脉络，为讲好寓言故事做铺垫。

当然，不能要求学生每读一则寓言故事就完成一张阅读记录卡，这样反而会削弱学生阅读的兴趣，建议选择有一定难度的、故事相对较长的寓言故事完成阅读记录卡。

3. 阅读分享，讲好故事

寓言故事单元四篇课文，有三篇在书后的练习题中都设置了和讲故事有关的作业：《守株待兔》中的"背诵课文"；《陶罐和铁罐》中的"默读课文，说说陶罐和铁罐之间发生了什么故事。"；《鹿角和鹿腿》中的"根据下面的提示，用自己的话讲讲这个故事。"由此可见，能通过各种方式学讲寓言故事是本单元的重点。

在学生阅读完《中国古代寓言》后，教师要开展阅读分享交流会。学生运用课内学到的讲寓言故事的方法，用自己擅长的方式分享阅读成果，感受阅读中国古代寓言故事带来的快乐。有的学生制作了读书卡，把故事的人物、地点、起因、经过、结果这些要素都记录在读书卡上，借用读书卡讲故事；

有的学生发挥想象，用连环画还原了整个寓言故事，边看连环画边讲故事，方式很独特；有的学生全家总动员，一起演寓言。学生在表演的时候加入了自己的语言，这样讲出来的故事更生动有趣；有的学生为寓言故事动画配音，一人分饰几个角色，把自己当作不同的人物，去体会他们的心情，这样讲出来的故事当然精彩……

阅读分享会上，学生用阅读卡、连环画、表演、动画配音等多种方式对中国古代寓言故事进行创意表达，在讲寓言故事的同时，进一步读懂寓言故事的内容，体会寓言故事中的道理，增强继续阅读寓言故事的动力。

三、创设情境：让整本书阅读走向纵深

寓言故事最大的特点是"小故事大道理"。寓言故事整本书阅读时，可通过读书交流、情境问答等形式，引导学生联系生活中的人和事，深入理解寓言故事中的道理，并能通过寓言故事巧妙解决生活中遇到的问题。

1. 读书交流，发表感受

教师可以通过师生共读、同伴共读，建立读书共同体等多种方式，引导学生进行整本书阅读，在阅读的过程中，开展多种形式的读书交流；在交流的过程中，对于学生在整本书阅读中的独到见解要善于发现、保护和支持。

课间，师生聊天、生生聊天，可以交流阅读中的感受、收获和不解。"假如我是《郑人买履》中的郑国人，我会这么做……你会怎么做？你为什么这么做？""如果你是《截竿入城》的那个鲁国人，你有什么好办法入城？你想对这个鲁国人说些什么？"……学生在这样轻松随意的阅读交流中，思想不断碰撞，思考不断深入，对于寓言故事的寓意的理解也更准确、更全面。

对于整本书阅读过程中学生存在的共性的、较难解决的疑问，教师可以召开班级读书交流会。读书交流会前，教师可以出示这些共性的问题，比如："愚公是搬家，还是移山？""东郭先生要不要救狼？"让学生自己选择观点，去寻找相关的资料证明自己的观点。读书交流会上，教师可以采用模拟辩论赛的方式，将每一个话题的学生分成两组，进行现场辩论。理越辩越明，在辩论这样的语文实践活动中，学生对于寓言故事讲述的道理理解会更深刻，学生的语言能力、思维能力、语文核心素养都得到了提升。

2. 创设情境，解决问题

寓言是生活的一面镜子。这面镜子可以帮助我们看清生活中的问题，解决生活中的烦恼。很多寓言故事虽然距今已经有几千年，但是它蕴含的深刻道理仍然适用于现实生活。整本书阅读后，教师可以采用情景教学法创设真实的语言情境，引导学生联系生活中的人和事，通过寓言故事巧妙解决生活中遇到的问题。

在《中国古代寓言》阅读分享课上，教师可以采用情景教学法。情境1：才读三年级的小明，爸爸妈妈就给他报了十多个课外培训班，可见他们多么渴望小明快快成才。如果你是小明的朋友，你会想到哪个寓言故事？你又如何用这个寓言故事劝劝小明的爸爸、妈妈。情境2：墨墨同学的烦心事。"今天，我要找班主任老师再换一个同桌，第一个同桌经常向我借文具，我不喜欢；第二个同桌读书声音太大，吵得我耳朵疼，我也不喜欢；现在的同桌，总是喜欢越过我画的'38线'——我更不喜欢，我怎么就不能有一个好同桌呢？"你会通过哪个寓言故事帮助墨墨同学呢？……让学生自己选择情境，同桌两人一组，说一说，讲一讲，演一演。学生可以用自己从《中国古代寓言》中学到的寓言故事解决生活中的小问题。然后，教师请同学上台表演，其他同学及时补充。最后，教师可以出示一些生活中的小视频，让学生用寓言故事解决。比如现实版刻舟求剑：大白站在移动电梯上，随着电梯移动给电梯消毒，消毒一圈下来，其实只消毒了一节电梯台阶，此时你会对大白说些什么？他怎样做才能不刻舟求剑呢？在家上网课的小芳，一空下来就看电视，家里摄像头传来妈妈的声音。小芳用一个气球挡住摄像头，自以为全挡住了，其实并没有。你会对小芳说些什么？

真实的语文实践活动，能够提升学生用寓言故事解决问题的能力。

3. 读书推荐，快乐分享

《伊索寓言》就像一个奇妙的动物王国；《克雷洛夫寓言》老故事，新道理；《拉封丹寓言》是一首首寓言诗；《莱辛寓言》具有强烈的现实感。学生整本书阅读后，可以开展寓言故事读书推荐会。学生用自己喜欢的方式把自己喜欢的图书推荐给同学。

（1）学生深情朗读一首寓言诗后，推荐《拉封丹寓言》。

（2）"寓言是一个怪物，当它朝你走来时，分明是一个故事，生动活泼，而当它转身要走的时候，却突然变成了一个哲理，严肃认真。"《莱辛寓言》里就有很多这样的怪物，快去读读吧。

（3）讲述一个《伊索寓言》中寓言故事，话锋一转，这个故事在另一本寓言书中却有不一样的结局，这本书就是《克雷洛夫寓言》，快读读吧……

（4）也可以通过把自己的图书推荐拍成视频发在班级语文学习群、微信朋友圈、抖音平台，让更多的人能够看到学生的推荐，并为他点赞。

学生在真实的语文实践活动中，将好书推荐出去，产生的成就感会激励他阅读更多的图书。

语文学习任务群"整本书阅读"教学，需要教师引导学生制订整本书阅读计划；创设快乐阅读的氛围；学习整本书阅读策略；开展读书交流会、读书辩论会、读书分享会、读书推荐会，分享阅读经验。在真实的语文实践活动中，学生爱上整本书阅读，学会整本书阅读，养成每天阅读的习惯，提高读书品位，提升语文核心素养，丰富精神世界。

阅读测评：构建教学评一体化的实施路径

杨爱华　孙国平

摘　要：阅读能力的测评，是语文评价的重要组成部分。切实而有效的阅读测评，能够真实反映学生的阅读能力，为教师调整阅读教学，提供了有效的反馈和第一手的资源，便于教师对教什么、怎么教，展开有针对性的调整，真正构建教学评一体化的实施路径。阅读教学要厘清本质，明晰阅读测评在语文教学中的作用；发挥价值，凸显阅读测评在语文教学中的效能；厘清过程，发挥阅读测评在语文教学中的作用。

关键词：能力发展；阅读测评；实践研究；阅读维度

《义务教育语文课程标准（2011版）》从阅读评价维度指出：语文课程的评价要体现课程的整体性和综合性，旨在全面考查学生的语文素养。对于阅读能力的测评，应该是语文评价的重要组成部分。切实而有效的阅读测评，能够真实反映学生的阅读能力，为教师调整阅读教学，提供了有效的反馈和第一手的资源，便于教师对教什么、怎么教，展开有针对性的调整，真正构建教学评一体化的实施路径。

一、厘清本质，明晰阅读测评在教学中的作用

1. 梳理内在联系，明确测评的维度

《义务教育语文课程标准（2011版）》对阅读评价提出了如下建议：要充分彰显学生在阅读过程中的主体性地位，关注学生的阅读感受、多元体验和个性化理解，要将评价聚焦在学生阅读兴趣、价值导向和方法策略的运用上。与此同时，《义务教育语文课程标准（2011版）》还针对不同类型、不同文体的文本，提出了具体而对应的评价策略。以阅读过程和能力为例，教师对学生的评价就应该着力于对语言的综合性理解能力上，其中包含了对信息的提取整合、整体的感知概括、深度的解释运用、深入的辨析以及评价与欣赏等核心维度。

在选择阅读材料时，教师就可以根据阅读的目的，合理选择对应的素材，考查学生在阅读实际中解决问题的能力。只有真正把握《义务教育语文课程标准（2011版）》所倡导的要求，明晰不同维度下的阅读测评要点，语文教学的阅读测评才能真正着力于核心之处，助推课堂教学的调整，最终为学生语文必备能力的生长服务。

从《义务教育语文课程标准（2011版）》的要求审视，教师要从整体上明确阅读测评的目标性指向，关注阅读测评与阅读教学过程的内在关系，进一步把握这一学段、这一册数、这一单元的具体的阅读测试目标，准确把握阅读教学关注的维度，及时调整阅读教学，以期达到教学评一体的最佳路径。

以统编教科书五年级上册的阅读测评为例，教师就需要紧扣语文课程标准，针对第三学段所提出的阅读要求，结合教科书单元语文要素的设置，以及阅读能力的认知维度等相关准绳，明确阅读测评的认知维度。

《义务教育语文课程标准（2011版）》针对第三学段提出的"在阅读中了解文章的表达顺序，体会作者的思想感情"这一目标层次就在本册的第一单元、第四单元和第六单元的语文要素中有所体现。教师在阅读测评命制试题、编选相应的阅读短文时，就需要从这几个单元的课文入手，选择相同类型、相近主题等相关的文本，以明确阅读测评的落脚点，并根据短文设置，将关注力聚焦在体会文章情感、感知作者表达顺序的层面上，最大限度地发挥阅读测评的作用，为调整阅读教学服务。

2. 把握本质要点，明确测评的要义

语文阅读测评的目的不仅仅是要分出高低、评选优劣，更要起到诊断与检查的作用。这就需要学生将从教科书中所习得的语文能力，迁移运用到阅读测评的文本中。教师应该尽可能选择与教材文本相匹配、相对应的阅读测评短文，这样才能有助于学生用从教材中习得的阅读方法，在阅读测评短文中进行迁移运用。

某小学在统编教科书五年级上册期末检测中，教师选择了一篇 800 多字的短文《对一只蝴蝶的关怀》，其中设置了这样两道题。第一道题目要求学生，紧扣作者所围绕的"关怀"这一关键词，描述课文中给自己留下印象最为深刻的场景，并尝试用简洁的语言进行概括。题目如下：文章中小男孩与小女孩对一只蝴蝶的关怀体现在三件事上，请用简洁的语言进行概括。

　　　→＿＿＿＿＿＿→＿＿＿＿＿＿→＿＿＿＿＿＿。

第二道题要求学生，联系短文内容，对课文揭示中心的语句进行理解。题目如下：文章结尾处两个词语"大沙漠""沙尘暴"的含义各是什么？请列举一个日常生活中体现"人性和人心的沙尘暴"的事例。

这两道题从不同的维度和层次来测评学生的阅读能力：①是否准确体会到作者描写的场景，并用简洁的语言表达出来；②课文揭示中心的语句所蕴含情感的能力，并与日常生活联系。这样的阅读测评习题设置，就与五年级上册"体会文本情感"这一语文要素，有着紧密的联系，将学生从课文中所习得的语文能力，重新置放在全新的阅读文本中，而且将考察的要点与教师设计的教学重点有机结合，体现了阅读测评与课堂教学的一致性。

二、发挥价值，凸显阅读测评在语文教学中的效能

1. 联系生活，在阅读测评中学会解决真问题

基于学生真实化的生活情境选择阅读材料，可以有效地激活学生原始的生活意识，让学生在阅读测评中解决问题，完成任务，从而凸显阅读测评的真实性。教师不妨从学生的实际生活出发，多选用社会生活中常见的电影海报、调查图表、宣传资源、新闻报道等与学生生活密切相关的阅读资源作为阅读测评的素材，尽可能地还原到学生真实化的生活状态，从而激活学生的原始生活经验，为学生迁移阅读能力提供支撑。

以统编教科书六年级上册第八单元为例，这个单元所设置的语文要素是：借助相关资料，理解课文主要内容。教学中，教师就紧扣这个单元以鲁迅文本为核心的特征，设置了"鲁迅笔下的儿童"这一专题化阅读项目，并以此来进行阅读试题的设计，考查学生学习这一单元后的阅读水平。两篇阅读测

评短文分别节选自鲁迅的作品《社戏》以及散文《从百草园到三味书屋》。现将相关试题摘录如下：

首先，阅读短文思考：鲁迅文字中所描绘的儿童具有怎样的特点？尝试运用三个词加以概括，并选择其中一个具体谈谈自己的感受；

其次，如果请你针对这两组短文中的儿童形象进行主题演讲"儿童应该有的样子"，你觉得提供的两篇短文能否作为演讲的材料来源？如果还需要进行相应的选择，你会选择哪些类型的材料？

从中不难看出，阅读测评编选的两篇短文都与这个单元的人文主题和语文要素密切相关，为学生呈现出既与文本内容有所联系，又具有全新陌生感的阅读资源。具体阅读测评题目的设置，不仅与第八单元的语文要素密切相关，同时还关联了六上第三单元"根据阅读目的，选用恰当的阅读方法"这一语文要素，考察了学生借助阅读获取相关信息的阅读能力，并借助相关资料进行整合建构，促进学生深入的阅读理解能力。其中，第二道题要求学生能够根据设定的不同任务，学会合理地收集和运用素材，考查阅读能力。如此所形成的结构化认知和测评，不仅对学生的语文能力进行了有效考察，同时也促进了学生在阅读测评中的能力发展。

2. 基于教材本质，在阅读测评中促进学生真发展

语文关键能力的提升是一个循序渐进的过程，绝不是一蹴而就的。语文关键能力包含了诸多维度，在具体的维度上，总是遵照循序渐进、螺旋上升的顺序发展的。因此，对于学生阅读能力的测评，教师就需要依循着这种能力生长的维度，既要关注当下所着重训练的能力维度，同时也要着眼于学生后续所要达成的层级。统编教科书在能力维度的设置上并没有指望在一个单元中将对某一具体能力维度，完全训练到位，而是将不同的能力分为不同的阶段，设置在不同的学段、册数和单元中。因此，教师对于学生语文能力的考查，就需要继续紧扣这一维度的训练，同时也需要着眼于后续的能力培养，便于教师通过测评的方式了解具体的学情，从而明确后续教学的方向。

还以统编教科书三年级上册第二单元为例，这个单元编者所设置的语文要素是：运用多种方法理解难懂的词语。而这一册第六单元，编者所设置的语文要素是：运用多种方法，理解难懂的语句。这两个单元所设置的语文要

素，有着思维认知上的相同之处，但从难懂词语到难懂语句的理解，既需要学生迁移运用以往的学习方法，同时也是语文能力不断升级的表现。因此，教师在设置短文阅读时，不仅仅要考查学生紧扣语言环境、联系上下文来理解难懂词语的意思的能力，同时也可以关注难懂的词语所在的语句，并尝试运用这样的方法对句子的意思进行理解。

对于这样的阅读试题，命题教师要能够有意识地对学生语文能力的维度进行关注和分析：一方面了解学生运用多种方法理解难懂词语的掌握情况以及能力的匹配定位；另一方面也要关注学生运用这些方法理解难懂的语句所存在的障碍。

在这一版块的阅读测评命题过程中，阅读短文的选择和编排，不仅仅是对学生现有认知能力的考察，同时也是学生能力升级和发展的跳板，教师需要引导学生在答题解题的过程中，实现方法的迁移运用，从而为后续阅读能力的提升奠定基础，更为教师充分了解学情，提供了第一手原材料。

三、厘清过程，发挥阅读测评在语文教学中的作用

1. 测评前精心选择，研制适切教学路径

语文教学一直倡导将学生作为课堂教学的主体，激活学生内在思维，这样便于教师有效把握学生具体学情，针对性展开教学；对学生阅读评价测试，也是相同的道理。对于阅读短文的文本选择和试题研制，教师需要精准地把握学生的阅读起点，并结合具体的学段、训练的目标，这样所选择的文章、设置的阅读测评题、测评结果才能有效地反映学生最真实的语文能力，并指导教学。

统编教科书三年级语文阅读测评版块，选择了《四季之美》这篇文章作为阅读短文，并设置了这样的题目：

联系课文上下文，理解带点词语的大体意思，并选择合适的序号，填写在括号中。

1. 夕阳西沉，夜幕降临，那风声虫鸣声，听起来叫人心旷神怡。（　　　）

A. 四周非常的空旷

B. 表示心情。窃以舒服

C. 风声和虫鸣声非常悦耳

2. 那心情和这寒冷的早晨是多么和谐。（　　　）

A. 融洽、协调

B. 温暖，暖和

C. 柔和混合

很明显，选择《四季之美》这篇文章，主要在于这篇文章借助生动而优美的语言，展现了四季景色的优美，其语言风格和学生当下对文本诗意之美的追寻有着直接的联系，不仅可以有效地提升学生的语文阅读能力，同时也是发展学生言语能力的极好范本。阅读测评设计这样的题目，也对应了语文课程标准中对于中段学生，特别是三年级学生在阅读学习中应着重关注的能力：即运用多种方法，理解难懂的词语。但这一道题目的设置，并没有直接要求学生运用方法理解难懂的词语，而是精准地把握到学生理解难懂词语的认知起点，把握了其积累相对较少、表达相对较弱的特征，采用了选择题的方式，降低了习题设置的难度。但从最终的测评效果来看，错误率还是极高。教师与学生进行交流之后发现，原来很多学生其实并没有真正读懂这篇文章，虽然在感知文本大意的环节，学生的障碍不大，但对于三年级学生来说，以考试的方式检测阅读，是具有较大挑战的。因此，这篇文章在很大程度上并不适合三年级孩子阅读和考评。

从这一篇阅读短文的选择和习题的性质就不难看出，契合学生的现有的认知能力，把握思维能力的起点，是语文阅读测评的重要原则。一旦滞后学生的认知起点，阅读测评就形同虚设，价值不大；而一旦明显高于学生的认知起点，学生则会捉襟见肘，无从下手，也失去了阅读测评的真正价值。

2. 测评后理性分析，明确后续教学方向

在阅读测评的后期，教师要能够对学生阅读测评结果进行理性的分析，了解学生在阅读层面所暴露出来的问题，进一步夯实学生阅读发展的提升点，与自身的教学实践进行有效的关联，明确后续阅读教学所需要着力关注的维度，并设置清晰的教学评一体化的实施路径。

还以统编教科书三年级上册第二单元为例，这个单元的语文要素是：运用多种方法，理解难懂的词语。这一语文要素与三年级上册孩子的阅读能力完全匹配，是基于学生进入第二学段，阅读文本难度不断提升之后的必然需求。在具体阅读教学中，教师抓住典型的课文，引导学生掌握相应的方法：比如联系上下文，理解难懂的词语；借助插图，理解难懂的词语；联系生活实际，理解难懂的词语等。而在这个单元的阅读测评中，教师根据学生具体阅读课文时，对解释、理解难懂词语的数据进行了统计，发现学生基本能够运用联系生活的方法来理解词语的意思，正确率达到了 83.4%；而借助上下文理解词语的正确率只有 71.2%。这就意味着当阅读测评的词语与学生的实际生活有着紧密的联系，学生就可以有效地激活内在的认知经验，对阅读测评文本中的词语进行自主化理解；而对于学生在阅读理解上存在较大的障碍的文本时，联系上下文理解词语，则成为学生很难突破的难点。鉴于此，教师就需要根据阅读测评结果及时调整自身的阅读教学。在阅读教学中，具体细化联系上下文理解词语这一语文要素，怎么联系上下文，有什么具体的方法，如何验证自己的理解对不对，这些都需要教师进行深入的教学，并进行多次训练，最终形成这一语文能力。

　　在这一教学案例中，教师对于语文阅读测评结果，就不再是纯粹的检查和评优，而是真正把握了测评的多维价值，及时调整接下来的语文阅读教学，让阅读测评真正为阅读教学服务。

　　阅读测评是语文教学的重要组成部分，但是受到传统教学理念的影响，很多教师将阅读教学的关注力都聚焦在新授和练习上，而对于阅读测评则很少问津。即便进行阅读测评，也都是网络下载，或者生搬硬套一些相应机械的习题，拼凑成相应的练习题。这样的阅读测评不仅不能有效地反映学生的阅读能力，同时与自身的阅读教学联系不大，使得教师之教、学生之学以及阅读者测评，并不完全在一条逻辑条线上。只有真正认识到阅读测评在语文教学体系中的重要作用，才能更好地推动学生阅读能力的有效发展，为教师进行阅读教学调整奠定坚实的基础。

第二辑

课堂教学类

读品思辨相得益彰

——《望洞庭》教学实录与反思

孙国平

【设计理念】

尊重《望洞庭》这首诗的个性特征，正确、适度地解读文本。带领学生在文字和画面的转换中，发展想象力；引领学生在品味用词之精妙中，提升思辨力；引导学生诵读不同诗人笔下的洞庭湖，对比感悟刘禹锡《望洞庭》之柔美，提高朗读力；学习抓住诗眼"和"字，体会山水和谐之美、人的心境和大自然和谐之美，提升学习力。

【教学目标】

1. 能正确、流利、有感情地朗读古诗，背诵古诗。

2. 学会本课 2 个生字，认识两条绿线内的 1 个字，正确认读 1 个多音字"磨"。

3. 理解这首古诗的意思，感悟诗的意境，使学生从中受到美的熏陶。

4. 通过对比，感悟诗人用词之准确，体会诗人寄情于山水的情感。

【教学重难点】

理解《望洞庭》这首古诗的意思，感悟诗的意境，使学生从中受到美的熏陶。通过对比，感悟诗人用词之准确，体会作者寄情于山水的情感。

【教学过程】

一、揭题导入，形成唯美画面

师：同学们一定会背不少古诗，我来考考大家。出示《山行》《秋夕》

让大家背诵。（学生背诵）

师：今天我们一起再来学习一首古诗《望洞庭》，伸出右手，和老师一起写诗题，望字的最后一横要长，洞字三点水成弧形，庭字的最后一笔是捺，要有捺脚。通过预习，你对诗题了解了多少？

生：我关注了一个"望"字，望表示远看。

师：非常棒！"望"字表明作者在远处看洞庭湖，将洞庭湖的美景尽收眼底。你们对诗中洞庭二字了解吗？

生：它是一个洞？

师：一个洞？不对！

生：是一条湖。

师：对！但量词使用不准确，应该叫一面湖，跟我一起读"一面湖"。这湖叫洞庭湖，在湖南岳阳，是中国第二大淡水湖。著名文学家范仲淹先生在洞庭湖畔写下了"先天下之忧而忧，后天下之乐而乐"的千古名句。（出示）我们一起读一读这一句诗。

生："先天下之忧而忧，后天下之乐而乐。"——范仲淹

师：如果你来到洞庭湖畔，看到如此美景，你会想到哪些词语？

生：美不胜收。

生：巧夺天工。

生：大好河山。

生：流连忘返。

师："流连忘返"是你看到美景后的感受。老师也想到了一组词语——（课件出示：波光粼粼、银光闪闪、水平如镜、水天一色、朦朦胧胧、宁静和谐）

师：自己读一读这组词语。（学生自由朗读这组词语）

师：老师出示的词语与你们刚才描绘洞庭湖美景所使用的词语有什么不同吗？（学生思考）

师：试想，老师出示的词语首先会让你感觉置身何处？想到哪种景物？你们刚才说的"美不胜收、巧夺天工、大好河山"除了可以形容洞庭湖湖面风光，还可以形容其他风景名胜。

（比较后指出：学生所想到的词语几乎能形容所有的风景名胜，而老师出示的词语都是形容湖面风光的。）

（师范读这组词语，学生跟在老师后面，边读词语，边想象着词语描述的画面。）

师：那么，唐朝大诗人刘禹锡笔下的洞庭湖是怎样迷人的景色呢？

（多媒体出示诗和配乐朗诵）

【反思】由诗题引出洞庭湖，出示画面，联想词语，这一教学环节符合学生认知规律，有助于学生思维推进。在教师的引导下，在文字和画面的转换中，学生思维得到发展，想象力得到培养。学生看到洞庭湖美景联想到的词语"美不胜收""巧夺天工""大好河山"是大而化之的词语，它们并不单独指向洞庭湖。

这几个词语可以形容洞庭湖，也可以形容其他美景。而教师的这一组词语却是直指洞庭湖的。教师追问"这两组词语有什么不同"时，引导学生发现它们的不同，从而让学生学会想象，要抓住景物本身的特点去想象，选择对景物特征进行描述的词语。学生的想象力得到提升。

二、对比品味，提升思维品质

师：请同学们自由读诗，读准字音，注意停顿。

（指名读：洞 dòng、潭 tán、螺 luó、磨 mó）

师：生字"螺"如何记住？

生：左边一个虫，右边一个累。

师：怎么写好？

生：左窄右宽。

师：和老师一起来写这个字。

（教师范写，学生练写 2 遍，教师及时提醒、示范。）

师：自由读一读，你读出时间了吗？（出示第 1 句诗）

生：我读出是夜晚。

师：谁来补充？

生：我读出是秋天的夜晚。

师：你从哪儿读出来的？

生：我是从"秋月"这个词语读出来的，秋表示是秋天，月表示月亮出来了，肯定是夜晚。所以我觉得是秋天的夜晚。

师：为你点赞！这就是会学习。

师：你们读出作者看到的景物了吗？

生：湖光和秋月。

师：两相和的"两"指什么？

生：两就是指湖光和秋月。

师：和是什么意思？

生：和的意思是合并。

师：和仅仅是合并的意思，那仅仅指湖光和秋月的合并吗？

（学生在沉思。）

师：请同学们闭上眼睛，想象画面。

（老师描述：秋月倒映在湖中，天上一个月亮，水中一个月亮，水天相接，清澈的洞庭湖水与皎洁的月光交相辉映，显得十分和谐。）

师：你有什么感觉？

生：我仿佛已经身临其境。

生：景色太美了，我已经沉浸其中。

师：此时，你对"和"又是怎么理解的？

生：我觉得是融和，湖光和秋月已经融合在一起，太美了！

生：我觉得此时湖光和秋月已经融为一体，湖中有月，月中有湖。

师：你们的理解太棒了！

师：我们来看第2句，这里藏着一个精确的比喻，你们读出来了吗？

（出示第2句）

生：我读出诗人把潭面比作镜子。

师：潭面指什么？

生：洞庭湖面。

师：这里的镜子和我们平时用的一样吗？

（生思考。）

师：注意"镜"字的偏旁。

生：我觉得这里的镜应该和我们现在的镜子不一样，是金字旁，铁做的。

师：对，古时候镜子是铜做的，叫铜镜。怎样的铜镜？

生：没有打磨的铜镜。

师：平静的洞庭湖面就像没有打磨的铜镜一样，一片朦胧之美，你能读出来吗？

（生练读，指名读。）

师：闭上眼睛，听老师读三四句，你们仿佛看到了什么？

生：我仿佛看到了白银盘中有一颗小巧玲珑的青螺。

师：白银盘指什么？青螺指什么？

生：白银盘指洞庭湖？青螺指洞庭山？

师：这座山叫君山。

（师板书"君山"。）

师：有一位诗人也写过一首诗赞美君山。

【课件出示】

题君山（雍 yōng 陶）

烟波不动影沉沉，碧色全无翠色深。

疑是水仙梳洗处，一螺青黛镜中心。

师：自由读一读，你发现了什么？

生：这里也把君山比作螺。

师：还发现了什么？

生：诗人也把洞庭湖比作镜。

师：看来英雄所见略同，让我们一起读一读这首《题君山》。

师：关于君山还有一个美丽的传说，想不想听？

生：想。

（师讲述：相传在远古时代，洞庭湖中并没有岛。每当狂风大作、白浪滔天时，来往船只无处停靠，常被恶浪吞没，当地人民苦不堪言。这件事引起了水下 72 位螺姑娘的同情。她们忍痛脱下身上的螺壳，结成一个个小岛，后来连在一起，就成了今天的君山。君山上的72峰，就是72位螺姑娘变成的。）

师：诗中第三和第四句，有两个不同的版本。

【课件出示】

遥望洞庭山水色，白银盘里一青螺。

遥望洞庭山水翠，白银盘里一青螺。

师：发现什么不同？

生：一个是色，一个是翠。

师：你觉得哪个好？

（生举手。）

师：不急着举手，多读几遍，好好想一想。

生：我觉得是色字好，读起来好听。

生：我觉得也是色字好，水不可能是翠绿色的。

师：树木倒映在水中，也可以是绿的，青山绿水就是指这个。

生：我也觉得是色字好，因为如果用翠字，就只有一种颜色，而洞庭湖肯定不止一种颜色。

师：有点道理，你们是不是因为语文书上是色字就觉得色字好？

生：就算语文书上是"翠"，我也觉得是"色"好，因为不止"翠"一种颜色，肯定还有其他颜色。

师：那还有其他什么颜色呢？诗里其实也表达得很明显，遥望洞庭山水色——接着往下读：白银盘里一青螺。

生：还有"白银"，"青"这些颜色，所以一个"翠"，不能完全描绘出洞庭湖的美。

师：每个人都可以有自己的理解，但我们要有这样的意识：尽信书不如无书。

【反思】写景诗文大抵分为两类：一类景中有情、景中寓理；另一类纯粹是因为景美而写景，表达作者内心的愉悦，没有特定的情感要表达。在《望洞庭》这首古诗中，作者刘禹锡重在表现洞庭湖的景美，是纯审美的，属于后者。教师要正确解读文本，充分尊重文本的个性特征；带领学生在文字和图画中感受洞庭湖和谐之美，在文字和画面的转换中，培养学生的想象力；重视学生思维能力的培养，尤其是思辨能力。教师让学生比较"色""翠"两个词，哪个好，好在哪？这一问题犹如一颗石子，激起学生思维的火花，学生在对比中加深了对古诗的理解，思维品质也得到了提升。特别是教师又引导学生从诗中找到用"色"好的理由，学生通过这样的学习对诗句的理解更准确了。

三、抓住诗眼，感悟和谐之美

师：八百里洞庭，烟波浩渺。不少诗人留下赞美的诗句，我们来看看这两句。

出示：孟浩然"气蒸云梦泽，波撼岳阳城"。杜甫"吴楚东南坼 chè，乾坤日夜浮"。

师：读一读这两句诗，你有什么感觉？

生：我感觉很壮观。

师：把你的感觉读出来。

生：我感觉很有气势。

师：你能读出气势吗？

师：齐读。

（再出示《望洞庭》）

师：这首诗也有这样的感觉吗？

生：我觉得这首诗给人的感觉很柔和。

生：我觉得刘禹锡笔下的洞庭湖很优美。

生：我觉得刘禹锡笔下的洞庭湖像一位书生。

师：非常好！如果孟浩然、杜甫笔下的洞庭湖是一位东北大汉，刘禹锡笔下的洞庭湖则是一位书生。

（请这三位同学分别读出自己的感受，第三位同学读得过于温柔缠绵。）

师指出：刘禹锡生性豪爽，他的写景诗里也透着男性诗人特有的旷达飘逸，可以处理得阳刚一些。

师：古诗中一般都有诗眼，也就是诗中最精彩的一个字，或者说这首诗哪个字最能体现刘禹锡眼中的洞庭之美。

（生一时没有找到。）

师：看来大家都在猜，其实这首诗的诗眼是和。请同学们再读古诗，在诗人刘禹锡的眼中哪些是和谐的？

生：湖光和秋月是和谐的。

生：山水是和谐的。

生：洞庭湖和君山是和谐的。

生：白银盘和青螺是和谐的。

师：一切景语皆情语。我们来看看刘禹锡的经历，他曾经和柳宗元一起是革新集团核心人物，后来因为得罪了权贵，多次被贬，这是他转任各州，经过洞庭湖，看到了如此美景，写下了这首七言绝句。

此时你对"和"又是如何理解的？内心平和，内心的和谐，诗人和这洞庭山水也是和谐的。对洞庭山水的喜爱赞美之情，再次朗读，读出感情。

（生齐读全诗，读出了赞美之情。）

【反思】都是写洞庭湖的诗，刘禹锡和孟浩然、杜甫的有什么区别？这个问题的设计，目的在于让学生体会同一景物因为作者观赏的角度、时间、心境的不同而不同。通过对比，学生感受到前者的壮美，后者的柔美，并通过朗读表现出来，学生回答刘禹锡笔下的洞庭湖像一位书生，则是自己独特的理解。抓诗眼"和"字，在学生回答后，老师再次追问，你还觉得哪些是和谐的？引导学生感受：此时，诗人和这洞庭山水也是和谐的。

王戎不取道旁李

执教：南京师范大学苏州实验学校　孙国平

点评：苏州市相城区黄桥实验小学　薛元荣

【教学目标】

1. 学会文中生字，正确、流利地朗读课文，背诵课文。

2. 用学生掌握的学习文言文的方法学习，在学习过程中总结出新的文言文学习方法。

3. 读懂课文，体会王戎的智慧。

4. 能用自己的话讲讲故事，注意把故事的重要部分讲清楚、生动。

【课前交流】

师：我们先来读一段文字，这段文字里藏着老师姓名和爱好。（出示）

吾姓孙，名国平，爱好甚广，善写作，尤爱文言。

（自由读、指名读）

师：发现了吗？

师：你们能像孙老师这样，用文言文介绍下自己吗？

点评：甚聪慧；后生可畏；青出于蓝而胜于蓝。相信接下来这节课大家的表现也能令人刮目相看。

【课前交流，看似无意却有痕。此痕乃文言文也，而且是有趣的文言文，先是教师自己的文言文，再引导学生用文言文介绍自己。今人学写文言文，是为了学古人的文言文，也暗示大家，说惯了、写惯了白话文的我们写写文

言文或许是一件风雅的事，更为重要的是，学写文言文，是为了更好地学习文言文。】

【教学过程】

一、阅读导语，引入新课

1. 师：第八单元导语页有这样一句话，请一位同学来读一读。

（出示单元导语：时光如川浪淘沙，青史留名多俊杰。）

师：知道单元导语的意思吗？

师：时间像一条河，大浪把沙子淘洗掉，剩下的就是金子，在历史留下名字的都是出众的人才。

师：进入第8单元的学习，我们将会认识几位中华俊杰，有王戎、西门豹、扁鹊和纪昌。今天，我们来认识其中的一位俊杰——王戎。戎是生字，由两部分组成，右上的"戈"指的是长柄兵器，左下的"十"指的是铠甲，两部分合在一起是武器的总称，这里是王戎的名字。

师：伸出手跟老师一起来写"戎"这个字。横画稍稍右上斜，再写一横和一撇，斜钩劲挺往下展，一撇一点不能忘。

师：谁来读一读课题？你能说说课题的意思吗？取是什么意思？

2. 师：今天我们要学的这个故事是一篇文言文，你们学过哪些文言文？

师：你们高老师是怎么带你们学文言文的？

（请学生把学习方法写在黑板上）　　读　　　　注释

理解　　　上下文

背　　　　图

【读单元导语入手，是整体意识的体现，学习任务群由此拉开帷幕。而本单元，更是放在一个更为广阔的背景中，时空之长之广，天地之悠悠，而且与一人相遇。即便是王戎之"戎"，也是从远古走来。

注重学法，学法从何而来？从老师那里来。学生不仅记得还能说出来写在黑板上，足见此学法入手也入心。注重学法，先从尊重已经熟悉的学法入手。唯如此，起承才有转合。】

二、自主阅读，感知文意

师：看来今天孙老师来和大家一起学文言文来对了，大家知道学习文言文的方法，还知道理解文言词语的方法。下面，我们就用大家说的这些方法来学习《王戎不取道旁李》，谁来读一读自学要求：

（1. 正确、流利地朗读课文，尝试读出节奏。2. 运用各种方法，理解词语的意思。）

1. 逐句学习

（1）王戎七岁，尝与诸小儿游。

师：谁来读第一句，尝什么意思？你怎么知道的？这里的尝怎么不是品尝的意思？这就是文言文中常见的古今异义。

师：诸什么意思？（众，许多）这个字，注释中没有，你怎么知道意思的？（联系上下文）教室里有这么多同学，可以说，也可以说"诸位同学"，有许多老师在听课，我们可以说？（诸位老师）

师：看来你们掌握的方法对学习文言文很有用。

师：这句话的意思理解了，能读好吗？

师：孙老师发现你在王戎和尝这两个词语后面停顿了，你为什么要停顿？

师：孙老师又学到一招，读文言文要根据意思来停顿，也就是——（板贴：据义停顿）

【学生之前的学法之一是联系上下文，学得怎么样，验证一下。"尝"和"诸"的理解成了最好的实例。教学文言文，老师要有灵敏的耳朵，能听出学生说不出的感觉，能辨出学生听不出的声音。"据义停顿"这一学法是从学生的"没有感觉"中总结出来的。学生是停顿了，不易察觉地停顿了，不由自主地停顿，学生读对了，但说不出原因；老师一总结，学生恍然，还真是如此。从学生中总结出来的学法，如水，水到渠成。】

（2）看道边李树多子折枝，诸儿竞走取之，唯戎不动。

师：孙老师在读这一句的时候一直纠结这个字读什么？（出示折：①shé 断；②zhé 弯，弯曲）你们给我点建议。

孙老师又学到一招，文言文中遇到拿不准读音的，可以根据意思来确定字的读音（板贴：据义定音）。那你来读一读这个词，你知道多子折枝是什么意思吗？

【"据义定音"这一学法，一方面是从学生的疑惑处而来，另一方面，实

在是学习汉语言的普遍规律，古今通用。这或许是汉语言多音字的源头活水。】

师：唯什么意思？走呢？（跑）以前在文言文有没有见过走这个字？（守株待兔）（PPT出示完整句子）：三年级的《守株待兔》"兔走触株"；齐读

师：走，有时它还藏在诗句里，比如"儿童急走追黄碟，飞入菜花无处寻。"——《宿新市徐公店》

师：走，有时它还藏在成语里，奔走相告、飞禽走兽、走马观花、东奔西走。先说后读。

师：我们还可以通过什么方法来理解文言词语的意思？（板贴：联系旧知）

【与其说解读"走"，串起了旧知，不如说唤醒了古语在今天的鲜活存在。会有学生甚至老师，质疑文言文的生命力。其实，语言也是生命成长的过程，有的淘汰了，有的留下了，不经意中变成了白话文。学了文言文，今天再看"旧知"，岂能不肃然起敬，恍如站在一棵古树前、站在一座古桥上、面对一位古人。语言文字的生命在于"飞入菜花无处寻"，了无古今之隔。旧知，原来是我们的老朋友。】

（3）人问之，答曰："树在道边而多子，此必苦李。"

师：相信这句话肯定难不倒你们了。谁来读？

师：完美！正确、流利、有节奏！

（4）取之，信然。

师：信然什么意思？取之，信然呢？

（5）师：文中的"之"出现三次，分别是什么意思？相机理解并指名读：诸儿竞走取之（李子）；人问之（王戎不去摘李子这件事）（若说成指王戎，则追问：他问王戎什么呢？对，"之"在这里指的就是王戎不去摘李子这件事。再指名说说人问之的意思。）；取之（李子），信然。

【"之"，简直是文言文的代言人，是绕不开的存在。之所以学习文言文，除了吸取传统文化精华，还为了从中学习语法。从某种角度来看，文言文的语法更为严谨。"之"是百变的，语义之变、词性之变。走进文言文的殿堂，"之"是一记厚重的敲门的声音。】

师：现在谁能连起来读一读，指名读。真棒，就这样读，读出节奏，文言文的味道就出来了。齐读。

（6）你们都读懂了，能结合注释，用自己的话讲讲这个故事吗？

师：谁看见？谁取之？文言文语言比较精练，我们在讲故事的时候，要像这位同学一样，把省略的内容加上去。

【正因为文言文的特点是简洁、凝练，我们今天觉得的"省略"，在文言文的表述中是完整的。但对学生来说，是省略了，如何"完整"？讲故事是个学法。通过讲故事，老师指导学生把"省略"的部分用白话文添加上去。讲故事，其实是检验学生是不是真读懂这个故事了。如果基本读懂了，学生大致是能把"省略"部分添加进去的。讲故事之法，看似普通，实可以古为古用（"讲故事"古来已有，可为学习古文用)。】

三、研读"王戎"，感悟品质

1. 师：这篇文言文只有短短的四句话，49 个字，文字背后到底隐藏着王戎什么美好品质？出示句子：

看道边李树多子折枝，诸儿竞走取之，唯戎不动。

人问之，答曰："树在道边而多子，此必苦李。"

师：这两句话中各有一个字最能体现王戎与众不同的品质？好好读一读这两句话。你们找到了吗？我们先看第一句，你来读。

2. 研读第一句。

（1）生：唯。

师：能说说你的理由吗？

生：这个唯字写出了，王戎的表现和其他小孩子不一样。

师：面对道边李树多子折枝，诸儿如何表现？王戎呢？

生：诸儿：竞走取之。王戎：不动。

（2）师：你能想象一下"诸儿竞走取之"的场面吗？

师：诸儿看到了怎样的李子？会跟你的小伙伴说些什么？你们会怎么竞走呢？你们又会怎么摘李子呢？

师：谁能连起来说一说呢？连起来说，画面感就出来了！能读出热闹吗？

师：诸儿竞走取之，这么热闹！王戎呢？王戎不动。王戎真的不动吗？王戎真的不动吗？王戎真的不动吗？

生：他的脑子在动。

师：也就是说他在思考。（板书：思考）

生：他的眼睛在动，他在观察。

师：（板书：观察）王戎观察到什么，引起他的思考？

生：多子折枝、树在道边。

师：道在古时候指大路，大路上车马喧嚣，大路上……大路上……大路上……大路旁怎么会有李树多子折枝呢？观察到的这一现象引导了王戎的思考，他在思考什么呢？你能还原他的思考过程吗？

师：不着急举手，在心里好好想一想，试着说一说。

生：如果李子是甜李，树在道边，人来人往，则李子会被摘光，而现在多子折枝，所以此为苦李。

生：长在道边还有这么多李子，说明没有人摘。之所以没有人摘，肯定是味道不好，是苦的。

师：你们这么一说，孙老师知道王戎为什么不动了，他根据自己的观察和思考，已经推断出李子是苦的了。（板书：推断）

3. 研读第二句。

（1）师：我们来看第二句，哪一个字，体现了王戎与众不同？读一读，想一想。

生："必"——自信。必是一定的意思，可见王戎的自信。

师：王戎有了自己的判断后，没有因为诸儿竞走取之而改变，他自信而不盲从。

师：请来自信地读一读王戎的回答！一起读。

（2）师：这是王戎七岁时发生的一件小事，从这件小事可见他观察仔细，善于思考，自信，坚持自己的判断，不盲从。一滴水也能折射太阳的光辉，难怪他能青史留名。此时你想说什么？

（3）生：我特别佩服王戎。

（4）师：请你带着对王戎的敬佩之情读一读这则文言文吧。

（5）这样的中华智慧故事值得我们记在心里，你们能背出来吗？练一练。

【研读人物，感悟其品质，既可以看作回应导语，又是本文教学的必然环节。从"唯""必"两字入手研读感悟。诗有诗眼，词有词眼，此文有文眼。人物品质，如何浮出水面露峥嵘？作者的"唯""必"两字，一前一后，一内（"必"在王戎的话中）一外，令王戎的聪慧跃然纸上，不禁令人拍案叫绝。】

作为文言文的"唯""必"，仅仅说说讲讲其体验是不深刻的。本课讲"唯"，进行了对比。其他小朋友"竞走"，为什么王戎"不动"，而且是"唯"不动？比较越生动（想象一下"诸儿竞走取之"的场面）越有画面感越热闹越能突显王戎的"不动"之可疑？

如何解疑？真的不动？原来是动的。眼睛在动（观察）、脑子在动（思考）。如何思考？思考的过程越清晰越能理解王戎的"不动"。

为了帮助学生理解王戎的思考过程，老师从"道"说起，在"道旁"却"多子折之"，岂不怪哉？结论是"此必苦李"。和学生一起推断的过程是学习的过程中，更是走进王戎的过程。对王戎的敬佩油然而生，接下来的朗读，不说"有感情地朗读"也必有感情。感情尽在朗读中。

四、创设情境，讲讲故事

1. 师：这样的中华智慧故事值得我们讲给别人听，要将故事的重点部分讲清楚，讲生动，你会重点讲诸小儿的表现，还是王戎的表现。

生：我会重点王戎的表现，重点讲他思考的过程。

生：我会重点讲诸小儿的表现。

师：为什么呢？

生：用诸小儿的表现来反衬出王戎的与众不同的品质。

师：有道理。

生：我都会重点讲。

师：大家说得都有道理，讲的时候可以加上适当的动作和表情。

2. 师：同桌练习一下。指名讲，此处应该有掌声。

3. 师：孙老师要把我和我的学生写的一本书送给你和你们班的学生，上面记录了我的学生的智慧故事，你们也可以把自己的智慧故事写下来。

【这个环节的讲故事，是走进了王戎之后的再讲故事，是理解了王戎之后的讲故事，是创造性的讲故事，可以有侧重点，可有加动作表情的讲故事。】

师：今天孙老师和大家一起用你们会的学文言文的方法学习了这篇文言文，孙老师还学到三种学习文言的方法：据义停顿、据义定音、联系旧知。

4. 师：学到这儿，孙老师有一个疑问：如果王戎知道这个李子是甜的，他会不会像诸儿一样竞走取之？去读读《世说新语》，里面记录了王戎不少故事，说不定你会有新的理解（出示《世说新语》）。《世说新语》中还有许多有名的故事，相信大家一定能从这本书中认识更多的俊杰。正像单元导读页中说的那样——（再次出示，生读）时光如川浪淘沙，青史留名多俊杰。

【再次回到单元导读页，再读"时光如川浪淘沙，青史留名多俊杰"，不仅是和开头的简单呼应，更是经历了四十分钟和俊杰王戎初次会面之后的回响、余音绕梁。】

王戎不取道旁李　　　　　据义停顿

观察　思考　推断　　　　据义定音　　联系旧知

　　　　　　　　　　　　读　　　　　注释

　　　　　　　　　　　　理解　　　　上下文

　　　　　　　　　　　　背　　　　　图

【这是一堂注重学法的课，是一堂实践新课标的课，还是一堂渗透"尊重"的课。尊重，像藏在教法学法背后清新的空气，又像珠子的光芒洒在各个环节。比如，尊重学生原有的学法、尊重所有学生的所有的表现、尊重传统文化闪烁的智慧之光、尊重文言文、尊重课文的每一个字……有趣、无痕的课堂背后，是教师的爱。】

紧扣要素定目标，层层推进讲故事

——统编版二年级下册《小毛虫》（第二课时）教学设计

于利平　孙国平

【设计理念】

《小毛虫》是统编版教材二年级下册第七单元的一篇童话故事，是意大利著名艺术家达·芬奇写的。课文通过讲述一只小毛虫从结茧到破茧羽化成蝶的故事，使学生知道"每个人都有自己该做的事情，万事万物都有自己的规律"的道理。

本单元的语文要素是"借助提示讲故事"。因此，本课重在引导学生从图示中，了解小毛虫的三次变化经历；再借助关键的词句，完整地讲故事；在此基础上，展开合理的想象将故事讲生动，讲有趣。这样层层递进，步步提升，在语言实践中落实讲故事这一语文要素，提高学生的语文核心素养和关键能力。

【教学目标】

1. 结合上下文语境，联系生活实际，了解"九牛二虎之力""尽心竭力""与世隔绝"等词语的意思。

2. 能联系上下文和生活实际了解文中"每个人都有自己该做的事情"等含义深刻的句子意思。

3. 朗读课文，能借助提示，用自己的话完整讲故事。

【教学重难点】

能借助提示，用自己的话完整讲故事。

【教学过程】

一、再现画面，夯实故事的起点

1. 小朋友，这节课我们继续学习第 22 课《小毛虫》，一起读课题。

2. 瞧，它来了。（粘贴"小毛虫"图片）这是一条怎样的小毛虫呢？谁来读读这组词语。（出示：可怜笨拙笨手笨脚）

相机理解"笨拙"。"笨拙"就是"笨手笨脚"，"笨手笨脚"就是"笨拙"。找近义词是理解词语的一个好方法。

3. 后来，小毛虫有什么变化呢？——对，它编织了一间茧屋。（粘贴"茧屋"图片）那这是一间怎样的茧屋呢？女生一起读这组词语。（出示：牢固温暖与世隔绝）

4. 最后这条小毛虫变成了？——是啊，蝴蝶。（粘贴"蝴蝶"图片）这是怎样的一只蝴蝶呢？男生一起读这组词语。（出示：灵巧轻盈色彩斑斓）

5. 我们一起读一读这三组词语。谁能结合屏幕上的词语和老师的板书，用上"起先……接着……最后……"这些表示承接顺序的词，简单地讲讲小毛虫的变化故事吗？（指名讲故事的大概内容）

6. 小毛虫变蝴蝶是多么神奇的故事啊，你们想把这个故事讲给别人听吗？（想）这节课，老师就带领大家把小毛虫的故事讲完整、讲具体、讲生动。

（设计意图：低年级学生容易被色彩明丽的画面吸引。在引导学生回顾故事大意时，巧妙创设画面情境，并适机引入小毛虫变化经历的三组词语，让枯燥的文字与生动有趣的图片相结合，将一个个小故事变成一幅幅连环画，降低了学生讲故事的难度。这样的设计，既巩固了词语，又厘清了思路，还为学生讲故事创设了一个良好的起点。）

二、梳理情节，搭建故事的支架

（一）学习第 1 至 2 自然段

1.（师娓娓动听地讲述）故事开始了，寒冷的冬天过去了，温暖的春天来了。你在茂密的树丛中，发现了一条怎样的小毛虫呢？出示学习要求：读一读，课文的1-2自然段；画一画，文中描写小毛虫的句子；说一说，这是一条怎样的小毛虫呢？

2. 生自由读课文。

3. 汇报交流。

（1）预设：这是一条"可怜"的小毛虫。你从哪些语句感受到它的可怜？（相机板书：可怜）

①引导学生抓住"这个可怜的小毛虫，既不会唱，也不会跑，更不会飞。"以及"大大小小的昆虫又是唱，又是跳，跑的跑，飞的飞……到处生机勃勃。"等语句的对比朗读中，感受小毛虫的"可怜"。相机引出小毛虫的动作，"趴"和"打量"，进而体会它的可怜。（板书：趴打量）②指导感情朗读，读出小毛虫的"可怜"。

（2）预设：这是一条"笨拙"的小毛虫。从哪些语句感受到它的笨拙呢？（相机板书：笨拙）

①引导学生抓住"九牛二虎之力""挪""笨拙""爬"等词句，体会小毛虫的笨拙。引导学生采用拆词法理解"九牛二虎之力"，就是九头牛加上两只老虎的力量，形容力量很大，再让学生带着感情朗读，读出力量之大，从而读出趣味。用动作演示体会"挪"的艰难，"挪动"不是"移动"，而是移动一点点。用朗读表现"爬"的动作之慢。（相机板书：挪爬）②指导有感情地朗读，读出小毛虫的笨拙。

4. 讲清故事片段的要领。

师指板书引导：小朋友们，小毛虫在叶子上活动的部分就是我们故事的开头。要想讲好这一部分，我们只要借助黑板上的提示，抓住小毛虫的动作"趴""打量""挪""爬"等词语，就能将它的"可怜"和"笨拙"讲出来啦。

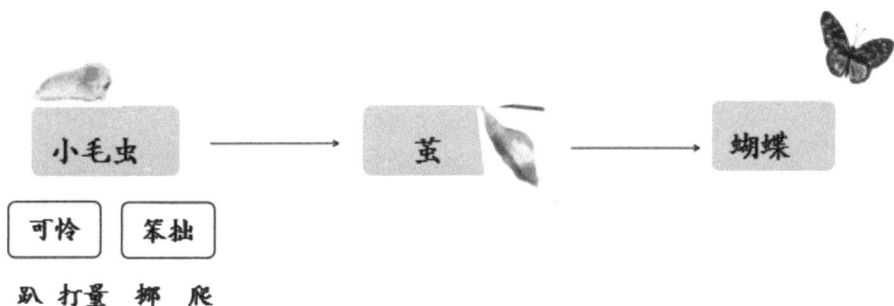

小毛虫 ——→ 茧 ——→ 蝴蝶

可怜　笨拙

趴　打量　挪　爬

5. 同桌合作，自由练习，教师指点。

6. 指名讲述故事，师生评点。

（设计意图：关键词，作为文本故事的精髓，推动着故事情节的发展。借助"关键词"这个支点来讲故事，就像为一个支架固定了轴心，学生在讲故事时就不会偏离方向。教学时，借助"趴""打量""挪""爬"等关键词引领学生讲出小毛虫的"可怜"和"笨拙"，不仅帮助学生吸纳故事精华，降低讲故事的难度，同时又为学生的言语表达预留了空间，提升了语言表达能力。）

（二）学习第 3 至 6 自然段

1. 在我们的眼中，小毛虫是那么的可怜和笨拙，然而在它接下来的成长变化过程中，它自己是怎么想的？又是怎样做的呢？

出示学习要求：读一读，课文的 3-6 自然段；画一画，用"_____"画出小毛虫内心想法的句子，用"～～～～"画出小毛虫做法的句子；想一想，这又是一条怎样的小毛虫呢？

2. 生自由读课文。

3. 汇报交流。

（1）预设：此时的小毛虫并不悲观失望，也不羡慕任何人。它心里的想法是"每个人都有自己该做的事情。"（师相机将这一关键句板书到黑板上）

①追问：每个人都有自己该做的事情，那么蜜蜂该做的事情是——（采蜜），学生该做的事情是——（学习），而它此时该做的事情是——学会抽丝纺织，编织茧屋。（相机板书：编织茧屋）

②那它是这样想的，又是如何做的呢？指名回答，相机出示句子："小毛虫一刻也没有迟疑，尽心竭力地做着工作。织啊，织啊，最后它把自己从头

到脚裹进了温暖的茧子里。"相机结合上下文理解"尽心竭力"，从"一刻也没有迟疑"两个"织啊"等词句引导学生通过朗读来体会小毛虫的尽心尽力。

③此时，你看到了一条怎样的小毛虫啊？（勤劳、有耐心、努力、坚持……）带着这样的感受夸一夸这条小毛虫。

（2）预设："万事万物都有自己的规律。"这也是小毛虫内心的想法的句子。（师相机将这一关键句板书到黑板上）

①点拨：这是小毛虫在与世隔绝的茧屋里自问自答时的话语。什么叫"与世隔绝"呢？引导学生结合生活实际，想象画面理解。

②你觉得此时生活在这样一个黑暗、孤独的茧屋里的小毛虫，又是怎样的呢？（不怕黑暗，坚强、勇敢地……）

③指导有感情地读好小毛虫内心独白的句子，读出它的坚定和勇敢。

4. 引导交流，得出讲故事片段的方法。

（1）师指板书引导：小朋友们，小毛虫为自己编织茧屋，并在茧屋里耐心等待这一部分的故事，我们如何借助提示来讲好呢？大家讨论讨论。

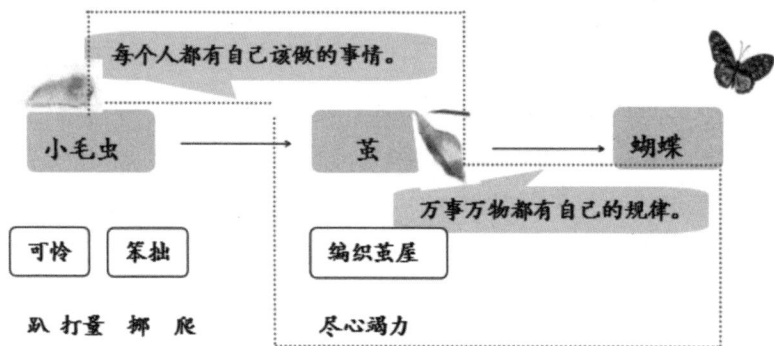

（2）学生交流：可以讲清楚小毛虫此时面对那么多自在飞舞的昆虫时，它内心的想法；再讲出它在接下来的过程中是如何做的，如何编织茧屋的；最后在与世隔绝的茧屋里时，又是怎样想的。

（3）师总结：对，我们可以借助黑板上的这些图文提示，按顺序讲清楚小毛虫此时的心里想法和做法，尤其要注意，借助两个关键的句子讲出它在这一变化过程中的心理变化。如果抓住了这些，就能将这一片段的故事讲具体、讲生动啦！同桌练练，待会我们请小朋友为大家讲讲。

（4）指名讲故事，师相机引导评点。

（设计意图：图画是文本的补充，可以直观地显现文本内容，而文本是图画的依托。在小毛虫编织"茧屋"这一环节，讲故事的要点是小毛虫的两句心理活动所蕴含的道理。在这一环节，教师巧妙地将故事要点与图画有机融为一体，让学生借助图文信息，使之内化为自己的语言。借助了提示，讲述故事就会变得水到渠成。）

（三）以讲代学，讲好第 7 自然段

1. 小毛虫在茧屋里，耐心地等待着，就这样一天、两天……时辰到了！它清醒了过来！大家看屏幕：你看到了什么？（播放小毛虫破茧成蝶的动画）

2. 是的，小毛虫尽心竭力地做着自己的事，最后变成了一只美丽的蝴蝶，因为它知道——万事万物都有自己的规律！（生齐读）正如太阳早晨从东边升起，傍晚从西边落下，因为——万事万物都有自己的规律！（生再读）

3. 其实，我们每个人都有一双隐形的翅膀，面对困难不悲观，不失望，脚踏实地地做好自己该做的事情，那么一定也有化茧成蝶的那一天！小朋友们，此时我们就是这只破茧的蝴蝶，一起来舞动翅膀，跟着音乐读读这美好的画面吧。（师播放轻音乐）

4. 读着读着，我们仿佛就是这只灵巧、轻盈的蝴蝶了，你能发挥想象，边讲边演，将小毛虫破茧成蝶的内容讲出来吗？

引导学生抓住"灵巧""轻盈"等词句讲出蝴蝶的外形美；抓住"愉快""飘然而起"等词语讲出蝴蝶翩飞起舞的动作美。（相机板书：灵巧轻盈飘然而起）

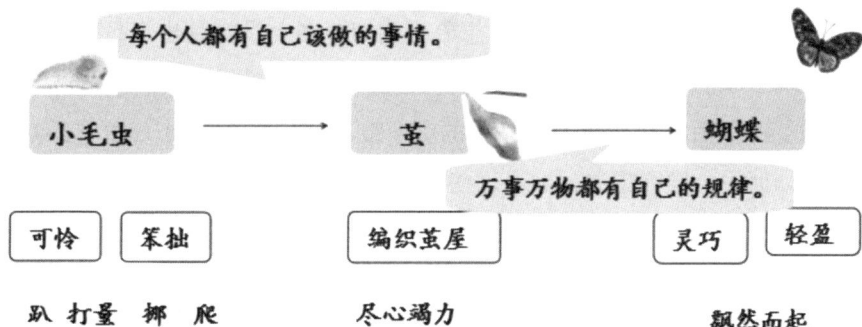

每个人都有自己该做的事情。

小毛虫 ——→ 茧 ——→ 蝴蝶

万事万物都有自己的规律。

| 可怜 | 笨拙 | | 编织茧屋 | | 灵巧 | 轻盈 |

趴 打量 挪 爬　　　　尽心竭力　　　　飘然而起

（设计意图：讲故事的最高要求就是把故事讲生动、讲形象，这需要学生绘声绘色地加上表情和动作。在这一环节中，教师先播放小毛虫破茧成蝶的动画，再适机播放轻音乐，让学生熟练故事情节的同时，又创设了讲故事的情境。在此基础上，再让学生扮演故事中的蝴蝶，来讲讲自己此时的感受，学生的情感被调动和激发，早已将文本语言内化为自己的言语，并能够生动逼真地表演出来。）

三、借助提示，讲好完整的故事

1. 现在到了我们"小毛虫故事大讲堂"时间了。小毛虫蜕变成蝴蝶，当它遇到相似境遇的小毛虫时，它会怎样述说自己的经历呢？谁来讲讲整个故事呢？

2. 拿出点赞卡，根据要求，你讲给同桌听，同桌讲给你听，一起互相点点赞，获得三个赞的小朋友会被邀请参加"故事大讲堂"哦。

讲故事点赞卡

同桌之间讲故事，我讲你听，你讲我听，讲完后，互相点个赞哦！

点赞标准：

1. 借助提示，用自己的话有序完整地讲述故事，不遗漏重要信息，获 1 个赞。

2. 借助提示，结合课文中的词语，用自己的话生动地讲述故事，获 2 个赞。

---

3. 指名上台前讲故事，学生评点补充，老师相机评价，指导学生将故事讲生动，讲有趣。

（预设引导：观察图上的内容，想象哪些细节图上没有画出来。比如：小毛虫在编织茧屋的时候累成什么样子呢？它的心里是怎样想的呢？除此之外，它还遇到了哪些困难？又是怎样克服的呢？变成蝴蝶以后是什么样子的？它的心情又如何呢？发挥想象，加上这些细节，故事就更生动啦！）

4. 作业布置：课后请小朋友将《小毛虫》的故事，讲给爸爸妈妈听哦，也可以读一读《丑小鸭》《爱做梦的小毛虫》哦。

（设计意图：《小毛虫》这一童话故事是以小毛虫经历的三个变化，来推动故事情节的发展。教学中以片段复述为突破口，降低复述的难度，让每个学生都先练起来。在学生充分地对每一个片段的练习复述之后，再让学生结合图示，借助关键词句，完整地讲述，并以开展"小毛虫故事大讲堂"，"为你点赞"等形式，激发学生的兴趣，化难为易，使学生呈现完整的认知过程，讲述过程变得轻松、高效、有趣。）

　　本课的教学重点是借助提示讲故事，从把故事讲完整到讲清楚，再到讲具体、讲生动、讲有趣，不同层次的学生讲故事的能力都得到了发展和提升，很好地践行了统编版教材"让借助提示讲故事"这一语文要素。

飞来的一只野鸭（习作设计方案）

孙国平

【设计说明】《父与子》的故事诙谐幽默，散发着浓郁的现实生活的气息，学生仿佛都能从中找到自己生活的影子。就单幅图来看，每一幅图都留有无限的想象空间，可以让学生对每一幅图进行有血有肉的细致描写，充分锻炼学生的合理想象能力。整个故事由一个个巧合串联起来，更有吸引力，很容易让学生产生叙写整个故事的动力。

预先将故事的结局—最后一幅图暂且先隐去，让学生自己设计故事的结尾，则又让学生再次拓展想象的空间，让习作过程平添了许多趣味。

【教学建议】

1. 看图习作要引导学生关注细节，观察要分层次进行。初步观察要点是人物外貌，再次观察是看懂图意；接下来可多遍深入观察，在观察的过程中关注人物的动作、表情，揣摩人物心理、语言。

2. 可将全班分为几个小组，每小组细致描写一至两幅图，在各组展示完片段描写的成果后，各人试着将六幅图连起来写。要注意上下图的过渡，用文字营造"误会"，前后照应，使情节合理可信。

3. 结尾可以写最后一幅图，也可以自己重新设计一个结尾，但一定要写得耐人寻味，给人留下想象的余地。

【教学过程】

一、趣味导入，激发兴趣

同学们，从小到大，爸爸就像一棵大树，为我们遮风挡雨，给我们带来无数快乐，我们就像一只快乐的小鸟，无忧无虑地一天天长大，我们和爸爸的故事也像树上的枝叶一样，在一天天增加。写下爸爸和我们的故事，留住那一个个美好的瞬间吧，请看—毛头儿子对光头爸爸说："注意啦！我要踢了!"说着，使出了九牛二虎之力猛地一踢，球飞快地向光头爸爸飞来。爸爸正准备来个"鱼跃"把球扑掉，突然，那球往下一沉，顺着地面飞滚过来……说来也巧，球正好穿过光头爸爸的裤裆，落进了身后的一个窨井洞里。这下两人都傻了眼："谁啊，真缺德，盖子打开也不盖上!"

　　没办法，光头爸爸只好主动下窨井里去找球。毛头儿子焦急地在洞口等着，一分钟，两分钟，三分钟……时间一分一秒地过去了，毛头儿子左等右等，就是不见爸爸出来。他趴在洞口不知看了多少遍："爸爸呀爸爸，到底怎么了，这么长时间还不出来，难道球还没找到？还是里面太黑迷路了？上帝保佑，爸爸快出来吧……"想着想着，儿子不由得在窨井边跺起了脚，"轰——轰——轰——"的声音在洞里回响着。

　　突然，从窨井洞口露出了一个圆溜溜的东西，哈，足球被爸爸洗得这么光亮啊？儿子兴奋极了，心想，还是让我助爸爸一臂之力，直接把球踢出来吧！儿子飞起一脚踢向"球"，"啊——"一声惨叫！天啊，哪是什么球，分明是爸爸的光头！

　　同学们可能没想到吧？这位同学笔下描写的正是德国连环漫画大师卜劳恩《父与子》里的故事，漫画的名字叫《误把光头当足球》。让我们也走进《父与子》的生活，尝试记下那一个个欢笑的瞬间吧！

　　二、初识主人公——夸张的人物形象

　　1. 出示图片，认识两位主人公。

　　2. 说说父子俩的长相各有什么特点。（父亲是光头，胖胖的大肚子，有两撇胡子；儿子是乱蓬蓬的长头发，长得很瘦小。）

　　3. 指出两人画得很夸张，差异明显，让人看了觉得很有趣，这就是漫画的特点。

　　三、逐层观察——出人意料的情节

　　1. 出示图片：飞来的一只野鸭。（最后一幅图隐去）

　　要求：仔细观察，展开想象，这样才能看出更多的东西来。

2. 观察一、二两幅图。

以第一幅图作为示范，想象可以这样展开：大风猛刮，会给周围景物带来什么影响—大风给父子俩带来了什么麻烦——父子俩为什么要在这样的天气出门—刚出门时会是这样的天气吗—野鸭又从何而来—伞钩住飞来的野鸭后，父子俩会怎样？就让伞这么飞了？看谁能把一幅图写得一波三折。提醒：重点加强父与子动作、表情、心情、语言的描写。

3. 观察第三幅图。

提醒：这幅图是整个故事的重心，应该重点描写什么？（无巧不成书，野鸭落进一户人家的烟囱里）

4. 观察四、五两幅图：用对比的方法观察。

第四幅：厨房里，一家人温馨地围在大锅旁干什么？表情如何？

第五幅：突然，一只野鸭从烟囱落进锅里，全家的表情动作顿时起了多大变化？

野鸭落锅的一瞬间，父子俩正好跑到门外。他们与全家人的惊喜之情又有什么不同？

尝试用对比的方法写出一家人前后的变化，父子俩与一家人情绪的对比。

5. 全班分三组描写故事。

四、综观全图——巧妙制造的巧合

1. 出示一至五幅图，探讨：故事好玩吗？妙在何处？

2. 生回答，师指导：因为许多巧合，才有了这么有趣的故事。

3. 探讨：哪些巧合？到图上去找找。指导：被大风刮来的野鸭正好钩住了伞；伞被大风刮得飞向一户人家的烟囱；伞飞到烟囱上方时，勾着的野鸭恰好掉进烟囱；一家人正在做饭，野鸭恰好落进锅里；平时都是粗茶淡饭，正想改善伙食，美味从天而降。

4. 猜想故事结尾。

5. 再出示最后一幅图，说说这幅图的成功之处。（屋内，美味上桌了，一家人欢欣鼓舞；屋外，父子俩悄悄离开，不打破这美好的气氛）

6. 小结：一个个巧合的制造，加上父子俩善良的成全，才成就了最后这个美满的结局。

五、独立习作——巧合促成的幽默

1. 写漫画故事，要注意与片段描写有所不同，要注意详略处理，要加强"巧合"的描写，尽量写得生动有趣。

2. 注意上下图之间的过渡，前后照应，使情节合理可信。

3. 最后一幅图，可以写漫画的内容，也可自己重新设计，要写得耐人寻味，最好留下想象的空间。

六、评议赏析——善于发现的眼睛

1. 展示作品，要求学生学会欣赏，说说自己最欣赏的部分？

2. 生点评，师适当点拨：重点评议"过渡、巧合的描写、语言生动幽默、结尾处理"等方面。

七、延伸链接——生活原本就精彩

《父与子》漫画大约有200多组漫画，描绘的都是父子之间的生活琐事，虽然都是平常小事，但由于作者注意捕捉其中的有趣之处，匠心独运地把它画出来，让读者看了不由得发笑。欢笑之余，还会使人自然地想到自己和家人之间曾经发生过的趣事。大家可以尝试用文字把它写下来，写成一篇漫画式的幽默故事，就像今天这样。

游戏习作如何融 "戏" "入" "作"？

——记两次游戏作文的始末

孙国平

　　游戏从来都是孩子们的最爱，如果让游戏走进习作课堂，肯定别有一番精彩，我们便设计了一个游戏作文——拷贝不走样。

　　游戏方式：全体同学向后转。老师把预先设计好的几个动作演示给每一纵行的第一位同学，接着挨个往后传，传递结束后，最后一位同学将动作演示出来，并且猜猜动作的意思。

　　具体实施步骤如下：

　　（1）谈话激趣，讲述游戏名称及玩法。

　　（2）布置观察任务，提醒所有的学生要做到一点：做游戏的同时，仔细观察同学的表情、动作，猜测他表达的是什么意思。

　　（3）进行游戏。强调：游戏时必须保持绝对安静，传递时他人不得偷看，否则游戏就失去了意义。

　　（4）检测各组的拷贝结果。强调要注意认真倾听回答的同学的语言。（板书：语言）

　　（5）当堂习作课后反思。

　　不过，这正是我想达到的目的，多数学生在汇报结果时都是发挥想象，想当然地把动作的意思描述出来，正确答案一出，学生便笑得东倒西歪。原以为 "笑" 是最好的催化剂，能把学生的写作能量催发出来。而且我也强调了写好场面的关键：那就是抓住表情、动作、语言等方面来描写。

可事实却使人大失所望，除了极少数学生对场面有细致的描写，其他大多是简要地记述游戏过程或课堂流程，难得见到有精彩的"特写"，文章显得内容干瘪，语言苍白。

都知道成功是需要具备相关条件的。那么，这次游戏作文的失败，说明教者肯定在某些方面没做到或做得不够。

于是我做了一系列调整之后，进行了第二次游戏习作，相关的策略调整细述如下：

调整策略一：范文引路充分感受

（一）出示几个精彩的场面描写的片段，绘声绘色地为学生朗读。激趣：多精彩的场面的描写！真让人有身临其境的感觉！知道为什么吗？

（二）对片段中对人物的神态、动作、语言、心理的描写，一一加以点评，指出写好场面的关键——抓住现场人物的神态、动作、语言、心理作细致的描写。

调整策略二：细化步骤层层推进

（一）引入正题。同学们也想写出精彩的场面来吧？不急，先不忙着动笔，咱们先来玩一个游戏，名字叫——绕口令比赛。（板书：绕口令比赛）（全班四组两边分别两两结合，分为南北两大组。在大组之间展开对抗赛）

（二）赛前推测：你认为哪一大组能赢？为什么？（表述己方优势，陈述获胜理由）

（三）宣布比赛规则

1. 比赛采用三局积分制。每局每组选一名选手参赛。

2. 说得既快又准，得 100 分；速度不快但准确或者速度快但出现一两个小错误，得 80 分；完整地说出来即使质量不高，最少也能得 50 分。

3. 同学在说绕口令时要认真倾听，保持安静，若有违反，一次扣 20 分。

（四）绕口令比赛

提示：无论参赛选手还是组员都要记住：随时抓住机会观察人物的动作、语言、神态。

1. 第一局：难度——容易

出示内容：吃葡萄不吐葡萄皮，不吃葡萄倒吐葡萄皮。

（1）全体自由练习一分钟后，老师随意从各组抽取一名同学参赛。

（2）其他组员组成啦啦队，为选手加油打气。

（3）选手比赛，其他同学在认真倾听的同时，观察选手的表情、动作。

（4）请全体同学猜猜选手比赛时的心理活动，再让选手谈谈比赛时的心理感受。

（5）教者为选手的表现打分。

2. 第二局：难度——略难

内容：粉红墙上画凤凰，凤凰画在粉红墙，红凤凰，粉凤凰，粉红凤凰花凤凰。

（1）全体自由练习两分钟后，每组从对方组里挑选一名选手参赛。

（2）让同组成员帮忙出出金点子，为选手出谋划策，怎样才能发挥出色。

（3）同样选手比赛时，其他同学认真观察。

（4）让本组组员评价选手的表现，让对方组员根据评价为选手打分。

（5）和选手展开对话，让选手说说对评分是否满意。

3. 第三局：难度——较难

内容：河西有个袁圆眼，河东有个袁眼远，河里有个袁眼圆，三人船上来比眼，不知是袁圆眼比袁眼圆和袁眼远的眼圆，还是袁眼远比袁圆眼和袁眼圆看得远？

（1）全体自由练习三分钟后，每组各自推选一名选手参赛。

（2）选手在比赛时，同学认真观察。

（3）每一大组评价对方选手的表现，老师根据评价为选手评分。

4. 第一轮统分

（五）当堂片段练习

1. 提醒：获得优胜的大组只是暂时领先，绕口令比赛比的是"说"，（板书：比说）它只是整个比赛的第一环节，接下来我们还要比写（板书：比写）——看谁能在二十分钟内把你最感兴趣的一局比赛描写出来（再次提醒写好场面的要点），学生试着描写一个场面。

2. 指出：七分文章三分读，写得精彩，更要读得响亮。听得认真，才能评点恰当。

3. 陈述：第二局比赛就要开始了——同样各组组轮流选出选手展示习作，教者根据学生的点评不断给各组加上评分。其间有意识地让两组的分数呈交替上升状，并且保持分数差距不大。

4. 第二轮统分。

（六）当堂修改片段

1. 先肯定学生习作中的优点，再指出学生习作中普遍存在的不足，提出修改方法。

2. 陈述：文章是写出来的，好文章是改出来的。下面一个环节不说大家也能猜出到：比改！（板书：比改）

3. 学生当堂修改习作后，每组再各自推选一名代表展示。让两名代表先发表赛前宣言，让比赛再次升温。

4. 根据阅读的水平、描写的精彩程度各自评分。

5. 第三轮统分。（在此说明：最好让两组难分伯仲，不相上下，才能将写作的热情继续保持下去。）

（七）完整记叙全过程

1. 继续延伸：两大组实力相当，看来只有在下一个环节上才能分出高低来。

2. 布置下一环节的任务：把整个活动过程完整地写下来，要有开头，有结尾。最后试着给作文加上一个新颖的题目。

后　记

习作流程其实是个三级转换的过程，先由思维转换到内部言语，再由内部言语转换到外部言语。场面描写若要成功，更要多种思维形式的参与。首先要细致地观察收集相关材料，接着要运用综合与分析等思维方式对材料进行过滤加工，达到重新组合的目的，最后还得用恰如其分的语言将材料表达出来。这对于思维水平还不高的四年级的孩子来说，是有些难度的。

所以，在实现环节之间的转换时，教师得降低难度，将综合要求拆成多个要求的累积，分步实现。

在第二次的游戏习作中，整个游戏过程是一个逐层推进的过程，习作环节得细化为多个步骤。随着游戏进程的逐层推进，学生不断获得各种体验，并且让体验逐层累积，不断深化。在这个过程中，学生在不知不觉间或多或少地积累了习作素材。教者又在这个过程中不断渗透方法指导。这一系列"减缓坡度"的方法，让学生有了充分表达的可能。

游戏过程采用一种组组对抗的形式，比赛是最能激发潜能的，目的就是让学生在一种求胜心的驱动下，积极主动地去完成各项任务。这样一来，学生一般都能取得好的效果，大量的事实也为此作了充分的证明。

之所以选择绕口令这个游戏形式，一是因为它好玩易学，学生都能参与其中，获得切身体会，这样便于达到与参赛同学在体验上的"共通"。二是它利于学生观察取材，当参赛的同学成为大家的观察对象时，学生由于熟悉参赛内容，可以将大部分注意力集中在参赛同学的神情动作上，体察参赛同学的内心世界——这是描写出精彩场面的关键。

而在第一次游戏习作中，教师要求学生在传递动作的同时还要注意观察同学的表情，这便是一个综合要求，超越了现阶段孩子的注意力分配水平，是孩子是力所不能及的，所以结果不理想，习作内容自然空泛。另外，习作环节之间的对接转换采取直接过渡的方法，导致过程单一，加上指导"蜻蜓点水"，注定结果不尽如人意。

还缺失了一个非常重要的环节：范文引路。对于初次接触的某一类型习作，大部分孩子都需要从模仿起步。

附学生习作片段：

老师选了我们组的朱海韵上去和四（2）班的一位同学比，看朱海韵的神情，真是一点儿都不紧张：嘴上说得特别流利，脸上格外神气。可我这个坐在下面的"观众"，为她手心里都捏出了汗！真好笑，人家在上面都不紧张，我干吗像一只热锅上的蚂蚁啊？

——彭耀耀"增加难度！"王老师换了一张纸，"谁敢上来？"下面鸦雀无声，同学们都愣住了。这时，"小快嘴"朱海韵挺身而出，勇敢地举起了手，那一组的有一位同学不甘示弱，也高高地举起手。真是精彩——朱海韵一字不漏地快速朗读下来，果然是名副其实的"小快嘴"呀！那个同学一听，傻眼了，呆呆地愣在那儿……

　　——黄一飞我们组派我去比赛，一上场，我就感觉心跳加快，腿有些发软。我吸了一口气，就大声说了起来。本来以为绕口令是我的强项，可说着说着，就有些丈二和尚摸不着头脑了。还好，老师每人各给两次机会，第二次我说得非常流利："吃葡萄不吐葡萄皮，不吃葡萄倒吐葡萄皮。"赢得同学们一片掌声。下来后，同桌告诉我，刚才我一脸苍白，那脸活像一只白萝卜。

——曹正

《搭船的鸟》 第一课时教学设计

孙国平

【教材解读】

《搭船的鸟》是统编教材第五单元（习作单元）的一篇精读课文，课文描写了我在去乡下的路上观察并认识翠鸟的过程，这样一次平常的探亲之旅，因为我留心周围事物并细致观察，得以认识一位可爱的新朋友——会"搭船"的翠鸟，充分说明了留心观察的好处。

依据单元的核心语文要素：体会作者是怎样留心观察周围事物的。教学目标指向习作指导，让学生在学习文本内容的同时，了解并学习作者观察与描写的方法，进而为习作奠定基础。

【教学目标】

1. 认识"鹦、鹉"等四个生字，读准多音字"啦"，会写"搭、羽、翠"三个字。

2. 通过描写翠鸟的语句，了解"我"对翠鸟外貌和动作所做的观察，感受"我"观察的细致，初步体会留心观察的好处。

【教学重难点】

通过读文，感受作者观察的细致，初步体会留心观察的好处。

版块一 揭示课题，集中识写

1. 出示"搭"

（1）认识这个字吗？齐读。

（2）仔细观察，写好它，你想提醒大家注意什么？学生汇报，师评扣"观察"（你留心了字的结构，左窄右宽；你留心了字的笔画，人字下面还藏着一个短横呢！）师范写，生书空。

（3）你能给这个字组个词吗？（搭船、搭车、搭建）

2. 揭题

搭船就是顺便乘船的意思，今天乘船的是一位特殊的客人。板书课题。（齐读课题）

3. 留心细节，指导书写"羽、翠"

（1）预习了课文，我们知道搭船的鸟是一只——翠鸟（出示图）和它打个招呼吧！

（2）出示"翠"有办法记住它吗？（上面是羽下面是卒）

（3）出示"羽、翠"仔细观察，你发现了什么？（羽字带钩，羽字头没钩，写时稍扁。）范写。

（4）生在作业本上练习书写"搭、羽、翠"，各写一遍。（提醒坐姿）

（设计理念：依据教学目标，以集中识写的形式落实识字写字，加强学生基本功的训练。）

版块二 初读课文，关注"留心"

1. 自由读课文。

出示读书要求：

（1）读准字音，读通句子，遇到难读的地方多读几遍。

（2）边读边想：作者留心了哪些事物？

学生选择自己喜欢的读书速度，自由读课文两遍。

2. 轮读课文，检查初读情况。

随文识字："啦""悄"。

读准多音字"啦"，拟声词时读一声，出示：沙啦、哗啦、呼啦。

语气词时读轻声，出示：下雨啦！

3. 扣"观察"整体把握课文内容

小作者的这次旅途都留心了哪些事物？板书"留心"。

天气、船夫、翠鸟。特别留心观察了翠鸟的颜色和捕鱼时的情景。

小结："我"和母亲去外祖父家的途中，观察认识了一只翠鸟。

（设计理念：整体把握课文内容，落实单元训练目标"留心观察"。）

版块三　精读品悟，体会"细致"

（一）研读第二自然段，细致观察发现"颜色美"

1. 这是一只怎样的翠鸟？（美丽、漂亮）

2. 你从哪里看出来的？

出示：它的羽毛是翠绿的，翅膀带着一些蓝色，比鹦鹉还漂亮。它还有一张红色的长嘴。颜色那么鲜艳，还有一张长嘴，多美呀！板书：外形美丽。

3. 出示：它的羽毛很好看，比鹦鹉还漂亮。它还有一张长嘴。读读这个句子，这样描写，这只翠鸟还美吗？（不美了）

4. 出示：它的羽毛是翠绿的，翅膀带着一些蓝色，比鹦鹉还漂亮。它还有一张红色的长嘴。（颜色的词变红）是呀，没有了这些表示颜色的词语，我们就不能感觉到这只翠鸟的美。

5. 出示翠鸟图。

6. 说说翠鸟的样子。（它的羽毛是——它的翅膀——它还有一）因为作者观察得仔细，写的清楚，所以我们才能感觉到这是一只美丽的翠鸟。板书：细致。

7. 再读句子，感受美出示：第二自然段（配乐）读出翠鸟的美。

8. 练习背诵，感受作者观察的细致。

（二）研读第四自然段，细致观察感受"身手敏捷"

1. 翠鸟捕鱼的情形又是怎样的呢？继续我们的观察之旅。出示：第四自然段（自由读），交流感受（迅速、敏捷）。

2. 从什么地方感受到它动作的敏捷？一下子、没一会儿、一口把小鱼吞了下去。

3. 聚焦动词冲—飞—衔—站—吞想象捕鱼画面学生做动作，想象画面。

4. 播放翠鸟捕鱼的视频，感受作者观察的细致。

小结：正是作者细致的观察，让我们认识了一只身手敏捷的翠鸟。

板书：动作敏捷

（设计理念：抓住翠鸟的样子及翠鸟是怎样捕鱼的两部分为重点，通过说一说、想一想、看一看、演一演等方式进行学习，并适当指导朗读，让学生认识翠鸟外形的美丽和身手的敏捷，感受作者观察的细致，初步感受留心观察的好处。)

版块四　练习观察，指导表达

1. 播放鹦鹉吃苹果的视频。

2. 引导学生从鹦鹉的外形和动作方面进行细致观察。

3. 学生观察完成学习任务单。(以词组的形式填写)

(设计意图：运用多媒体课件，让学生轻松愉快地感知画面形象，化抽象为具体，有效地吸引了学生的注意力。迁移运用，初试观察，在锻炼学生口语表达的同时又让学生再次体验到留心观察的好处)

版块五　留心生活，延伸观察

1. 出示：生活中不缺少美，只是缺少发现美的眼睛。(法国：罗丹)

2. 让我们带着一双会观察的眼睛，走出教室，走进生活，继续留心周围事物，发现生活中的美。

3. 出示：观察记录单。

如此铺陈意何在

——窦桂梅《落叶》教学片段赏析

孙国平

作家写作铺陈渲染，是为了让主旨在所营造的氛围中揭示得更深刻。而特级教师窦桂梅在教学人教版二年级课文《落叶》一课时，对其中小动物的动作教学的处理也作了大段的铺陈，其用意又何在呢？

【教学片段】

师：你们就是这些可爱的小动物，（指一生）你是？

生：我是小虫。

师（指另一生）：你是？ 生：我是小鱼。

师：你是？

生：我是燕子。

师：你是？

生：我是蚂蚁。

师：好可爱的小动物，我好喜欢你们。你们有的游、有的爬、有的飞……快爬来呀，来呀———

（生开始有点犹豫，继而个个做起爬的动作）

师：都爬来啦！小朋友们有的爬得好优美，有的爬得真难看啊！

（顺势学起了有些学生爬的动作。生一下子劲头陡涨，"爬"得更起劲了）

师：刚才是做慢动作，现在做快动作。

师：爬！游！飞！坐！（生随师的口令迅速地做着各种动作，课堂非常活跃）

师（突然指讲台前的空地）：这是一片落叶，小蚂蚁们快坐上来！

（生霎时将空地坐满）

师（指下面学生的座位）：看！那边也有好多树叶，快坐那边去！（生纷纷上位）

师：听好了！藏！（生纷纷躲到桌子下面）

师：哎呀，我看不见了！还有一个词：躲藏！（有些学生稍稍动了一下，仍然躲在桌下）

师：藏和躲藏动作一样，看来有的词是一个意思。（渗透近义词意识）

师：躲开！（大部分学生先一愣，继而马上直起身子，纷纷向一边躲开去）

师：两个词都有"躲"字，也有不一样的地方。还想再玩吗？

生（齐）：想！

师：躲藏的"躲"，"躲开"的"躲"。（学生正确地做着这两个动作）

师：最后一个动作：坐！

【赏析】五个动词，窦老师足足用了五分多钟让学生去做、去感受。从不同角度看，这至少有三个层面的用意：一是把浅层表象变成深层积淀。五个动词传神地绘出了小动物们的动作神态，活灵活现，十分形象可感和富有生命力。如何把这样的语言学进去，变成学生自己的语言呢？也就是如何把浅层的语言表象变成深层的语言积累呢？窦老师的铺陈就十分必要了。五分多钟的做一做，就是一个逐步深化的过程。学生在五个动词转化为自己的形体语言的同时，对书面语言进行了一次充分的感受，感受的同时又是对课文语言进行了一次再创造。课堂上学生积极地以自己特有的形体语言做着五个动作，这样生成的语言就是经过了个性化处理的，而打上了个性烙印的语言最易成为学生的深层语言积淀。二是在语言积淀的过程中体验情感。一次次做小动物们的动作，一次次与课文语言亲密接触，学生是在用动作积累语言，更是在让自己的创造力尽情放飞。此时的课堂不再成为限制的代名词，而是快乐的诞生地。带来的快乐让学生对课文产生情感的同时，也初步奠定了对祖国的语言文字的情感。三是为教学内容向纵深处延展作铺垫。把这个教学片段与后面教学过程联系起来看，前面五分钟的语言积淀、情感体验已成功地将学生"物化"了。学生不再对小动物们以"它"相称，而是口口声声以它们自称，如"我是燕子"，并且真的在这些动物的情感世界里走了一遭，利用前面所获得的语言和激发的情感对课文语言进行了个性化的加工，展现了不少的奇思妙语。说到底，前面的铺陈功不可没。这五分多钟就是一个"读得进"的过程，窦老师正是从这个"读得进"引导出了学生的"用得出"。"用得出"是在"读得进"基础上的深化，从"学教材"提升到了"用教材"的高度。

"悄悄地"爱——用"阅"成就"读"

——《老师，您好》教学片段赏析

孙国平

【教学片段】

《老师，您好》这一篇课文饱蘸情感。学生可以在阅读品味中渐入佳境。

教师指名读："笔尖飞舞，那是春蚕悄悄地编织理想的丝线；笑语盈盈，那是甘露轻轻地洒向茁壮的新苗。"

第一个学生读得流利，音量较小；第二个学生读得很响亮，但不流利。

师：同学们觉得他们读得怎么样？

生1：两人都有优点，第一个读得很流利，第二读得很响亮。

生2：两人读得都不好！应该这样读。（他读得又响亮又流利）

师：你读得很流利。请同学们注意这两个词——"悄悄地""轻轻地"。同学们再用心读读这两句话，看看从"悄悄地""轻轻地"这两个词中你读出了什么。

（学生专注地小声读起来："笔尖……新苗。"）

生："那是春蚕悄悄地编织理想的丝线"是说老师在向我们传授知识的时候，像春蚕吐丝结茧一样，是悄悄地、一点点地传给我们的。

师：可以用一句诗或一个成语形容一下。

生：润物细无声。

生：润物无声。

师：那么同样，"轻轻地"又带给大家什么感受呢？

生1：老师的笑语就像早晨的甘露一样，既轻柔又美妙……

生2：老师的笑语像早晨的露珠一样，轻轻地，慢慢地……

生3：滋润我们的心田，让我们的学习更加愉快！

师：对，甘露是多么的轻柔，多么的美妙！老师的笑语就像这甘露一样，它轻轻柔柔地悄悄地滋润着我们的心田，这是老师对我们——

生：悄悄地爱！

师：那么两句话我们该怎么去读呢？

生：应该悄悄地、小声地，才能读出老师心中的那份爱。学生都似有所悟，先沉静下来，然后或声情并茂地款款而读，或如新燕呢喃小声地读……

【案例评点】

曾经听一位著名特级教师教《第一次抱母亲》这一课。这篇课文用娓娓道来的方式，将一番深情赋予沉静而内敛的讲述之中，虽然表面水波不惊，但却真挚动人、余味悠长，真是一篇好文章。这位特级教师基于文章的这种格调，采用扣读导悟、以读见悟的教学方式，带领学生入情入境，与文章产生共鸣，读出自己的感受。可这节课问题就出在"读课文"上。由于是借班上课，这个班的学生几乎都被训练成"情感朗读"的统一模式，拿起书来，都是声响洪亮、情感充沛。由于受这种阅读习惯的束缚，学生"披文入情""披文得意"显然有些困难。而这种困难，恰恰又导致学生怎么也读不出文章的那种沉静内敛的款款深情。还好这位特级教师功力深厚，也觉察到一时半会也"强扭不过来"，于是用精彩的范读和领读"扶"着，学生才慢慢进入情境，渐渐品出个中的滋味来，课堂上的"统一朗读"模式才稍稍被打破，勉强做到"激昂处还它个激昂，委婉处还它个委婉"。

这就是提醒我们：只让学生掌握朗读的技巧，听起来动听的"情感朗读"，却等同于情感的空无。

这就涉及一个如何处理"阅"与"读"的关系问题。正如著名特级教师窦桂梅所说："阅"就是用眼看，就是用心想，就是理解、揣摩的过程；而只有在这样的前提下，才会有"读"。

上述教学片段中，那位把诗句读得既流利又响亮的孩子，就是或多或少地形成了习惯性的"情感朗读"。他还没有"披文入情""披文得意"，阅读只是流于技巧。教者此时的处理可能是无意的，但却是成功之举："请同学们注意这两个词——'悄悄地''轻轻地'。同学们再用心读读这两句话，看看从'悄悄地''轻轻地'这两个词中你读出了什么？"放手让学生自主阅读感悟后，其结果便是：学生最终体悟到"文情"，又深得"文意"。因此，我们还真不能仅热衷于学生的"书声琅琅"，还得辨清这"书声琅琅"中是否已经融入学生对文本体悟的"情"和"意"。而往往学生的体悟是需要一个"场"的，这就是一个默默读书的"场"、一个默默品味的"场"、一个静静学习的"场"。上述片段中，放手让学生自主体悟"悄悄地"和"轻轻地"，就是在给学生提供这样的"场"。学生在静心阅读中理解、揣摩后，真正体会到了教师的殷殷期望、默默奉献，读得投入、到位。

其实，有时放手也是一种美，悄悄无声的爱更能滋润心田。在课堂这块属于学生的心灵家园中，我们不妨多释放一些空间给学生。正如新课标所指出的那样：阅读是学生的个性化行为，不应以教师的分析来代替学生的阅读实践；应让学生在主动积极的思维和情感活动中，加深理解和体验，有所感悟和思考，受到情感熏陶，获得思想启迪，享受审美乐趣。

司马光

——统编版三年级上册《司马光》教学设计

孙国平

群儿戏于庭，一儿登瓮，足跌没水中，众皆弃去，光持石击瓮破之，水迸，儿得活。

【设计理念】

《司马光》是统编教材三年级上册第八单元的第一篇课文，同时，也是小学阶段的第一篇文言文。课文内容短小精悍，语言生动有趣，所描写的故事"司马光砸缸"，又是学生在一年级苏教版教材中接触过的，难度不大。但课文语言凝练，含有文言色彩，与孩子的语言习惯相距久远。

本单元的语文要素是"学习带着问题默读，理解课文的意思"。本课重在引导学生学习如何带着问题默读文言文，走进文言文，从而理解课文的意思。

【教学目标】

1. 认识"司、跌、皆"等5个生字，会写"司、庭、登"等7个生字。

2. 根据注释理解词句，学会讲故事。

3. 初步感受文言文的魅力，有感情地朗读课文，注意词句间的停顿。

4. 了解课文内容，体会司马光的沉着冷静、机智勇敢。

【教学重难点】

1. 能够根据注释理解文章的大致内容，并用自己的话来讲一讲这个故事。

2. 通过朗读，体会文言文的魅力所在。

【教学准备】

多媒体课件、分好小组，并在桌角贴上序号。

【教学过程】

一、故事导入

1. 呈现《司马光砸缸》的图片，回顾故事内容，请学生简单讲一讲。

2. 揭题。

（1）揭示文言文出处——《宋史·司马光传》。

这个故事，在历史上是有真实记载的，就出自《宋史·司马光传》，《宋史》是记载我国宋朝历史的一部史书，也是二十四史当中最长的一部，它总共为两千多个人物做传记，其中就有司马光。我们看，原文是怎样记的？

（2）师范读。

这段文字就是我们今天要学的第 24 课。

3. 读题。

二、初读文言文，整体感知

1. 自由读两遍，感受一下，这篇课文与我们以前学过的课文有什么不同？

2. 确定文言文特点。

（1）呈现文言文《司马光》，将白话文与文言文放在一起对比，直观感受两者的区别。

今天的课文跟刚才我们读的课文有什么不一样呢？

是啊，前面文章短，后面一篇长。（板书：短）课文只有短短三十个字。

有些字比较难懂，所以会有些注释，为的是理解难懂的课文。

大家读起来有什么感受？（板书：难）

我们现在使用的是白话文，而像古人这样的文章我们称之为文言文。今天我们就来一回穿越，学做古人，走进文言文《司马光》。

3. 教学生字词。

"书读百遍，其义自见"，要读好这个离我们今天很久远的故事，最好的方法就是读，反复诵读，现在就请大家自由地朗读课文，读准字音，不认识的字可以看生字表，也可以问同学或者问老师，请你至少读三遍。

（1）自由朗读。

（2）展示读。

（3）教学生字词。

A. 瓮

发现了吗？有一个字最难读。登瓮，击瓮。水迸、迸裂。

难读的字多读几遍就好多了。

有人知道"瓮"是什么吗？展示字源。

B. 没

有人知道里面有一个多音字吗？

C. 迸

"足跌没水中"多么可怕呀！不过，结果是好的。不信，你听（播放：水流音效），说说，你听到了什么？那用文中的说法就是——"水迸"。

指导朗读。

三、走进古文，反复吟咏

（一）一读，读准

1. 自由练读。

2. 齐读。

3. 长句断句"光持石击瓮破之"。

不错，大家都把字音读得很准。有没有注意刚才在齐读的时候，在读到一个长句子的时候，为什么会读乱呢？不在一个节奏上，断句方式是不一样的。我们的古文要根据意思来断句（据意断句）。要想读准这个长句子断句节奏呢好这个长句子，我们首先得理解它的意思。

（1）这个句子里有几个动词，咱们再找一找。我们可以把这几个动作分开来读。

（2）齐读古文可以根据意思断句，然后再拖个长音，做到声断气不断。

（3）带动作读。

（二）二读，读出节奏

老师把读好古文的秘诀放到了大屏幕上。

（1）自由练读。

（2）展示读。

（三）三读，读出韵律

古人读书时还讲究吟咏，读到深情时还会摇头晃脑身子也跟着节奏摇摆起来。

越读越有味道，短短三十个字我们能读得有声有味有韵。

四、精读课文，品味语言魅力

1. 借助插图、注释理解词语。

你们有滋有味地读，把老师带入到了过去的一个画面。

（1）"戏"。

出示画面：来说说你看到了什么？谁来描述？可以从整体再到局部来描述。

像这样，一个在躲一个在捉，就叫——戏。你看，文言文多有意思呀，有时候一个字代表一个词语，有的时候还能代表一幅画面呢！文言文的用词多么精炼啊！（板书：精）

（2）"庭"。

A. 理解"庭"

你知道他们在哪里做游戏呢？你怎么知道呢！（注释）宽敞的地方，有树有假山，这就叫作——庭院。注意吗，注释上就有。

总结学法：刚才我们借助注释和插图理解了"庭"的意思。（板贴：借助注释）

B. 教写"庭"

"庭"这个字什么结构？（半藏半露）教学写法。

2. 想象画面，感情朗读。

（1）群儿戏于庭，一儿登瓮，足跌没水中。

A. 展开想象，同桌分享

这是整个故事的起因，同学们展开想象，同桌分享，这时候你看到了什么？你听到了什么？

B. 感情朗读

个别读：请焦急地读一读。

齐读：咱们一起朗读得还原当时急迫的画面。

（2）水迸，儿得活

A. 观察插图，看看对应的课文是哪一句话？这就是故事的结果。

B. 齐读。

3. 想象练说，练习讲故事。

（1）故事的经过也有两幅图画，但书中没有图画，我们四人合作小组，一起来想象。出示合作要求：

（2）请小组代表上台展示去。

要求：三人讲故事，一人主持。主持人评价，给几颗星，并说原因。

台上声音响亮，台下仔细听因为待会要参与评价。

第一组：谁有补充意见？一生评价。

第二组：再请一组展示。"光持石击瓮破之"你能再加几个动作？生：两个动作。主持人评价。

（3）凸显人物形象。

对比读，司马光给你留下了什么印象？

四、创编古文

刚刚大部分同学都能够做到借助注释说清楚，其中一些同学还能够展开想象说生动，真了不起。还记得我们一年级的课文中，关于故事 A "众皆弃去"也有这样一段描写。

1. 出示一年级课文。

2. 找动词。

你看，文中展开了丰富的想象，通过一系列的动作描写，写出了小朋友们的慌乱。你都找到了哪几个动词？（哭、喊、跑）

3. 创编古文。

老师突然有一个想法，我们要是用文言文来把"众皆弃去"这个画面说出来，那就有意思了。谁敢来挑战？

你看，一篇文言文，咱们有滋有味地读了，有情有趣地讲了，还能自己创编文言文，现在文言文还难吗？多有趣啊！（擦去"难"，贴上"趣"。）

五、变式朗读，积累背诵

1. 师生合作：我说故事，你来说原文。

2. 表演读：你觉得读古文给你什么感觉？越读越有趣——板书：趣。

3. 去掉标点读：其实古文以前是没有标点符号的，今天加上标点符号是为了便于大家理解。我去掉标点，你们还会读吗？

4. 竖排版读：不仅如此，你看，它还发生了怎样的变化？古文最开始就是竖着排版的。

5. 试背。

现在可以根据老师的提示来背这篇古文了吗？

六、思想升华

1. 这个故事里，你喜欢谁？

2. 你从哪里读出他的聪明？——反复读"众皆弃去，光持石击瓮破之"。

七、拓展延伸

你们知道发生故事的时候司马光多大吗？《宋史》中关于七岁的司马光还有很多的介绍，自己试着读一读，看看你又读到了一个怎样的司马光？

总结：今天，老师和大家一起走进了古文，认识了司马光，也感受到了古文魅力，相信今后大家的古文学习之旅会更精彩！

板书：

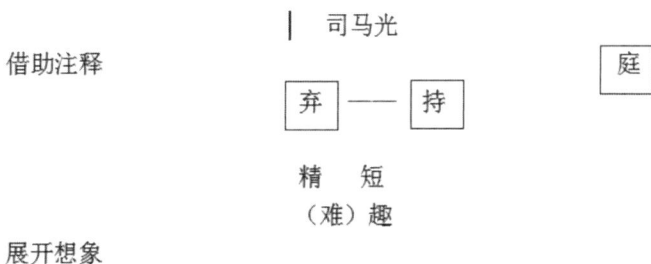

借助注释　　　　　　　　　　　　司马光

弃 —— 持　　　　　　　庭

精　短
（难）趣

展开想象

父爱，一生的守护

孙国平

【活动目标】

1. 通过调查问卷、绘本故事、情境体验等活动感受父亲总是在孩子背后默默付出、默默支持。

2. 通过阅读父亲一天的工作行程、视频播放、调查问卷等方式，引导孩子理解父亲、感恩父亲。

3. 引导父亲倾听孩子心声，理解孩子的需求，多陪伴孩子，大声表达对孩子的爱。

【教学准备】

（1）调查本班父子关系，特别关注父亲去世、父母离异等特殊情况，孩子和爸爸各完成一份亲子问卷调查。

①孩子完成：亲子问卷调查——孩子和家人交流情况。

陪伴你最多的人是谁？	你有心里话，首先选择和谁说？	有困难，你首先会求助谁？

②父亲完成：现阶段，父亲最希望孩子能做的事。

帮忙做家务	多孝敬父母	为家庭分忧	身心健康	学习进步

（2）每位父亲在正方形纸上写下一天的行程。

（3）选一位平时觉得父亲总是不陪伴他的孩子的父亲，请他录一段视频，对孩子说说心里话，主要是表达歉意等等。

（4）每个孩子学会折千纸鹤。

【活动过程】

第一篇章　问卷调查，吐槽爸爸

1. 师：同学们，今天这节班会课，孙老师和大家一起聊聊父亲。（板书：父亲）

2. 师：前两天，孙老师给同学们发放了一份《亲子问卷调查》，想知道调查结果吗？请看：

亲子问卷调查：

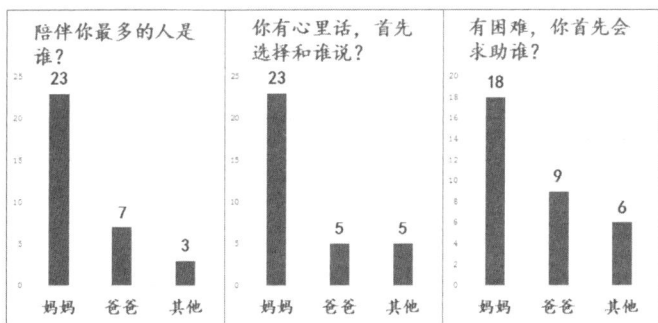

3. 师：你们从统计图中发现什么？

4. 师：爸爸得票不高。陪伴你们最多的人不是爸爸，你们有心里话，有困难，首先想到的也不是爸爸。是什么原因造成了爸爸在同学们心目中的印象远远不如妈妈呢？今天，我们就来吐槽一下自己的爸爸？

5. 师：你考试考砸了，回到家你和爸爸会发生怎样的故事？下面请欣赏情景剧表演《当考试考砸了……》。

6. 师：爸爸很少陪伴你们，你遇到事情也不太愿意跟他分享，爸爸大多数还很凶。那是不是爸爸对你们的关心，对你们的爱就少了呢？

（点评：老师从社会普世现象中敏锐地抓取到了本次班会课的聚焦点，开篇设置的亲子调查问卷，充分结合学生自身的体验、感受和认识。问卷调查结果展示，很多学生都下意识地觉得自己与爸爸比较疏远，和爸爸的关系一般，就算遇到问题也不会去寻求爸爸的帮助，内心中觉得爸爸似乎并不在乎自己；老师巧设情景剧《当考试考砸了……》，将矛盾点推波助澜，在同学中造成极大的情感共鸣。同时，欲扬先抑，巧妙衔接到下面环节，也是本活动的重要环节，感受父爱，感受父亲表达爱的独特方式。这是本次活动的目标之一，也是从德育中"知"的角度出发的。）

第二篇章　借助故事，感受父爱

1. 师：课前，你们阅读了绘本故事《我和爸爸》，还完成了思维导图！我们一起来借用思维导图回顾下这个故事。

2. 师：你们觉得这是一对怎样的父子？他们关系如何？

生：幽默、和谐、亲密、无话不谈。

3. 师：有一天，小罗力来了一场说走就走的，一个人的大冒险，爸爸一直在做一件事，是什么事？

生：保护、帮助小罗力。

4. 师：（出示 4 幅帮助的画面）你觉得哪幅画面最打动你？为什么？

生 1：小罗力爸爸潜到河底，让儿子踩在背上过河的画面感动了我。

生 2：小罗力爸爸在小罗力背后，帮他吓跑野猪的画面感动了我。

生 3：小罗力爸爸拼命爬上一棵光滑的椰子树，帮孩子摇下椰子的画面感动了我。

生 4：小罗力爸爸用身体架在两棵树的中间，为孩子遮风挡雨的画面感动了我。

5. 师：这 4 幅画面哪一幅最感动人。（遮风挡雨）我们一起来演一演罗力爸爸，他的这个动作，你能做到吗？你们能做到吗？做不到，那我们降低难度：同桌两人合作，合演罗力的爸爸，蹲马步，伸直手臂，时间一分钟。

（我来采访一下罗力的爸爸：你的任务是什么？你会动吗？生：不会，因为我要用身体为孩子遮风挡雨。师：你会发出声音吗？生：不会，我不能让孩子知道。）

计时开始，全班孩子共同体验。

6. 师：我来采访一下爸爸们。

师：你有什么感觉？

生：累。

师：刚才只是一分钟？想象一下如果是十分钟，二十分钟，甚至更长时间？你会累成什么样？

师：那你会不会放弃？为什么？

师：罗力的爸爸就是这样想的，就是这样做的。

7. 师：此时，小罗力不知道是他的爸爸，用身体为他遮风挡雨，他还不知道什么？

生1：他还不知道吓走野兽的也是老爸。

生2：他还不知道是老爸用尽全力爬上椰子树，摇下来的。

生3：他还不知道，自己过河踩的不是石头，而是老爸的背。

8. 师：此时，孙老师心中有个小小的疑问？罗力爸爸为什么不直接帮助小罗力呢？这样不是更直接吗？

生1：因为罗力老爸希望小罗力能够真正长大。

生2：因为罗力老爸希望小罗力能够独自战胜困难。

生3：因为罗力老爸希望小罗力能够勇敢，有自信。

9. 师：为了让小罗力独自战胜困难，变得更勇敢、自信，真正成长起来。罗力的爸爸选择在背后默默付出。（板书：付出）

10. 其实你们的爸爸，很多也和罗力的爸爸一样，总是在背后默默爱着你。（将父亲的亲字擦去，用红笔板书：爱）

11. 师：你们的爸爸在生活中有没有默默付出、默默支持、默默帮助你的事？请静静地想一想。

12. 师：请在4人小组内分享你的故事。

13. 班级分享。

（点评：老师课前引导学生从喜欢的绘本故事出发，制作思维导图的方式回顾整个绘本的故事情节，让学生从旁观者的角度去感受父爱，能够更加清晰地了解到父爱表达的独特方式。课堂中选择最打动人的故事情节进行现场演绎，学生参与度高，共情性强。接着，学生从绘本故事的内容引申到自身，静心回忆与思考自己父亲为自己默默付出、默默支持、默默帮助的温暖瞬间。由人及己，层层推进，环节设置恰如剥洋葱，愈接近内核也就愈引人泪目。这也是本次活动的目标之一，是从德育中"情"的角度出发的。）

第三篇章　相互理解，幸福一生

1. 师：孙老师也想分享一下，我和儿子的故事。我的儿子就在我们学校读三年级，按道理说，我陪伴他的时间应该很多，但是这一周，我每天和他在一起的时间只有十分钟，就是从家里到学校的路上，当我下班回家时，孩子已经入睡了，我会轻轻走进他的房间，悄悄为他盖好被子，亲吻一下他的小脸蛋。每天送他进学校以后，他朝我挥挥手，转身走进教室，看着他消失的背影，我愿意为他付出一切。这也是我选择上这样一节班会课的初衷：希望孩子给父亲一些理解，更希望我们父亲能理解孩子的需求，多多地陪伴孩子成长。（板书：理解）

（点评：孙老师从自身经历出发，娓娓讲述与儿子之间的故事，老师的角色定位自然转化为父亲，代入感极强。孙老师顺势揭示出选择"父爱"作为主题班会的初衷，并引导学生换位思考，学着去理解父亲、去体谅父亲，为后续环节奠定情感基础。）

2. 师：孩子们，刚才大家吐槽爸爸忙，我想请问，你们知道自己的爸爸一天都要做哪些工作吗？

3. 三到四人谈一谈，最后请录视频的女孩子说。

4. 师：请大家从桌肚里拿出信封，信封里面有一张纸，上面是你的爸爸一天的工作行程。请大家轻轻地读一读。

5. 请那位录视频的孩子读"爸爸的一天"。

6. 师：就在昨晚，已经九点多了，你已经入睡了，可他还在工作，还没有回家，他录了一段视频，请看。

7. 师：此时此刻，你想对你的爸爸说些什么？

8. 师：孩子们，哪个爸爸不想多陪伴自己的孩子，可他们为了生活，为了这个家庭，为了你们能有一个更美好的未来，他们在默默承担一个父亲的责任。此时此刻，你们想对你们的爸爸说什么？做什么？请把你们想对爸爸说的话，想对爸爸做的事写下来。

（点评：通过读父亲的信、父亲的真实生活实录等，学生深切感受到父亲的不容易，之前的吐槽之怨完全被感恩之情代替。情到此处，不吐不快，且以一席笔墨化情深意浓。这是本课的活动目标之一，也是从德育中的"意"的角度出发的。）

9. 师：孩子们，其实今天你们的爸爸一直在手机上观看这节课的直播，请把你想对他说的话，对着镜头，大声说出来。

10. 师：孩子们，纸鹤传真情，请把这张满含真情的纸折成千纸鹤，把这份真情送给你的爸爸，保存这份真情。（学生折千纸鹤）

11. 孩子们，你们想对爸爸说很多感恩的话，想对爸爸做很多感恩的事，你知道你的爸爸是怎么想的吗？

12. 师：出示调查表。

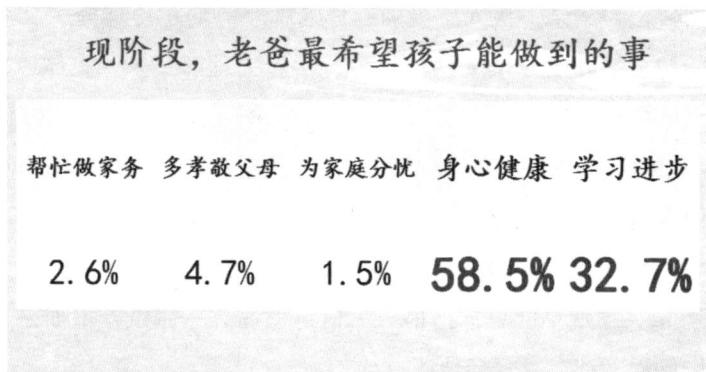

现阶段，老爸最希望孩子能做到的事

帮忙做家务	多孝敬父母	为家庭分忧	身心健康	学习进步
2.6%	4.7%	1.5%	58.5%	32.7%

原来你们的爸爸最希望你们做两件事"身体健康""努力学习"。这就是父亲，他对你们的爱是如此的简单而又纯粹。

（点评：让孩子们对着镜头说出对父亲的爱，可以让一些羞于表达、不敢当面表达爱的孩子大声地对父亲表达自己的爱；现场直播的形式不仅潮流，而且节省了各位家长的时间；用千纸鹤传情的方式表达自己对父亲的爱，让学生学会可以借助实物表达自己内心的感受，可以延伸到日常生活中与他人的相处中，增强他们的交际能力。这也是本活动的目标之一，同时也是从德育中"行"的角度出发的。

最后，出示父亲最希望孩子做的事情调查表，调查表设置的问题和最终数据结果与同学们的预设形成鲜明对比，更体现出父亲对孩子简单、纯粹的爱。此环节呼应前情，将课堂推向另一个高潮，言有尽而意未绝。)

13. 班主任总结：亲爱的孩子们，你们的爸爸和孙老师一样，也是第一次做父亲，他也不是那么完美，也会犯这样、那样的错误。请对我们的爸爸多一些理解。（板书理解）

屏幕前的父亲们，真心希望你们倾听孩子的心声，理解孩子的需求，多陪伴孩子，把你们对孩子的爱大声表达出来，让我们一起努力，用父爱为孩子撑起一片蓝天，用父爱，做孩子一生的守护（板书：一生的守护）。

孩子们，父亲们，让我们相互理解、一起努力，一直幸福下去。

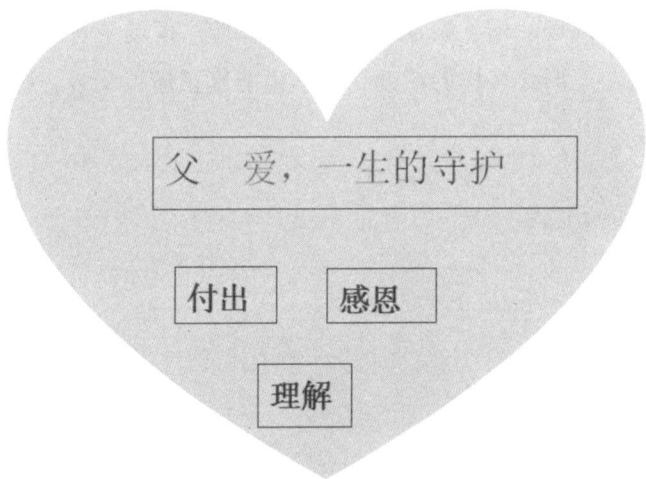

父 爱，一生的守护

付出　　感恩

理解

【活动评价】

孙老师的这节课，构建了"以实际班情为媒介，以现代技术为手段，以感受父爱为导向，以感恩父亲为目标"的一节班会课，紧紧围绕班会的知、情、意、行来设计活动环节，环环相扣，突破本次班会活动的目标。细细品味孙老师的课，我觉得以下几点非常出彩：

1. 在内容选择上，班级实情拓展了活动内容这个班会活动来源于真实的班级情况，通过课前的调查问卷了解到孩子们心目中的父亲形象，平时父亲陪伴孩子很少，孩子遇到问题第一时间很少想到父亲等，孩子们其实是感受不到父亲总是在孩子背后默默付出。为了让孩子们改变心目中父亲的形象，感受到来自父亲的那份默默的爱，特意开始的班会活动。

2. 在教育形式上，现代技术整合于活动过程

本次活动，采用了当今社会上最热门，也是很多人都在使用的抖音直播，直播整个活动过程，方便家长们在线参与课堂。不仅在形式上很新颖，同时符合当今疫情的需要也能给家长们带来便利。采用线上直播的形式，也巧妙地避免了面对面表达的那种尴尬，为很多羞于表达的孩子创设了很好的条件。

3. 在价值引领上，感受父爱贯穿了活动全程

班会活动，要在尊重学生的前提下，保证正确的价值观导向。如何让学生了解到父爱的形式，感受到父爱，再大胆地表达自己对父亲的爱，孙老师通过调查问卷、现场吐槽、绘本故事、游戏体验、现场录音等等形式，培植学生的感恩之心。形式多样的活动，让学生能真正懂得父爱，感受到来自父亲浓浓的爱。

第三辑

班级管理类

用心倾听每一朵花开的声音

孙国平

"少先队辅导员的工作就是在架设心与心交流的桥梁！"从事少先队工作20多年来，我一直在努力走进少先队员的内心世界，用心倾听每一朵花开的声音。

和队员们一起成长

1998年，我从师范学校毕业后被分配到一所农村小学——江苏省兴化市沈伦镇姜童小学，教三年级语文兼任中队辅导员。我发现农村的孩子思想很单纯，生活也简单。但让我没想到的是，大部分队员都不戴红领巾，学校也没有少先队大队部，更别提开展少先队活动了。这对从小在队旗下长大，当过大队委员、鼓号队员的我来说，简直是一件不可思议的事。

于是，我主动开展起队前教育，还自费买来了红领巾。我告诉孩子们，红领巾是少先队员的标志，是红旗的一角，是用革命先烈的鲜血染成的。我给他们讲杨靖宇、黄继光、董存瑞的故事，还告诉他们现在的幸福生活来之不易，是先烈们用生命换来的，要倍加珍惜。我手把手地教孩子们如何规范地佩戴红领巾，带领他们唱队歌……看着孩子们认真学习的样子，我心中充满成就感。

不久，学校就建立了少先队组织，200多名小学生佩戴上了红领巾。第二年，我被聘任为学校的大队辅导员。于是，我带领队员们走正步、喊口令、升国旗，进行国旗下讲话，开展少先队活动……没想到，"姜童小学有一个会搞活动的孙老师"也迅速在沈伦镇的学校里传开了。

参加工作的第三年，我被调到沈伦镇中心小学，协助少先队总辅导员吴春迎老师开展少先队工作。在他的带领下，我们开展了一系列少先队活动：清明祭扫英烈，我和队员们步行近20公里为李默烈士敬献亲手制作的小白花；训练少先队鼓号队，让全镇的重大少先队活动从此少不了鼓号队队员们的身影；入队仪式、"六一"活动，也成了我们展示风采的时刻……

青春勃发的我和队员们一起成长，成为沈伦镇的骨干少先队辅导员。

用爱打造温馨的"家"

2006年，兴化市政府筹建文正实验学校。在教育局教研室主任何伟俊的推荐下，我来到了这所学校，又被聘任为学校的大队辅导员。那时的夜晚，我常思考：少先队大队到底应带给队员们什么？开展什么样的少先队活动才是队员们真正喜欢的、需要的？渐渐地，我意识到：一般老师的工作重点在教书育人，少先队辅导员则要在立德树人上下功夫。于是，我努力把学校少先队大队部建成队员们温馨的"家"。

1. 建组织阵地，培养少先队小主人

我从《小学生日常行为规范》入手，抓住最基本、最简单、最容易忽视的细节，培养队员良好的行为习惯；建立红领巾检查岗，鼓励每位队员都成为少先队组织中的管理者；开设"小主人信箱"，培养队员的主人翁意识，及时处理队员的合理建议……这些举措既锻炼了他们的能力，又能引导他们学会换位思考。

2. 用教育故事，促进辅导员队伍建设

我倡导中队辅导员们和我一样每月写一篇教育故事。在每月的教研时间，由两名中队辅导员交流他们和队员们的故事。10年的坚持，让一批年轻的辅导员成长为优秀少先队辅导员、反思型教育者，多篇教育故事在《辅导员》《中国少年报》等报刊上发表。

3. 注重细节，打造温暖的"红领巾之家"

学校地处城乡接合部，留守儿童占多数。因此，我组织开展了丰富多彩的少先队活动，以一个个用心设计的细节为队员们营造温馨的"红领巾之家"。

★快乐的集体生日。开学初，我对全校队员的生日进行统计、排序。每逢周五，我和大队委员就在"生日小屋"里为这一周过生日的队员们过集体生日。

★感人的亲子视频见面会。每到中秋节，学校少先队大队都会举办留守队员亲子视频见面会，有效弥补了队员们缺失的亲情，让他们感受到了家庭的温暖。

★友爱的志愿者小队。我带领队员们走进养老院、敬老院、福利院等地，开展"送爱心"活动，引导他们在帮助他人时、锻炼自我、提升素养。

4. 借助寻访活动，引领队员立志

★寻访江苏精神。我带领队员们寻访了"感动泰州十大人物""全国关心下一代先进工作者"樊才林。樊爷爷的一句"为了下一代，吃苦我愉快"，让我和队员们佩服、感动。

★寻访"强富美高"新江苏。我带领队员们走进千垛菜花、李中水上森林、戴南钢帘线总厂……在寻访中，队员们深切感受到家乡的美丽，立志为家乡发展出力。

共创少先队"德善"品牌

2016 年暑假，我来到南京师范大学苏州实验学校应聘，我的"江苏省优秀少先队辅导员"和"泰州市十佳少先队辅导员"两项荣誉引起了曾任大队辅导员的卢谦校长的注意。我入职后，再次成为学校大队辅导员。

近三年来，我总结多年少先队工作实践经验，结合学校自身特点，和队员们共创少先队"德善"品牌。

我们围绕"德善"开展少先队活动课评比展示,帮助队员们知善,明白何为善;行善,勿以善小而不为;持善,像雷锋一样,坚持日行一善;扬善,倡导身边的人一起行善。队员们不断感悟善,在课堂上升华善,在社会里传播善……一颗颗"德善"的种子就这样在队员们心中生根、发芽。

我们走进敬老院、福利院、高铁站、消防中队、动物园等地,开展"德善"活动:做小志愿者、小讲解员、小导游;为老人表演节目、梳头、包水饺,陪他们聊天、下棋;和残疾儿童一起做游戏……在活动中,队员们的能力得到了提升,一颗颗"德善"的种子在他们心中茁壮成长。

2016 年 10 月,我带领队员们寻访了"中国好人"尤苑老师,了解到她从 2010 年起,连续 7 年在暑期赴青海支教,并资助了十余名西部贫困家庭的孩子。她说:"从第一次支教开始,我就告诉自己,每年都会来到这片高原,为更多的孩子带去希望。"我和队员们被尤老师的所思所行深深打动。

由尤老师牵线,我校 32 名"日新少年"和青海的 32 朵"格桑花"开展了"手拉手"互助活动。队员们通过互寄信件,让陌生的小伙伴变成了可以倾诉小秘密的好朋友;省下零花钱,为缺少课外书的"格桑花"寄去精美图书;在"情系'格桑花',爱满'日新娃'"爱心义卖活动中,队员们卖自己选修课的作品、做美食、进行才艺表演等,尽己所能筹得善款六万多元,为青海省玉树州称多县扎朵镇两所寄宿学校的"格桑花"们建起两个"日新绘本馆"。

当青海的"格桑花"来苏州时,我和队员们一起做好东道主,陪他们去机器人展示体验中心,感受科技的魅力;参观美丽的校园,感受苏州园林的精致。我还给"格桑花"们上了一节绘本课,帮助他们爱上阅读……在"日新少年"和"格桑花"的"手拉手"互助活动中,一颗颗"德善"的种子在队员们心中长成了参天大树。

20 多年坚持在少先队沃土上勤勤恳恳地耕耘,用心倾听每一朵花开的声音,因为我坚信:在我们的坚守与开拓中,星星之火会引领更多队员健康成长。

增强少先队员光荣感的几点做法

孙国平　李莎莎

如何提升少先队员的光荣感和组织归属感，是少先队工作中的重点和难点。聚焦"全童入队现实下少先队员的光荣感如何树立"这一时代性课题，让少先队员从内心深处体验到身为少先队员的光荣感、自豪感。江苏省苏州市孙国平优秀辅导员工作室对此课题进行了实践探索，提出增强少先队员光荣感的几条有效举措。

一、加强组织教育，让队员爱上少先队

适龄儿童充分接受队前教育利用好每周一课时的少先队活动课，将少先队的基本知识、光荣历史、标志标识、基本礼仪等队前教育重点内容以儿童喜闻乐见的方式呈现。我们可以邀请大队辅导员、志愿辅导员、大队委员走进少先队活动课的课堂，帮助少年儿童达成"六知六会两能一做"的入队基本标准；也可以采用参观队室、观看影片、活动观摩、故事分享等教育途径，让适龄儿童充分接受队前教育，为申请加入少先队做好认知准备。目前，我工作室已开发《少先队"入队六知六会"》微队课动漫教材，拍摄了《红领巾伴我成长》微电影，编写的《少先队活动课（入队篇）教案》成为本区域基层少先队组织开展队前教育教材。"六知六会、两能一做"是必修的队前教育内容，要分阶段有重点地实施：一年级上学期重点开展了解队名、队旗、队徽、红领巾、队礼、呼号、誓词含义等少先队基本知识教育；下学期重点进行教唱队歌、佩戴红领巾、行队礼、呼号、入队宣誓、写入队申请书等少

先队基本技能训练，帮助少年儿童做好入队前准备，增强组织认同。

少先队员全员接受队史教育，可以唤起少先队员的责任感和使命感，自觉为少先队组织贡献自己的光和热。我工作室要求成员校对各个年级的少先队员进行主题为"鲜红的旗帜，光辉的历程，无上的光荣"队史教育。辅导员老师要通过形式多样、主题明确、思路新颖的少先队活动，让队员有兴趣参与到队史教育的探究中去，自然而然地感受到集体主义、爱国主义、家国情怀、责任使命等方面的思想感召。

二、培养自主管理，让队员当好小主人

每学年召开1次少先队员代表大会（以下简称少代会），代表以少先队员为主体，增设少代会列席代表席位，增加少先队员参加少代会的机会。由少先队员作大会工作报告，选举产生新一届学校少先队大队委员会，开展"红领巾小提案"发布与答复作为学校少代会的"规定动作"，引导少先队员在行使选举权、表达心愿和呼声的过程中体验民主政治。

一日常规检查引导当家做主少先队工作多而繁杂，抓好常规工作是根本，也是关键。制定《红领巾一日常规检查指导规范》，各成员校围绕队员的日常生活，从小角度、细切口、低起点做起，以日常行为规范和守则引导队员，从最基本、最简单、最容易忽视的细节出发。每学期开学，各成员校大队部会在最短的时间内选出大、中、小队干部，并给他们设立"红领巾总值""值日队员""红领巾两操小卫士""红领巾就餐小卫士"等不同岗位。人人参与，分工细致，许多少先队员有管理者与被管理者双重身份。

"红领巾小主人信箱"表达心声在学校最显眼的位置，设立"红领巾小主人信箱"，渗透民主意识。大队部经常利用晨会鼓励队员建言献策，每天安排一名队干部打开信箱，对信件进行整理。大队部能解决的，在当天都会给队员一个满意的答复，不能解决的会及时反映给校长室。对队员正确的、合理的建议和诉求会及时采纳和处理，利用集体晨会对关心学校的队员给予表扬。"红领巾小主人信箱"成为学校和队员、辅导员老师和队员、校园管理者和队员沟通的桥梁。

三、突出榜样引领，引领队员学先锋

榜样的力量是无穷的，新时代的榜样可以是时代精神的传递者、主流精神的塑造者和社会潮流的引领者，还可以是我们身边普通的平凡人。辅导员老师要善于结合身边的榜样事迹，对少先队员进行针对性的思想教育。我工作室各成员校聚焦学习、贯彻、落实习近平新时代中国特色社会主义思想这一主线，以"争做新时代好队员"主题教育活动为统揽，举办"诵读学传"诵读比赛，开展"说说我们的英雄"先锋故事会和"新时代好队员"成长分享会，选拔优秀少先队员等，激励少先队员用实际行动把红色基因一代代传下去，引导他们"从小学先锋，长大做先锋"。

四、深化仪式教育，增强组织感染力

加强少先队各类仪式规范教育。仪式规范是营造仪式感的基础，工作室成立少先队工作讲师团，开展到基层学校巡讲活动，把仪式规范送到学校，并手把手地培训辅导员。此外，工作室积极构建工作室、区、校三级辅导员全员轮训体系，提高仪式规范的执行水平。

建立少先队仪式活动示范机制。工作室每学期举办一场全区性的少先队仪式教育示范活动，先后举办了新队员入队仪式、离队入团仪式、初一建队仪式、少代会等示范活动，每次示范活动均开通网络直播，实现线上线下同步示范展示。工作室还联合相城区少工委印发《关于建立和规范全区中小学升国旗仪式、入团入队仪式等礼仪制度的通知》，以少先队仪式教育为重点，对中小学仪式教育的时间、地点、内容、程序等进行规范。

富有少先队特点的思想引领、价值观塑造和光荣感、组织归属感的培养应是少先队工作者的主责主业。有了身为少先队员的光荣感，少先队员才能读懂胸前飘扬的红领巾的真正含义，无愧于红领巾的光荣。

少先队劳动教育二十年实践与研究

孙国平　陈　芳

摘　要： 劳动教育是少先队教育的重要内容，也是少先队教育的基本途径。少先队劳动教育不仅教会队员某种劳动技能，更有利于教育引导队员树立正确的劳动观念、培养崇高的劳动精神、养成良好的劳动习惯，使其发自内心地热爱劳动、尊重劳动。二十多年来，少先队组织充分发挥少先队劳动教育的独特优势，通过开展劳动实践体验，习得劳动技能；通过整合劳动主题活动，养成劳动习惯；通过创新劳动育人课程，培养劳动精神，努力培养能够担当民族复兴大任的时代新人。

关键词： 少先队劳动教育；劳动技能；劳动习惯；劳动精神；实践与研究

《中国大百科全书·教育》将劳动教育看作"德育的重要组成部分，其目的是让学生能够在劳动实践中树立起科学正确劳动认知与积极主动的劳动情感，使其养成良好的劳动行为习惯"。少先队劳动教育不仅仅要教会队员某种劳动技能，更要引导队员树立正确的劳动观念、培养劳动精神、养成劳动习惯，使其发自内心地热爱劳动、尊重劳动。

一、开展实践体验，习得劳动技能

1999 年 6 月 13 日，《中共中央国务院关于深化教育改革全面推进素质教育的决定》提出，进一步深化教育改革，全面推进素质教育。

学校作为实施素质教育的主阵地，自然要担负起深化教育改革的重任。在这一时代背景下，带领少先队员走出校园，突破空间的局限，向更深远更广阔的校外延伸，实施劳动教育成为学校吹响"向纯应试教育宣战"号角的方式，更成为全面提升少先队员素质的方式之一。

1998 年笔者刚从师范学校毕业，担任一所中心小学的中队辅导员。这一时期，笔者和学校的辅导员老师一起设计的少先队劳动教育以增强少先队员劳动实践体验为主，旨在让少先队员在学习之余，去广阔的田间地头亲近土地，挥洒汗水；同时，通过队员在一起共同劳动，锻炼队员的生活自理能力和互助合作精神。一定程度的劳动实践锻炼，让少先队员体会劳动乐趣，习得劳动技能。

这一阶段的少先队劳动教育实践体验的内容主要以当家自理、互助服务、田园农耕、手工实践等四个方面为主。各年级主题相同，内容梯度螺旋上升。例如，"当家自理"版块的内容为会自己刷牙、洗脸、梳头，会铺床叠被、更换被套等；互助服务的内容为能清扫地面、簸垃圾，能整理宿舍内务，能择菜、淘米以及合作做菜饭等；田园农耕内容为会锄地、收鸡毛菜、拔萝卜、挖山芋等，会移植、定植、扦插、分株等；手工实践的内容为会做陶艺、刺绣、扇面、风筝等。

这些少先队劳动实践体验，旨在培养少先队员成为生活的主人翁，学会服务自己、服务他人、服务集体。

表1 少先队员劳动教育体验实践目标

实践项目	一年级	二年级	三年级	四年级	五年级	六年级
当家自理	会自己刷牙洗脸，能将自己的洗漱用品摆放整齐	能自己梳头，用完厕所冲洗干净	会扫地，能将自己的房间地面打扫干净	会叠被子，更换枕套、床单、被套	能将自己的房间进行有序收纳整理	能自主、独立完成1~5年级项目，能进行创意收纳，让自己的房间更漂亮，并尝试帮助家人整理房间
田园农耕	学会浇水	收鸡毛菜	拔萝卜	挖山芋	移植、定植	扦插、分株

丰富多样的少先队劳动实践体验内容，让这些在城里长大的少先队员在广阔的田间地头耕作劳动，挖山芋、拔萝卜；他们在宿舍食堂过集体生活，洗碗择菜、包饺子。劳动让他们挥洒汗水，收获喜悦。以体验实践为主的少先队劳动教育，锻炼了队员最基本的生活能力、实践能力、劳动技能，让少先队员形成了喜爱劳动、尊重劳动的朴素情感。

二、整合主题活动，养成劳动习惯

2001年，教育部印发《基础教育课程改革纲要（试行）》，规定中小学设置综合实践活动课。综合实践活动中，无论是设计制作，还是社会服务，抑或是职业体验，都应与劳动教育有着紧密的联系。

2004年，笔者调至兴化市文正实验学校，担任大队辅导员。在这之后的几年内，笔者带领文正实验学校中队辅导员老师一直致力于探索用"实践"整合包括"劳动"在内的各类活动，试图通过这些富有趣味性的实践活动提升少先队员综合素质，同时也让少先队员扎扎实实地掌握一定的劳动知识和技能，养成劳动习惯和品质。为此，我们设计了主题活动形式的少先队劳动教育，在少先队劳动教育基地开展劳动主题活动，实施劳动教育。

"少先队劳动教育基地"主题式劳动实践，利用完整一天的时间优势，以及"少先队劳动教育基地"的空间优势，采用任务驱动的方式，把劳动内容和实践内容打通，让少先队员通过完成任务，体验劳动过程中物质和精神两方面的收获。

以主题活动"水乡鱼美味"为例，主题词为"鱼"，设置的主题任务为捕鱼、烧鱼。少先队员通过团队合作，在真实场景鱼塘边学习垂钓、网捕、烧鱼，体验劳动乐趣，掌握劳动技能。

以主题活动"早春茶飘香"为例，主题词为"茶"，教师所布置的主题任务为采茶、做茶壶。少先队员通过团队合作，在真实场景茶园中，经过专项技艺采茶、炒茶、制作茶壶的练习，掌握劳动教育目标。

再如，主题活动"小鬼当家"，用"当家"这个任务驱动，通过同伴与团队合作，在少先队劳动教育基地这个"家"中，经过专项技艺的练习，即整理房间、包饺子、烧菜饭、宿舍内务管理、宿舍财务管理、厨房火灾报警器制作的练习，引导学生掌握劳动技能，学会团队合作。

历年来，我们积累的少先队劳动教育主题活动有"早春茶飘香""水乡鱼美味""也学绣娘神针舞""希望在这里放飞""小鬼当家""小小气象站"等。在这些主题驱动、课程统整的活动中，少先队员培育了社会责任感，培养了综合实践能力。

主题式少先队劳动主题活动，大大提升了劳动过程的趣味性，提高了少先队员综合劳动素养，使得劳动教育成效显著提高。在这里，劳动不再是一个个被割裂的行为，而是融合在了真实的情境任务之中。少先队员在"围绕日常生活开展服务活动，能处理生活中的基本事务，初步养成自理能力、自理精神"的基础上，升级到了"形成积极的劳动观念和态度"，能"运用一定的操作技能解决生活中的问题"。这样的主题式劳动实践活动，让劳动成为了一个全面调动心智的过程，也成为促进学生综合能力发展的过程。

三、创新育人课程，培养劳动精神

2018 年 9 月 10 日，全国教育大会在北京召开。习近平总书记在大会上指出：“要培养德智体美劳全面发展的社会主义建设者和接班人。”这样的表述，在全面发展的组成要素中加入了“劳动”，具有里程碑意义，劳动教育走向了新时代。进入新时代，劳动教育内涵更丰富，时代特色更鲜明。

2019 年 10 月 13 日，习近平总书记在致中国少年先锋队建队 70 周年贺信中指出：“新时代少先队员要热爱祖国，热爱人民，热爱中国共产党，树立远大理想，培养优良品德，勤奋学习知识，锻炼强健体魄，培养劳动精神。”新时代把少先队劳动教育上升到“五育”并举这样的高度，如果少先队组织还仅仅将综合实践活动作为实施少先队劳动教育的途径，这是不够的。新时代要求我们对少先队劳动教育的目标、内容、实施等体系进行全面设计，让少先队劳动教育成为促进少先队员综合素养全面提升的育人课程。

笔者带领南京师范大学苏州实验学校的辅导员对少先队劳动教育进行再整合和重新设计，形成了少先队活动基地、学校、家庭、社会四个劳动实践场所共同完成的版块式课程和主题性课程。根据时代要求，我们更新劳动教育内涵需要，不断增加新的内容。在主题课程中，我们加入了符合新时代需求的创新型课程内容，做到与时俱进。例如，“创客嘉年华”主题活动引导学生利用 3D 打印技术做出气象站模型雏形，利用电子模块元件制作“绿野村小小气象站”，监测温度、湿度、PM2.5 指数等数值。这样的探索和尝试，虽然还是有很多的不足和疏漏，但是从学校层面，首先保障了小学阶段相对整体的教育设计和基本要求，在教学目标上做到基本清晰并具有进阶性；在教学内容上，我们的设计包含了劳动教育要素的基本知识、基本技能、基本观念及基本品格的学段性要求；在课程实施上，我们做好了相应的空间管理、时间管理和质量管理；在挖掘劳动教育独特育人价值上，我们也始终牢记要树德、增智、强体、育美，努力体现劳动的综合育人功能，从而实现对“全面发展的人”的塑造。当少先队员回到学校和家庭，劳动教育还在继续：以中队为单位开展“寻找一双‘最美’的手”主题队课，寻找身边的劳动榜样、模范；依托家庭主题活动日，开展“我有一双勤劳的手”家庭劳动实践活动。

通过学校、家庭和社会的共同努力，少先队劳动教育变得常态化，最终实现了劳动教育的高效化。

二十年前，我们带领少先队员踏出学校一方天空，走向了蓝天下的广阔土地；走进新时代，我们再出发，整合少先队活动基地、学校、家庭、社区等资源，拓展少先队劳动教育多样空间，进行少先队劳动教育的实践体系建构。作为教师，我们应肩负使命，紧扣时代需求，让亲近自然、贴近生活、回归家庭、服务社会的多彩少先队劳动实践课程，指向立德树人的根本任务。二十年来，作为辅导员的我始终不忘初心，情牵少先队劳动教育、深耕细作；而今日又在新时代背景下，我将站在更高远的视角，牢记少先队辅导员的主责主业，续写更具学校特色、实践价值和育人成效的少先队劳动教育新篇章。

爱，以期待的方式

孙国平

　　接新班，我让新生做自我介绍。开始时，教室里的气氛很严肃，于是我时不时来个小小的调侃，气氛便渐渐轻松起来，如潺潺溪流一样令人愉快。突然，原本顺畅的"溪流"停滞了——在一名男生那儿卡住了。

　　他一走上讲台，我就知道他太紧张了。他一直低垂着头，沉默着，好不容易微微抬起头，可目光一接触到同学，便又触电似的收回。他的脸涨得通红，额头渗出了细细的汗珠，显得那样惶恐不安，似乎全身都在微微颤抖。教室里的气氛仿佛凝固了，终于有学生小声嘀咕起来："怎么还不说啊？"

　　见此情景，我快步走上讲台，环视全班，示意大家安静下来，然后故作神秘地问："同学们，你们知道这位同学为什么一直不说话吗？"看着一脸茫然的学生，我面带得意之色："大家都是一上来就马上自我介绍，而这位同学却一言不发，他是想用这种与众不同的方式给大家留下深刻的印象，好让大家牢牢记住他！"我轻抚他的头，问："是这样吧？"他终于抬头看了我一眼，眼神里有一丝意外，还有一丝感激，继而点点头。我悄悄凑近他的耳朵，问："那你是想今天介绍自己，还是等到明天，或者以后……"又是一阵沉默后，他仿佛下了很大的决心，轻声说："今天吧。"在抬头的一瞬间，他说："我叫陈×。"声音依然很小。在我的带领下，班上响起一阵掌声。"还想跟大家再说些什么吗？"我故意大声问。班上又随之响起一阵鼓励的掌声。终于，他抬起头，声音也大了一些："我希望能和大家成为好朋友。"我搂着他的肩膀，说：

"同学们，让我们再次以热烈的掌声，欢迎陈×同学成为我们这个大家庭的一员!"掌声中，陈×对着台下深深鞠了一躬。走下讲台时，他的步履比上来时轻快多了。

晚上，我拨通了陈×家的电话，向家长了解他以前的情况。如我所料，他的成绩一直不理想，所以他一直很自卑。我把今天发生的事细细讲给家长听，并让家长以后多多鼓励孩子。当家长激动地告诉我，陈×今天第一次主动预习课文时，我知道，我已经帮他走出了新的一步。第二天，我在班上重点表扬了他，我看得出他眼中的感激与兴奋。我也不失时机地让他知道，老师和父母都期待着看到一个更加开朗自信的陈×，他的眼睛更加明亮了。

那以后，我一直尽量给他更多的关注与期待。虽然他的学习基础差，学习仍然费力，但他字迹工整的作业、上课时专注的表情以及作文里那句"这个学期我很高兴"，让我看到了希望。我相信，终有一天，他会绽开花一样的笑容……

友善待人　勤奋学习

——南京师范大学苏州实验学校小学部"新苗班"班级文化建设方案

孙国平

我们的班名：南师大苏州实验学校小学部四（3）班、新苗班。

在我们的眼中，每一位学生都是一株新苗，他们需要阳光雨露，更需要家长、老师、同学的关心和帮助。老师像园丁一样培育着每一位孩子，让他们得到更好的成长，长成参天大树。

我们的口号：做最好的自己，创最优的班级。

于个人而言，做好自己，发挥自己的潜能，日新，每天都有进步，哪怕只有一点点。

于班级而言，团结合作，让我们的四（3）班、新苗班无比团结、无比强大！

我们的班训：友善待人 勤奋学习。

我们的班报：《新苗报》。

我们的班歌：《左手右手》。

一、让每一面墙壁都说话

班级的每一面墙壁都有孩子们辛勤劳动的痕迹，这里是孩子们展示才华的天地，这里是孩子们张扬个性的舞台；这里为孩子们预设了自由挥洒的角落，这里为孩子们提供了创造思考的空间。相信天真烂漫的孩子们在这样的环境下生活学习一定会幸福无比……

1. 班级情况介绍

来到四（3）班教室的门口，我们首先看到的是班级情况介绍。班级情况介绍由我们的班名、口号、大家庭、班徽、班主任和"我是榜样"六部分组成。我们的大家庭合照是班上30名学生和正、副班主任的合影，孩子们灿烂的笑脸，证明了他们在四（3）班这个大家庭快乐地成长。

2. 班务栏

班务栏包括课程表、作息时间表、社团活动表、值日表。学生通过查看班务栏可以对每天的学习生活和所承担的工作一清二楚。

3. 班级公约

两个"干干净净"：学生书、本、课桌的干净；手、脸、衣服的干净。

三个"轻轻"：说话轻轻、走路轻轻、取放物品轻轻。

三个"不"：不说脏话、不随地吐痰、不乱扔废纸。

四个"开始"：文明——从就餐"一米线"开始。

尊师——从记住所有老师的姓开始。

感恩——从节日的一声问候开始。

安全——从放假日接送开始。

我们从最细微的小处入手，从孩子的日常行为习惯入手，以培养"小绅士""小淑女"为目标；和孩子们一起制定班级公约，并严格执行。

4. 每周一星

每周评选一名优秀的学生或进步最大的学生，展示他们的作品或记录他们的事迹……

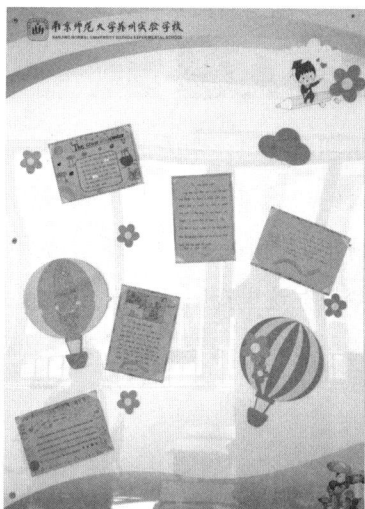

5. 英语天地

一首英文小诗，一片英语天地。我们用诗歌激发孩子们对英语的兴趣，诗歌会涤荡孩子们的心灵，更会在潜移默化中改变孩子们的性格。一知半解、似懂非懂并不会降低诗歌的魅力。

6. 好书推荐

建班初期，我们主要推荐一些优秀的儿童文学作品；等孩子喜欢上读书后，我们将其改为班级读书榜，让大家比一比、赛一赛，看谁读的书多。

7. 黑板报

黑板报分为两个板块：友善待人和新学期、新梦想。

友善待人：由30个孩子的笑脸组成了一个大大的笑脸墙。这既是一面笑脸墙，又是一面爱心墙，提醒孩子们每天都要微笑，友善对待身边的一切，旁边是孩子们的行善卡，记录着孩子们善的果实。

新学期新梦想：亲爱的新苗们，你是这世界上独一无二的美丽花朵，你有着无穷的智慧和潜力！四（3）新苗班是你人生的起点和成长的乐园。新的学年，请牢记校训——"日新"，每天进步一点点，让我们做最好的自己，让心中的梦想在这里扬帆起航！自己亲手制作的新学期的梦想一定会激励所有的新苗这一学年，甚至一辈子为自己的梦想而努力、奋斗、拼搏。

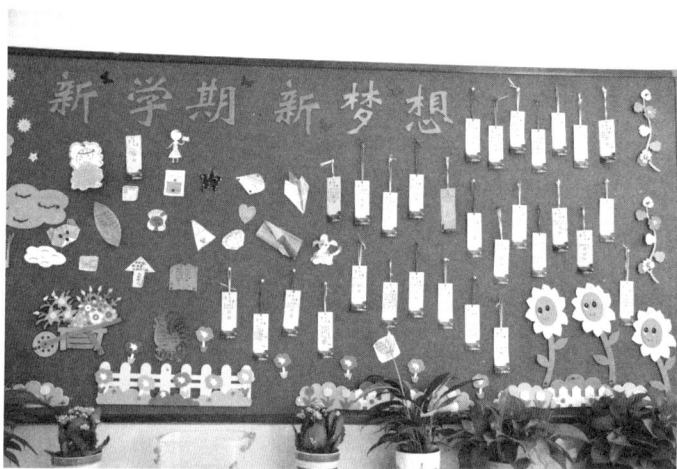

8. 图书角

四（3）新苗班的孩子需要阳光、雨露，更需要图书的滋养。在班级图书角，孩子随手就能看到自己喜爱的图书，不需要借阅，只需要喜爱。

9. 绿植和"小宠物"

32 名学生就有 32 盆绿植，每位同学照顾一盆绿植，学习绿植的种植方法。在孩子们的精心照料下，一盆盆绿植苗壮成长，孩子们在照料绿植的过程中和绿植一同成长。差点忘了，我们班还有一名"班宠"——小乌龟，名叫"苗苗"，同学们轮流照顾"苗苗"，在照顾"苗苗"的过程中收获成长。

10. 荣誉榜

建班三年来，荣誉榜记录着四（3）班取得的所有荣誉，记录着孩子们为班级付出的所有努力和汗水，如江苏省英雄中队、苏州市动感中队、苏州市整班钢笔字比赛二等奖、苏州市少先队活动课一等奖、相城区班级文化建设示范班级、校迎国庆合唱比赛一等奖、校足球联赛冠军、校篮球比赛冠军……

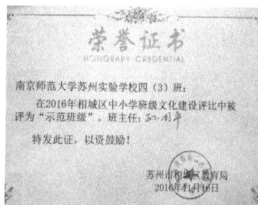

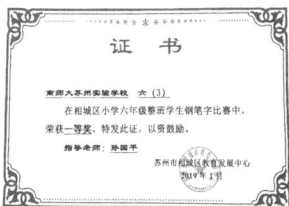

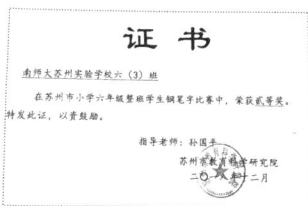

二、《新苗报》——孩子们的精神家园

我们最初的想法是：办一份班级小报，给更多的孩子展示的舞台，刊登孩子们的作文、书法作品、美术作品……之后，我们会邀请部分家长介绍育儿经验，报道班级新闻。最后，我们会让这份班级小报，发展为孩子们的精神家园。所有的稿件都将由学生组稿、点评，真正让孩子们办一份属于自己的报纸。

三、核心文化：友善待人、勤奋学习

友善待人：现在的孩子，在家里是"小皇帝""小公主"，集万千宠爱于一身，形成了"以自我为中心"的思想，这与社会主义核心价值观友善二字不符。我们需要引导孩子努力做到从身边的小事做起，从自己做起，树立起"友善"的道德观念，以友善的态度对待身边的一切，微笑对待生活。

勤奋学习：我们不看重孩子有多聪明，我们看重的是孩子是否努力。我们更多的是关注孩子的态度。古语有云："书山有路勤为径，学海无涯苦作舟。"在学习这条漫长的道路上，我希望孩子们取得的点滴成绩不仅仅是依赖天分，更多的是来自他们平时的努力和勤奋。新苗班的孩子应将"勤奋"二字时刻铭记于心，不骄不躁，步步踏实。

　　班级文化有着无形的教育力量，她就如一位沉默而有风范的老师一样，起着无声胜有声的教育作用。只要每位班主任都能做个有心人，相信班级文化一定能在学校教育中有效地发挥它的作用！

给新苗班孩子们的一封信

孙国平

亲爱的六（3）新苗班的孩子们：

　　三年前，我来到了苏州，有幸遇到了在苏州的第一届学生，也就是你们。当我看到你们一个个天真稚气的模样，心中是多么地喜欢。一个"缘"字在我的脑海中跳了出来，正是这个"缘"让我们从苏州的四面八方走到了一起，甚至从祖国的四面八方走到了一起。我决定让"缘"字成为我们新苗班班级文化的核心，让我们珍惜这份缘分，珍惜每一分钟相聚的美好时光。

　　三年的时光似乎转瞬即逝，昔日的场景依旧萦绕在我们的记忆深处：穹窿山、上方山、甪直古镇、千灯古镇、沙家浜留下了我们的欢声笑语；足球场、运动会流下了我们奋斗的汗水和胜利的泪水；我们一起做月饼、品美食，你们那狼吞虎咽的样子仿佛就在眼前，看到你们开心的样子，我们几个老师早已忘记了饥饿……

　　三年来，我们取得了太多太多的成绩：江苏省英雄中队、苏州市动感中队、苏州市整班钢笔字比赛二等奖、苏州市少先队活动课一等奖、相城区班级文化建设示范班级、校迎国庆合唱比赛一等奖、校足球联赛冠军、校篮球比赛冠军……你们通过自己的努力，已经成为南京师范大学苏州实验学校的骄傲。

　　三年来，我们战胜了无数的困难，还记得我们的班级目标吗？那一次考试失利后，我们分析原因，总结教训，为班级制定了三个目标：①纪律方面，老师认可；②竞赛方面，凡赛必争；③学习方面，年级前二。新苗班所有的孩子、老师朝着目标全力以赴：上课有同学走神了，你们互相提醒；足球场上，你们全力以赴，啦啦队员高举班旗围着球场加油呐喊；你们自发地组成了学习小组，一帮一、一对一地辅导，直至小组成员的成绩提高。

我们心往一处想，劲往一处使，最终超额完成了制定的目标。在孙老师心中，你们是最优秀的学生，没有之一！你们是最棒的！！！

还记得，新苗班的班训吗？"友善待人、勤奋学习"。几年来，同学们变得平和了许多，不再为了一点得失而斤斤计较，"吃亏是福"，我常常用这句话教育你们，你们也做得很棒！

"人的品行永远是第一位的！""任何人都是靠勤奋努力成功的！"是我做人的准则，也是我三年来说得最多的话！我希望你们也能将这两句话牢记于心，并将之作为你们为人处世的准则！

"大猩猩、程妹妹、翁小鸡、大鱼头、老夫子、情歌王子……"，你们还记得"六（3）班的那些事"吗？上面记录着同学们的欢乐时光……每每想到这一个个外号，大家总会会心地一笑，想到那些有趣的故事。一个个故事，留给我们太多留恋与不舍，纵然时光流逝，这些欢乐时光仍然会是我们生命底色里最亮丽的一抹色彩。

三年来，我们有过太多的快乐，也有过误会、不解和冲突，但我们都能很好地处理。同学们都知道孙老师脾气急，知道老师急性子背后是一颗爱你们的心，都能原谅老师，老师要郑重地说一声：谢谢你们。

马上你们就要升入初中了，有的同学可能还在南京师范大学苏州实验学校就读，我们见面的机会还有很多，我一定会去看你们的。我也希望你们从小学部经过的时候，脚步放慢一点，回头看看孙老师。或者当你从教室门前经过时，给我一个淡淡的微笑，当然我更希望，你们有空的时候可以到我办公室坐坐，聊聊你们的初中生活，聊聊你们的快乐和烦恼。有的同学可能就要离开南京师范大学苏州实验学校，到其他学校去读初中，有的甚至要到外省去读初中了，如果你们有时间，欢迎你们到学校来看我，如果遇到了什么困难，请向孙老师，向新苗班求助，我们一定会竭尽所能地帮助你们。

再见了，我的六（3）新苗班的孩子们！再见了，我的 32 个孩子！祝你们有一个美好的未来，快乐的人生。

你们的老师、朋友：孙国平

2019 年 6 月 30 日

顺势而为，收获精彩！

——基于儿童视角的班级故事

孙国平

读《食事》——一场美食的约定

"食不厌精，脍不厌细"，从古到今，饮食文化一直是我们这个民族所津津乐道的。许多文学家既是美食家，也是散文家，他们擅长用传神的文字把一道道美食描摹出来。当代大家汪曾祺汪老就是其中的一位。

一打开汪老的《食事》，我就被他那质朴醇厚的文字吸引。他将中国传统美食的神韵传达得淋漓尽致，我才读了几页，满脑子都是菜，就连鼻头也似乎飘着香味儿。于是我决定带着孩子们读《食事》。

第二天一早，我拿着一本《食事》就开始朗读了。

干丝是扬州菜。北方买不到扬州那种质地紧密，可以片薄片、切细丝的方豆腐干，可以豆腐片代。但须选色白，质紧，片薄者。切极细丝，以凉水拔二三次，去盐卤味及豆腥气。

拌干丝，拔后的豆腐片细丝入沸水中煮两三开，捞出，沥去水，置浅汤碗中。青蒜切寸段，略焯，虾米发透，并堆置豆腐丝上。五香花生米搓去皮膜，撒在周围。好酱油、小磨香油，醋（少量），淋入，拌匀。

…………

当这样的文字在孩子们的耳边诵读时，孩子们都沉醉其中，垂涎欲滴。果不其然，第二天就有好多个孩子读起了这本书，不到一周，就人手一本。看来美食与美文皆魅力无穷啊！

一个月来，带着孩子读《食事》，透过文字，对一道道美味神往着，想象着。本周日，大家一致商定：每人亲自做一道拿手好菜，晚上带到教室，来个美食荟萃。（我们学校是寄宿制学校，学生周日下午返校。）

出状况——措手不及的请假

周日这天，恰好临时加班，手机也关了大半天。下午加班结束后，我刚打开手机，QQ头像就一直在闪，打开一个一个看，原来学生都要请假。"孙老师，肖同学中午参加金莹的生日宴会，下午她们逛街了，晚上的活动就不参加了，跟您请个假！"再打开一个："孙老师，今天杨同学有事，不去上晚自习了。""孙老师，陆同学她们十几个今晚参加金莹同学的生日，不来学校！"……我心中大为不悦，策划了一个月的活动，上周就约好今晚美食聚餐，全班一共32个同学，十多个同学不来，活动还如何举办？况且他们庆祝生日的活动其实在中午就已经结束了……

我拨通了金莹妈妈的电话，话到嘴边还是咽下了！首先祝孩子生日快乐！接着了解了一下原因，最后提醒妈妈不要告诉孩子我来电话了，让孩子们好好玩吧。如果下次遇到这种情况，最好提前和我说下，不然我真是措手不及！

送祝福——意想不到的惊喜

通完电话，我的心情平复了不少。我何不转换角度，顺势而为呢？干脆今晚的聚餐就改为金莹同学的生日庆祝会，并且拍成视频及时传给金莹，给她一个惊喜。

说干就干，我连忙来到办公室，修改晚上的活动的方案：介绍美食时，大家替她吃一口；为她表演节目；送一份特殊的生日礼物；老师为她唱祝福歌曲；全班同学一起录祝福视频……

晚上的活动开始了，同学们准备得还真丰盛，水果有樱桃、小番茄、蜜瓜；蔬菜有酸辣土豆丝、蒜泥黄瓜、扦瓜皮（西瓜皮）；河鲜有酱油虾、水煮太湖虾、家常龙虾、十三香龙虾；肉类有冬笋烧肉、糖醋排骨、泡椒鸡脚、柠檬鸡脚；还有点寿司、馄饨等点心……真是应有尽有。

我首先替金莹同学解释了一下，金莹同学今天 13 岁生日。在苏州，大家非常重视女孩子 13 岁生日。我们不能去现场祝贺，但每位同学可以自己设计一个独特的表达方式，把祝福送给金莹同学。

接下来，孩子们的精彩表现完全出乎了我的意料。"金莹，生日快乐！我做的红烧肉很好吃，只可惜，今天你吃不到了，那我来替你多吃一块！等你哪天想吃了，直接 Q 我。""金莹，生日快乐！我们六 3 班的'F4'为你跳一支舞！""金莹，生日快乐！我做了你最爱吃的泡椒鸡脚！我给你留着呢，等你明天来吃！"当然少不了生日歌了！我这个五音不全的班主任，在孩子们一声声的"孙老师来一首"的鼓动下，也勉为其难——"金莹，生日快乐！孙老师把一首最喜欢的《风雨无阻》送给你，也送给所有的孩子！希望你们在人生的道路上能够一路向前，再大的风雨也无法阻挡你们前进的脚步。'拥有够不够多，梦得够不够好，可以追求，不认输……'"没想到，孩子们也会唱这首老歌……

卢同学及时拍摄下照片和视频，并上传到微信群中，群里的家长也被感染了，纷纷发来祝福！金莹妈妈也不停地在群里感谢大家的祝福，还特意私发了一条信息给我：孙老师，谢谢你给的惊喜，孩子很开心，我们今天没有提前请假，让您措手不及，需要反思。

金莹同学，在下晚自习还有五分钟的时间给我发了这样一条信息：孙老师，我是金莹。我看到了您与同学们一齐给我准备的惊喜，我很喜欢，本来我也想录一个视频表示感谢，可是同学们都快下晚自习了，应该没时间了吧。

对此，我表示歉意。但是今天我过得很开心，谢谢你们！！！虽是很普通的文字，但这对于极其内向的金莹已经非常不容易了。

最后，我拿出了我精心准备的惊喜：一本《阅读》，在上面工工整整地写上"金莹，生日快乐！"所有的同学围在了一起："金莹同学，六3班全体同学送你一本《阅读》，这是一本教学方面杂志，老师希望你能够爱上阅读。这本杂志上刊登了孙老师的一篇文章，希望它能激励你更努力地学习。"随后，全班同学大声喊出祝福："金莹，生日快乐！"

换角度——截然不同的效果

我曾经在《意林》杂志上看到过这样一个故事：英国的老船王哈特，在考虑接班人的时候表现得犹豫不决，他不知道小哈特能否担起家族的重任。于是他让别人给小哈特提意见、找缺点，看看小哈特究竟有哪些缺点，尤其是有哪些致命的缺点。很快小哈特身上的缺点就被一一罗列出来，小哈特简直就是一无是处，没有一处能让老哈特满意的地方，是根本不可能担当重任的，为此老哈特很苦恼。一天老哈特怀着苦恼向牧师请教，牧师听完老哈特的诉说后大笑，告诉老哈特："其实小哈特并没有什么错，错的是你自己，如果你能换个角度看小哈特的话，相信你会看到一个不同的小哈特的。"回去之后，老哈特按照牧师的方法，让大家帮助寻找小哈特的优点，果然他看到了另一个小哈特，小哈特的全身都是优点，简直就是一个完人。这样一个优秀的人，怎么不能继承自己的事业？当然能！不久，小哈特继承了老船王的事业，并很快使哈特家族的事业有了耀眼之处。事实也证明，小哈特是一个优点多于缺点的人。

试想一下，如果我当时不冷静，不同意孩子们的请假，非要孩子们来学校。他们来了学校，也是"身在曹营心在汉"，那么当晚的聚餐会是一种什么情形？而我只是换了角度，顺势而为，却皆大欢喜，还有了意想不到的精彩。

为什么会有截然不同的效果呢？就像牧师说的那样，换个立场，换个角度看这件事，就会看到不一样的结局。

不同意孩子们的请假，让他们来学校，这完全是站在老师的立场。我们为这个活动精心准备了一个月，不同意请假是考虑到这个活动的完整性和有效性，而没有考虑到金莹和参加她生日宴的同学的感受，没有考虑到班级其他同学的感受，这样带来的是彼此尴尬，甚至最后会不欢而散。

同意孩子们的请假，并全班一起给金莹同学送去祝福和惊喜。这样处理，正是推己及人，站在了孩子的立场考虑问题。毕竟事出有因：对于 13 岁生日及笄礼，当地人非常重视；孩子们难得聚在一起，想玩个尽兴；孩子没有提前说，是担心老师不同意……他们没有考虑到这样做的后果。老师顺势而为，正确审视自我，及时查找自己教育理念的偏差，进而及时修正自己的育人思路与育人方法。老师巧妙利用这一教育资源，因势利导之，让其在充满和谐的气氛中进行自我反思、自我修正，我相信孩子们以后再遇到同样的问题时，一定会有更好的处理方式。

顺势而为，收获精彩！

参考文献

［1］中华人民共和国教育部．义务教育语文课程标准（2011 年版）［S］．北京：北京师范大学出版社，2012：1-3.

［2］中华人民共和国教育部．普通高中语文课程标准（2017 年版）［M］．北京：人民教育出版社，2018.

［3］中华人民共和国教育部．义务教育语文课程标准（2022 年版）［M］．北京师范大学出版社．2022.04（45）.

［4］叶圣陶．叶圣陶教育文集［M］．北京：人民教育出版社，2008.

［5］陶行知．陶行知教育名篇［M］．北京：教育科学出版社，2013.

［6］吕叔湘．中学教师的语法修养［J］中学语文教学，1984（10）：18.

［7］韩卫红．让"理性"守住语文教学"本位"［J］．人民教育，2020（20）：80.

［8］汤岚．指向言语审美的小学语文教学延展初探［J］．上海教育科研，2019（12）：65-68.

［9］杨剑梅．完整育人的小学语文阅读文本解读［J］．中国教育学刊，2021（6）：104.

［10］肖纯．语文教学中的审美教育［J］．教学与管理．2005（18）：39-40.

［11］赵晓芳．新课改视野下的语文美育学体系构建——评《语文美育学》［J］．语文建设，021（07）：84.

［12］陈刚．培养读者：语文教学的价值追求——基于审美视角的阅读教学策略改进［J］．中国教育学刊，2017（5）：72-76.

［13］严华银．论语文教学中审美能力的培养［J］．中学语文教学，2020（10）：15-19.

［14］刘悦钧，袁一淳．学校美育解决现代审美问题的三个维度［J］．教学与管理，2022（9）：13-19.

［15］计宇．小学语文核心素养的构成与培养路径［J］．教学与管理，2018，（17）．

［16］周艳萍．小学语文教学之我见［J］．基础教育论坛，2019，（2）．

［17］许红琴．关注要素注重整合致力转化——浅谈基于统编教材编写理念的小学语文教学［J］．小学语文教师，2019.10（41-44）．

［18］王建兰．和大人一起读，又一种课外实施的新方式［J］．小学语文教师，2018（9）．

［19］袁毓林．叙实性和事实性：语言推理的两种导航机制［J］．语文研究，2020（1）：1-9.

［20］郁伟．练思维深合作巧展示：论智趣课堂三个维度的构建［J］．语文教学通讯，2020（3）：73-74.

［21］程希．白晓薇．在对比中品尝阅读的滋味——《和大人一起读》教学实录与反思［J］．四川教育，2018（6）．

［22］叶枚举．革命传统教育类课文"阅读价值"探究［J］．中小学教学研究，2020（2）：29-32.

［23］余楠．小学语文习作教材内容与呈现方式的研究［D］．上海：上海师范大学，2019.

［24］凌虹．指向语文学科核心素养整体发展的阅读测评设计策略［J］．教学月刊（小学版）语文，2021（9）：50-53.

［25］荀冰畅．语文学科造句训练研究——以人教版1-9年级语文教材为例［D］．重庆：西南大学，2014.

［26］［俄罗斯］别林斯基．别林斯基选集［M］．辛未艾，译．上海：译文出版社，2006：158.

［27］张军亮．小学语文生长课堂的教学立意与实践建构［J］．语文教学通讯，2018（36）：52-53.

［28］王元元．新课程背景下小学语文开放式课堂的构建对策［J］．课程教育研究，2018（19）：70-71.

［29］郑巧华．小学语文核心素养培育策略探究［J］．福建教育学院学报，2017，（8）.